2022年版全国一级建造师执业资格考试考点精粹掌中宝

建设工程法规及相关知识
考点精粹掌中宝

全国一级建造师执业资格考试考点精粹掌中宝编写委员会　编写

中国建筑工业出版社

图书在版编目（CIP）数据

建设工程法规及相关知识考点精粹掌中宝／全国一级建造师执业资格考试考点精粹掌中宝编写委员会编写．—北京：中国建筑工业出版社，2022.6

2022年版全国一级建造师执业资格考试考点精粹掌中宝

ISBN 978-7-112-27423-9

Ⅰ．①建… Ⅱ．①全… Ⅲ．①建筑法-中国-资格考试-自学参考资料　Ⅳ．①D922.297

中国版本图书馆CIP数据核字（2022）第088831号

责任编辑：张国友
责任校对：党　蕾

2022年版全国一级建造师执业资格考试考点精粹掌中宝
建设工程法规及相关知识
考点精粹掌中宝
全国一级建造师执业资格考试考点精粹掌中宝编写委员会　编写
*
中国建筑工业出版社出版、发行（北京海淀三里河路9号）
各地新华书店、建筑书店经销
北京鸿文瀚海文化传媒有限公司制版
河北鹏润印刷有限公司印刷
*
开本：850毫米×1168毫米　1/32　印张：7⅜　字数：209千字
2022年6月第一版　　2022年6月第一次印刷
定价：20.00元
ISBN 978-7-112-27423-9
（39157）

版权所有　翻印必究
如有印装质量问题，可寄本社图书出版中心退换
（邮政编码　100037）

前　言

　　全国一级建造师执业资格考试考点精粹掌中宝系列图书由教学名师编写，是在多年教学和培训的基础上开发出的新体系。书中根据对历年考题命题点的分析，创新采用 A、B、C 分级考点的概念，将考点分为"必会、应知、熟悉"三个层次，将最为精华、最为重要、最有可能考到的高频考点，通过简单明了的编排方式呈现出来，能有效帮助考生快速掌握重要考试内容，特别适宜于学习时间紧张的在职考生。

　　全书根据近年考题出现的频次和分值，将各科知识点划分为 A、B、C 三级知识点，A 级知识点涉及的是每年必考知识，即为考生必会的知识点；B 级知识点是考试经常涉及的，是考生应知的知识点；C 级知识点是考试偶尔涉及的，属于考生应该熟悉的知识点。上述 A、B、C 分级表明了考点的重要性，考生可以根据时间和精力，有选择地进行复习，以达到用较少的时间取得较好的考试成绩的目的。相比传统意义上的辅导图书，本系列图书省却了考生进行总结的过程，更加符合考生的学习规律和学习心理，能帮助考生从纷繁复杂的学习资料中脱离出来，达到事半功倍的复习效果。

　　本书既适合考生在平时的复习中对重要考点进行巩固记忆，又适合有了一定基础的考生在串讲阶段和考前冲刺阶段强化记忆。在复习备考的有限时间内，充分利用本书，即可以以最少的时间达到最大的效果，从而获得更好的成绩，可谓一本图书适用备考全程。

　　本系列图书的作者都是一线教学和科研人员，有着丰富的教育教学经验，同时与实务界保持着密切的联系，熟知考生的知识背景和基础水平，编排的辅导教材在日常培训中取得了较好的效果。

　　本系列图书采用小开本印刷，方便考生随身携带，可充分利用等人、候车、餐前、饭后等碎片化的时间，高效率地完成备考工作。

本系列图书在编写过程中，参考了大量的资料，尤其是考试用书和历年真题，限于篇幅恕不一一列示致谢。在编写的过程中，立意较高颇具创新，但由于时间仓促、水平有限，虽经仔细推敲和多次校核，书中难免出现纰漏和瑕疵，敬请广大考生、读者批评和指正。

目　　录

- A级知识点（必会考点） ··· 1
  - A1　法的形式和效力层级 ····································· 2
  - A2　土地所有权、建设用地使用权和地役权 ············· 5
  - A3　建设工程债的发生根据 ································· 7
  - A4　建设工程知识产权的常见种类 ························ 8
  - A5　抵押权、质权、留置权、定金的规定 ··············· 16
  - A6　招标基本程序和禁止肢解发包、限制排斥投标人的规定 ··· 19
  - A7　建设工程分包的规定 ··································· 27
  - A8　建筑市场施工单位不良行为记录认定标准 ········ 29
  - A9　建设工程工期和价款的规定 ·························· 32
  - A10　合同的履行、变更、转让、撤销和终止 ········· 37
  - A11　劳动合同的履行、变更、解除和终止 ············ 42
  - A12　施工合理使用与节约能源的规定 ·················· 45
  - A13　安全生产许可证的有效期和政府监管的规定 ··· 50
  - A14　工程建设标准的分类 ································· 51
  - A15　对建筑材料、设备等进行检验检测的规定 ······ 55
  - A16　建设单位相关的质量责任和义务 ·················· 56
  - A17　竣工结算、质量争议的规定 ························ 59
  - A18　质量保修书和最低保修期限的规定 ··············· 63
  - A19　质量责任的损失赔偿 ································· 64
  - A20　民事纠纷的法律解决途径 ··························· 66
  - A21　仲裁审理的开庭和裁决 ······························ 69
  - A22　调解的规定 ··· 71
- B级知识点（应知考点） ··· 74
  - B1　法人应具备的条件 ······································ 75

B2	代理人和被代理人的权利、义务及法律责任	75
B3	建设工程债的常见种类	78
B4	保险与保险索赔的规定	78
B5	建设工程保险的主要种类和投保权益	79
B6	企业和个人所得税的规定	84
B7	企业增值税的规定	87
B8	建设工程刑事责任的种类及承担方式	88
B9	施工许可证和开工报告的适用范围	90
B10	（施工许可证）申请主体和法定批准条件	90
B11	（施工许可证）延期开工、核验和重新办理批准的规定	94
B12	企业资质的法定条件和等级	94
B13	建造师的基本权利和义务	97
B14	投标人、投标文件的法定要求和投标保证金	99
B15	建设工程总承包的规定	102
B16	建筑市场诚信行为的公布和奖惩机制	104
B17	合同的要约与承诺	106
B18	承揽合同的法律规定	108
B19	买卖合同的法律规定	111
B20	施工现场固体废物污染环境防治的规定	118
B21	受法律保护的文物范围	120
B22	在文物保护单位保护范围和建设控制地带施工的规定	122
B23	安全生产许可证违法行为应承担的法律责任	125
B24	施工现场安全防范措施、安全费用和特种设备安全管理的规定	126
B25	工伤保险和意外伤害保险的规定	134
B26	施工生产安全事故应急救援预案的规定	138
B27	建设单位相关的安全责任	140
B28	机械设备等单位相关的安全责任	142
B29	勘察、设计单位相关的质量责任和义务	144

B30	工程监理单位相关的质量责任和义务	145
B31	民事诉讼证据的种类、保全和应用	146
B32	仲裁协议及其效力	151
B33	行政复议的申请、受理和决定的有关规定	153

C级知识点（熟悉考点） ··················· 155

C1	物权的法律特征和主要种类	156
C2	物权的设立、变更、转让、消灭和保护	157
C3	债的基本法律关系	158
C4	建设工程保证担保的方式和责任	158
C5	其他相关税收的规定	161
C6	建设工程民事责任的种类及承担方式	165
C7	建造师考试、注册和继续教育的规定	166
C8	建造师的受聘单位和执业岗位范围	168
C9	禁止串通投标和其他不正当竞争行为的规定	169
C10	中标的法定要求和招标投标投诉处理	170
C11	无效合同和效力待定合同的规定	172
C12	合法用工方式与违法用工模式的规定	173
C13	租赁合同的法律规定	175
C14	融资租赁合同的法律规定	178
C15	运输合同的法律规定	180
C16	申请领取安全生产许可证的条件	183
C17	施工单位的安全生产责任	184
C18	施工单位安全生产教育培训的规定	189
C19	编制安全技术措施、专项施工方案和安全技术交底的规定	190
C20	施工生产安全事故报告及采取相应措施的规定	193
C21	政府主管部门安全监督管理的相关规定	195
C22	对施工质量负责和总分包单位的质量责任	199
C23	按照工程设计图纸和施工技术标准施工的规定	200
C24	规划、消防、节能、环保等验收的规定	200
C25	建设工程纠纷的主要种类	204

C26 民事诉讼的法院管辖 …………………………… 206
C27 民事诉讼当事人和代理人的规定 ……………… 209
C28 民事诉讼时效的规定 …………………………… 210
C29 民事诉讼的执行 ………………………………… 212
C30 仲裁裁决的执行 ………………………………… 216
C31 争议评审机制的规定 …………………………… 217
C32 行政许可和行政强制的种类及法定程序 ……… 218

A 级 知 识 点

(必会考点)

A1 法的形式和效力层级

★高频考点：法的形式表现

序号	法的形式	含义	示例	制定机关	效力
1	宪法	宪法是民主国家最根本的法	1982年宪法	全国人民代表大会	最高
2	法律	包括广义的法律和狭义的法律	《城乡规划法》《建筑法》《城市房地产管理法》《民法典》《行政处罚法》《行政许可法》	全国人民代表大会及其常委会	低于宪法，高于其他法
3	行政法规	最高国家行政机关制定的规范性文件	《建设工程质量管理条例》《建设工程安全生产管理条例》《建设工程勘察设计管理条例》《城市房地产开发经营管理条例》《招标投标法实施条例》	国务院	低于宪法和法律
4	地方性法规、自治条例和单行条例	地方人大及常委会在其法定权限内制定的法律规范性文件	《新疆维吾尔自治区建筑市场管理条例》《天津市建筑市场管理条例》《北京市建筑市场管理条例》	省级人民代表大会及其常委会以及设区的市人民代表大会及其常委会	只在本辖区内有效，低于法律和行政法规

序号	法的形式	含义	示例	制定机关	效力
5	行政规章——部门规章	国务院各部、委员会、中国人民银行、审计署和具有行政管理职能的直属机构所制定的规范性文件称部门规章	《房屋建筑和市政基础设施工程质量监督管理规定》《房屋建筑和市政基础设施工程竣工验收备案管理办法》《市政公用设施抗灾设防管理规定》《招标公告发布暂行办法》《必须招标的工程项目规定》	国务院各部、委员会、中国人民银行、审计署和具有行政管理职能的直属机构	低于法律、行政法规
6	行政规章——地方政府规章	地方政府所制定的法律规范性文件	《宁波市建设工程造价管理办法》	省级人民政府以及设区的市级人民政府	低于法律、行政法规，低于同级或上级地方性法规
7	国际条约	同外国缔结的双边、多边协议和其他文件	《建筑业安全卫生公约》	国家之间签署	对所有国家机关、社会组织和公民都具有法律效力

注：注意法的形式的制定主体和效力高低。通过法的前缀和后缀来判断法的形式。法律是全国人民代表大会或者其常委会制定的，命名规则是前缀有"中华人民共和国"的字样，后缀是"法"。行政法规是国务院制定的，命名规则是前缀有"中华人民共和国"的字样，后缀一般是"条例"。部门规章规范的命名方式是前缀有"中华人民共和国"的字样，后缀一般是"办法"或者"规定"。地方政府规章的后缀同部门规章，前缀一定要加相应的地名。地方性法规则是省市级的人大及其常委会制定的，后缀一般是"条例"，前缀也一定要加相应的地名。司法解释是最高人民法院或最高人民检察院对有关法律适用进行的解释。

命名规则简要归纳如下：

法律——"中华人民共和国"＋……＋"法"

行政法规——"中华人民共和国"＋……＋"条例"

部门规章——"中华人民共和国"＋……＋"办法"或者"规定"
地方性法规——"地名"＋……＋"条例"
地方政府规章——"地名"＋……＋"办法"或者"规定"

★高频考点：法律效力规定

序号	项目	内容
1	宪法至上	最高的法律效力,是其他立法活动的最高法律依据
2	上位法优于下位法	(1)法律的效力次于宪法但高于其他法。 (2)行政法规的效力仅次于宪法和法律,高于地方性法规和部门规章。 (3)地方性法规的效力高于本级和下级地方政府规章。 (4)省、自治区政府制定的规章的效力,高于本行政区域内的设区的市、自治州人民政府制定的规章。 (5)部门规章之间、部门规章与地方政府规章之间具有同等效力
3	特别法优于一般法	(1)一般规定与特别规定不一致时,优先适用特别规定。 (2)同一机关制定的法律、行政法规、地方性法规、自治条例和单行条例、规章,特别规定与一般规定不一致的,适用特别规定
4	新法优于旧法	同一事项有不同规定时,新法的效力优于旧法
5	需要由有关机关裁决适用的特殊情况	(1)法律之间对同一事项的新的一般规定与旧的特别规定不一致,不能确定如何适用时,由全国人民代表大会常务委员会裁决。 (2)行政法规之间对同一事项的新的一般规定与旧的特别规定不一致,不能确定如何适用时,由国务院裁决。 (3)地方性法规、规章之间不一致时:①同一机关制定的新的一般规定与旧的特别规定,由制定机关裁决;②地方性法规与部门规章之间不一致,由国务院提出意见,国务院认为应当适用地方性法规的应当适用地方性法规的规定,认为应适用部门规章的应提请全国人民代表大会常务委员会裁决;③部门规章之间、部门规章与地方政府规章之间对同一事项的规定不一致时,由国务院裁决。 (4)根据授权制定的法规与法律规定不一致,不能确定如何适用时,由全国人民代表大会常务委员会裁决

序号	项目	内容
6	审查	(1)提出书面审查的主体:国务院,中央军事委员会,最高人民法院,最高人民检察院和各省、自治区、直辖市的人民代表大会常务委员会,其他国家机关和社会团体、企业事业组织以及公民。 (2)针对的对象:行政法规、地方性法规、自治条例和单行条例同宪法或者法律相抵触

A2 土地所有权、建设用地使用权和地役权

★高频考点:与土地相关的物权

序号	项目	内容	说明
1	土地所有权	(1)土地所有权是国家或农民集体依法对归其所有的土地所享有的具有支配性和绝对性的权利。 (2)我国实行土地的社会主义公有制,即全民所有制和劳动群众集体所有制。 (3)城市的土地,属于国家所有。无居民海岛、矿藏、水流、海域属于国家所有。 (4)集体所有的不动产包括法律规定属于集体所有的土地和森林、山岭、草原、荒地、滩涂等	(1)全民所有即国家所有土地的所有权由国务院代表国家行使。农村集体经济组织实行家庭承包经营为基础、统分结合的双层经营体制。农民集体所有和国家所有由农民集体使用的耕地、林地、草地以及其他用于农业的土地,依法实行土地承包经营制度。耕地的承包期为30年。草地的承包期为30年至50年。林地的承包期为30年至70年。承包期限届满,由土地承包经营权人依照农村土地承包的法律规定继续承包。 (2)国家实行土地用途管制制度。国家编制土地利用总体规划,规定土地用途,将土地分为农用地、建设用地和未利用地。严格限制农用地转为建设用地,控制建设用地总量,对耕地实行特殊保护。建设用地使用权人应当合理利用土地,不得改变土地用途;需要改变土地用途的,应当依法经有关行政主管部门批准

序号	项目	内容	说明
2	建设用地使用权	(1)只能存在于国家所有的土地。 (2)可以采取出让或者划拨等方式设立。 (3)可以在土地的地表、地上或者地下分别设立。 (4)新设立不得损害已设立的用益物权	(1)建设用地使用权自登记时设立。 (2)建设用地使用权人有权将建设用地使用权转让、互换、出资、赠与或者抵押,但法律另有规定的除外,同时符合以下规定:①以书面形式订立相应的合同;②应当向登记机构申请变更登记;③附着于该土地上的建筑物、构筑物及其附属设施一并处分。 (3)住宅建设用地使用权期满自动续期。续期费用的缴纳或者减免,依照法律、行政法规的规定办理。 (4)建设用地使用权消灭的,出让人应当及时办理注销登记。登记机构应当收回建设用地使用权证书
3	地役权	(1)为使用自己不动产的便利或提高其效益而利用他人不动产的权利。 (2)他人的不动产为供役地,自己的不动产为需役地	(1)当事人应采取书面形式订立地役权合同。 (2)地役权自合同生效时设立。 (3)未经登记不得对抗善意第三人。 (4)未经用益物权人同意,土地上已设立土地承包经营权、建设用地使用权、宅基地使用权等权利的,土地所有权人不得设立地役权。 (5)地役权随需役地和供役地上的权利而变。需役地以及需役地上的土地承包经营权、建设用地使用权部分转让时,转让部分涉及地役权的,受让人同时享有地役权。供役地以及供役地上的土地承包经营权、建设用地使用权部分转让时,转让部分涉及地役权的,地役权对受让人具有约束力

A3 建设工程债的发生根据

★高频考点：建设工程债发生的根据

序号	依据	含义
1	合同	(1) 在当事人之间因产生了合同法律关系，也就是产生了权利义务关系，便设立了债的关系。任何合同关系的设立，都会在当事人之间发生债权债务的关系。合同引起债的关系，是债发生的最主要、最普遍的依据。合同产生的债被称为合同之债。 (2) 建设工程债的产生，最主要的也是合同。施工合同的订立，会在施工单位与建设单位之间产生债；材料设备买卖合同的订立，会在施工单位与材料设备供应商之间产生债的关系
2	侵权	(1) 侵权，是指公民或法人没有法律依据而侵害他人的财产权利或人身权利的行为。侵权行为一经发生，即在侵权行为人和被侵权人之间形成债的关系。侵权行为产生的债被称为侵权之债。在建设工程活动中，也常会产生侵权之债。如施工现场的施工噪声，有可能产生侵权之债。 (2)《民法典》规定，建筑物、构筑物或者其他设施倒塌、塌陷造成他人损害的，由建设单位与施工单位承担连带责任，但是建设单位与施工单位能够证明不存在质量缺陷的除外。建设单位、施工单位赔偿后，有其他责任人的，有权向其他责任人追偿。因所有人、管理人、使用人或者第三人的原因，建筑物、构筑物或者其他设施倒塌、塌陷造成他人损害的，由所有人、管理人、使用人或者第三人承担侵权责任
3	无因管理	(1) 无因管理，是指未受他人委托，也无法律上的义务，为避免他人利益受损失而自愿为他人管理事务或提供服务的事实行为。无因管理在管理人员或服务人员与受益人之间形成了债的关系。无因管理产生的债被称为无因管理之债。 (2)《民法典》规定，管理人没有法定的或者约定的义务，为避免他人利益受损失而管理他人事务的，可以请求受益人偿还因管理事务而支出的必要费用；管理人因管理事务受到损失的，可以请求受益人给予适当补偿

序号	依据	含义
4	不当得利	(1)不当得利,是指没有法律根据,有损于他人利益而自身取得利益的行为。由于不当得利造成他人利益的损害,因此在得利者与受害者之间形成债的关系。受损失的人有权请求其返还不当利益。不当得利产生的债被称为不当得利之债。 (2)《民法典》规定,得利人没有法律根据取得不当利益的,受损失的人可以请求得利人返还取得的利益,但是有下列情形之一的除外:①为履行道德义务进行的给付;②债务到期之前的清偿;③明知无给付义务而进行的债务清偿

注:建设工程债的产生,是指特定当事人之间债权债务关系的产生。引起债产生的一定法律事实,就是债产生的根据。建设工程债产生根据有合同、侵权、无因管理和不当得利。其中,《民法典》将无因管理和不当得利列为准合同。

A4 建设工程知识产权的常见种类

★高频考点:知识产权的分类

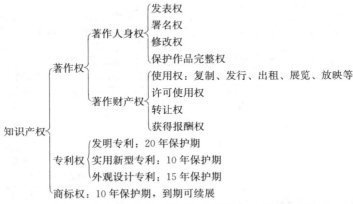

注:注意知识产权三种主要分类及其保护期限。自然人、法人或者其他组织在生产经营活动中,对其商品或者服务需要取得商标专用权的,应当向商标局申请商标注册。不以使用为目的的恶意商标注册申请,应当予以驳回。

★高频考点：专利权

序号	项目	内容	说明
1	专利权的概念	专利权是指权利人在法律规定的期限内，对其发明创造所享有的制造、使用和销售的专有权	
2	专利法保护的对象	(1)发明。发明是指对产品、方法或者其改进所提出的新的技术方案。这是专利权保护的最主要对象，应当具备以下条件：①必须是一能够解决特定技术问题作出的创造性构思；②必须是具体的技术方案；③必须是利用自然规律的结果。 (2)实用新型。实用新型是指对产品的形状、构造或者其结合所提出的适于实用的新的技术方案。我国实用新型保护的客体必须具有一定的形状或者结构，或者两者的结合。如果是方法，不能获得实用新型专利。即使是产品，如果没有固定的形状或者是材料本身，也不能成为实用新型的客体。 (3)外观设计。外观设计，是指对产品的整体或者局部的形状、图案或者其结合以及色彩与形状、图案的结合所作出的富有美感并适于工业应用的新设计。外观设计必须具备以下条件：①是形状、图案、色彩或者其结合的设计；②是对产品的外表所作的设计；③具有美感；④是适合于工业上应用的新设计	专利法保护的对象就是专利权的客体，各国规定各不相同。我国《专利法》保护的是发明创造专利权，并规定发明创造是指发明、实用新型和外观设计
3	授予专利权的条件	(1)新颖性。新颖性是指该发明或者实用新型不属于现有技术，也没有任何单位或者个人就同样的发明或者实用新型在申请日以前向国务院专利行政主管部门提出过申请，并记载在申请日以后公布的专利申请文件或者公告的专利文件中。但是，申请专利的发明创造在申请日前6个月内，有下列情形之一的，不丧失新颖性：①在中国政府主办或者承认的国际展览会上首次展出的；②在规定的学术会议或者技术会议上首次发表的；③他人未经申请人同意而泄露其内容的。	授予外观设计专利权的条件：授予专利权的外观设计，应当同申请日以前在国内外出版物上公开发表过或者国内公开使用过的外观设计不相同和不相近似，并不得与他人在

9

序号	项目	内容	说明
3	授予专利权的条件	(2)创造性。创造性是指与现有技术相比,该发明或该实用新型具有突出的实质性特点和显著的进步。所谓现有技术,是指申请日以前在国内外为公众所知的技术。 (3)实用性。实用性是指该发明或者实用新型能够制造或者使用,并且能够产生积极效果。取得专利权的发明或者实用新型必须是能够应用于生产领域的,而不能是纯理论的。需要注意的是,实用性并不要求发明或者实用新型已经产生积极效果,而只要求将来有产生积极效果的可能性	先取得的合法权利相冲突。除了新颖性外,外观设计还应当具备富有美感和适于工业应用两个条件
4	专利权人的权利和期限、终止、无效	(1)发明和实用新型专利权被授予后,除《专利法》另有规定的以外,任何单位或者个人未经专利权人许可,都不得实施其专利,即不得为生产经营目的制造、使用、许诺销售、销售、进口其专利产品,或者使用其专利方法以及使用、许诺销售、销售、进口依照该专利方法直接获得的产品。 (2)外观设计专利权被授予后,任何单位或者个人未经专利权人许可,都不得实施其专利,即不得为生产经营目的制造、销售、进口其外观设计专利产品	专利权的期限:发明专利权的期限为20年,实用新型专利权的期限为10年,外观设计专利权的期限为15年,均自申请日起计算
5	申请专利应当提交的文件	(1)请求书。 (2)说明书及其摘要。 (3)权利要求书	申请发明或者实用新型专利的,应当提交请求书、说明书及其摘要和权利要求书等文件
6	专利申请日	国务院专利行政主管部门收到专利申请文件之日为申请日	如果申请文件是邮寄的,以寄出的邮戳日为申请日

序号	项目	内容	说明
7	专利审批制度	(1)初步审查和公布申请。国务院专利行政主管部门收到发明专利申请后,经初步审查认为符合专利法要求的,自申请日起满18个月,即行公布。国务院专利行政主管部门可以根据申请人的请求早日公布其申请。 (2)实质审查。发明专利申请自申请日起3年内,国务院专利行政主管部门可以根据申请人随时提出的请求,对其申请进行实质审查;申请人无正当理由逾期不请求实质审查的,该申请即被视为撤回。国务院专利行政主管部门认为必要的时候,可以自行对发明专利申请进行实质审查。 (3)专利权的授予。发明专利申请经实质审查没有发现驳回理由的,由国务院专利行政主管部门作出授予发明专利权的决定,发给发明专利证书,同时予以登记和公告。发明专利权自公告之日起生效。实用新型和外观设计专利申请经初步审查没有发现驳回理由的,由国务院专利行政主管部门作出授予实用新型专利权或者外观设计专利权的决定,发给相应的专利证书,同时予以登记和公告。实用新型专利权和外观设计专利权自公告之日起生效	—

★高频考点:商标权

序号	项目	内容
1	商标与商标专用权的概念	(1)商标是指企业、事业单位和个体工商业者,为了使其生产经营的商品或者提供的服务项目有别于他人的商品或者服务项目,用具有显著特征的文字、图形、字母、数字、三维标志和颜色组合,以及上述要素的组合来表示的标志。商标可以分为商品商标和服务商标两大类。 (2)商标专用权是指企业、事业单位和个体工商业者对其注册的商标依法享有的专用权。由于商标有表示质量和信誉的作用,他人使用商标所有人的商标,有可能对商标所有人的信誉造成损害,必须严格禁止。 (3)自然人、法人或者其他组织在生产经营活动中,对其商品或者服务需要取得商标专用权的,应当向商标局申请商标注册。不以使用为目的的恶意商标注册申请,应当予以驳回

序号	项目	内容
2	商标专用权的内容以及保护对象	(1)商标专用权是指商标所有人对注册商标所享有的具体权利。同其他知识产权不同,商标专用权的内容只包括财产权,商标设计者的人身权受著作权法保护。 (2)商标专用权包括使用权和禁止权两个方面。使用权是商标注册人对其注册商标充分支配和完全使用的权利,权利人也有权将商标使用权转让给他人或通过合同许可他人使用其注册商标。禁止权是商标注册人禁止他人未经其许可而使用注册商标的权利。 (3)商标专用权的保护对象是经过国家商标管理机关核准注册的商标,未经核准注册的商标不受商标法保护。商标注册人有权标明注册商标或者注册标记。任何能够将自然人、法人或者其他组织的商品与他人的商品区别开的标志,包括文字、图形、字母、数字、三维标志、颜色组合和声音等,以及上述要素的组合,均可以作为商标申请注册。
3	商标注册的申请	(1)商标注册申请人应当按规定的商品分类表填报使用商标的商品类别和商品名称,提出注册申请。商标注册申请人可以通过一份申请就多个类别的商品申请注册同一商标。商标注册申请等有关文件,可以以书面方式或者数据电文方式提出。申请商标注册的,应当向商标局提交《商标注册申请书》1份、商标图样5份、黑白墨稿1份。 (2)注册商标需要改变其标志的,应当重新提出注册申请;需要变更注册人名义、地址或者其他注册事项的,应当提出变更申请
4	商标注册的审查和批准	(1)初步审定和公告。对申请注册的商标,商标局应当自收到商标注册申请文件之日起9个月内审查完毕,符合《商标法》有关规定的,予以初步审定公告。初步审定包括形式审查和实质审查。申请注册的商标,凡不符合《商标法》有关规定或者同他人在同一种商品或者类似商品上已经注册的或者初步审定的商标相同或者近似的,由商标局驳回申请,不予公告。 (2)异议程序。对初步审定的商标,自公告之日起3个月内可以提出异议。一般情况下,只有初步审定商标的在先权利人、利害关系人可以向商标局提出异议。但是,对于初步审定商标使用了不得作为商标使用和不得作为商标注册的标志的,任何人都可以向商标局提出异议。商标局应当听取异议人和申请人陈述事实和理由,经过调查核实后,自公告期满之日起12个月内做出是否准予注册的决定,并书面通知异议人和被异议人。有特殊情况需要延长的,经国务院工

序号	项目	内容
4	商标注册的审查和批准	商行政管理部门批准,可以延长6个月。商标局做出准予注册决定的,发给商标注册证,并予公告。异议人不服的,可以向商标评审委员会请求宣告该注册商标无效。商标局做出不予注册决定,被异议人不服的,可以自收到通知之日起15日内向商标评审委员会申请复审。当事人对商标评审委员会的决定不服的,可以向人民法院起诉。 (3)核准注册。对初审公告的商标,在规定的异议期间内没有异议,或者经裁定异议不能成立,予以核准注册,发给商标注册证,并予公告
5	注册商标的续展	(1)注册商标的有效期为10年,自核准注册之日起计算。 (2)注册商标可以无数次提出续展申请,其理论上的有效期是无限的。 (3)注册商标有效期满,需要继续使用的,应当在期满前12个月内申请续展注册;在此期间未能提出申请的,可以给予6个月的宽展期。 (4)宽展期满仍未提出申请的,注销其注册商标。每次续展注册的有效期为10年
6	注册商标的转让	(1)注册商标的转让是指商标专用人将其所有的注册商标依法转移给他人所有并由其专用的法律行为。 (2)转让注册商标的,转让人和受让人应当共同向商标局提出申请。 (3)受让人应当保证使用该注册商标的商品或服务的质量。 (4)商标专用权人可以将商标连同企业或者商誉同时转让,也可以将商标单独转让。 (5)转让注册商标的,商标注册人对其在同一种商品上注册的近似的商标,或者在类似商品上注册的相同或近似的商标,应当一并转让。 (6)对容易导致混淆或者有其他不良影响的转让,商标局不予核准,书面通知申请人并说明理由
7	注册商标的使用许可	(1)注册商标的使用许可是指商标注册人通过签订商标使用许可合同,许可他人使用其注册商标的法律行为。 (2)许可人应当监督被许可人使用其注册商标的商品或者服务的质量。 (3)被许可人应当保证使用注册商标的商品或服务的质量。 (4)经许可使用他人注册商标的,必须在使用该注册商标的商品上标明被许可人的名称和商品产地

★高频考点：建设工程的著作权

序号	项目	内容
1	建设工程活动中常见的著作权作品	(1)文字作品：招标文件。 (2)建筑作品。 (3)图形作品：工程设计图、产品设计图
2	一般著作权主体	指从事文学、艺术、科学等领域的创作出作品的作者及其他享有著作权的自然人、法人或者非法人组织。在特定情况下，国家也可以成为著作权的主体
3	单位作品	由法人或者非法人组织主持，代表法人或者非法人组织意志创作，并由法人或者非法人组织承担责任的作品，法人或者非法人组织视为作者。如招标文件、投标文件，往往就是单位作品。单位作品的著作权完全归单位所有
4	职务作品	(1)自然人为完成法人或者非法人组织工作任务所创作的作品是职务作品。职务作品与单位作品在形式上的区别在于，单位作品的作者是单位，而职务作品的作者是自然人个人。一般情况下，职务作品的著作权由作者享有，但法人或者非法人组织有权在其业务范围内优先使用。作品完成2年内，未经单位同意，作者不得许可第三人以与单位使用的相同方式使用该作品。 (2)有下列情形之一的职务作品，作者享有署名权，著作权的其他权利由法人或者非法人组织享有，法人或者非法人组织可以给予作者奖励：主要是利用法人或者非法人组织的物质技术条件创作，并由法人或者非法人组织承担责任的工程设计图、产品设计图、地图、示意图、计算机软件等职务作品；……法律、行政法规规定或者合同约定著作权由法人或者非法人组织享有的职务作品
5	委托作品的归属	著作权的归属由委托人和受托人通过合同约定，合同未作明确约定或者没有订立合同的，著作权属于受托人
6	著作权的保护期	(1)作者的署名权、修改权、保护作品完整权的保护期不受限制。 (2)自然人的作品，发表权、使用权和获得报酬权的保护期，为作者终生及其死后50年。如果是合作作品，截止于最后死亡的作者死亡后第50年的12月31日。 (3)法人或者非法人组织的作品、著作权(署名权除外)由法人或者非法人组织享有的职务作品，其发表权的保护期为50年，截止于作品创作完成后第50年的12月31日，其使用权和获得报酬权的保护期为50年，截止于作品首次发表后第50年的12月31日，但作品自创作完成后50年内未发表的，不再受著作权法保护

★高频考点：计算机软件的法律保护

序号	项目	内容
1	软件著作权的归属	（1）软件著作权属于软件开发者，《计算机软件保护条例》另有规定的除外。如无相反证明，在软件上署名的自然人、法人或者其他组织为开发者。 （2）由两个以上的自然人、法人或者其他组织合作开发的软件，其著作权的归属由合作开发者签订书面合同约定。接受他人委托开发的软件，其著作权的归属由委托人与受托人签订书面合同约定；无书面合同或者合同未作明确约定的，其著作权由受托人享有。由国家机关下达任务开发的软件，著作权的归属与行使由项目任务书或者合同规定；项目任务书或者合同中未作明确规定的，软件著作权由接受任务的法人或者其他组织享有。 （3）自然人在法人或者其他组织中任职期间所开发的软件有下列情形之一的，该软件著作权由该法人或者其他组织享有，该法人或者其他组织可以对开发软件的自然人进行奖励：①针对本职工作中明确指定的开发目标所开发的软件；②开发的软件是从事本职工作活动所预见的结果或者自然的结果；③主要使用了法人或者其他组织的资金、专用设备、未公开的专门信息等物质技术条件所开发并由法人或者其他组织承担责任的软件
2	软件著作权的限制	（1）软件的合法复制品所有人享有下列权利：①根据使用的需要把该软件装入计算机等具有信息处理能力的装置内；②为了防止复制品损坏而制作备份复制品，这些备份复制品不得通过任何方式提供给他人使用，并在所有人丧失该合法复制品的所有权时，负责将备份复制品销毁；③为了把该软件用于实际的计算机应用环境或者改进其功能、性能而进行必要的修改，但是，除合同另有约定外，未经该软件著作权人许可，不得向任何第三方提供修改后的软件。 （2）软件著作权制度也存在合理使用，即为了学习和研究软件内含的设计思想和原理，通过安装、显示、传输或者存储软件等方式使用软件的，可以不经软件著作权人许可，不向其支付报酬
3	计算机软件著作权的保护期限	（1）自然人的软件著作权，保护期为自然人终生及其死亡后 50 年，截止于自然人死亡后第 50 年的 12 月 31 日；软件是合作开发的，截止于最后死亡的自然人死亡后第 50 年的 12 月 31 日。 （2）法人或者其他组织的软件著作权，保护期为 50 年，截止于软件首次发表后第 50 年的 12 月 31 日，但软件自开发完成之日起 50 年内未发表的，不再受到《计算机软件保护条例》的保护

A5 抵押权、质权、留置权、定金的规定

★高频考点：抵押权

序号	项目	内容
1	抵押的法律概念	按照《民法典》的规定，为担保债务的履行，债务人或者第三人不转移财产的占有，将该财产抵押给债权人的，债务人不履行到期债务或者发生当事人约定的实现抵押权的情形，债权人有权就该财产优先受偿。提供抵押财产的债务人或者第三人为抵押人，债权人为抵押权人，提供担保的财产为抵押财产
2	抵押物	（1）债务人或者第三人提供担保的财产为抵押物。由于抵押物是不转移其占有的，因此能够成为抵押物的财产必须具备一定的条件。这类财产轻易不会灭失，其所有权的转移应当经过一定的程序。 （2）债务人或者第三人有权处分的下列财产可以抵押：①建筑物和其他土地附着物；②建设用地使用权；③海域使用权；④生产设备、原材料、半成品、产品；⑤正在建造的建筑物、船舶、航空器；⑥交通运输工具；⑦法律、行政法规未禁止抵押的其他财产。抵押人可以将上述所列财产一并抵押。 （3）对于以上第①项至第③项规定的财产或者第⑤项规定的正在建造的建筑物抵押的，应当办理抵押登记。抵押权自登记时设立。 （4）下列财产不得抵押：①土地所有权；②宅基地、自留地、自留山等集体所有土地的使用权，但是法律规定可以抵押的除外；③学校、幼儿园、医疗机构等为公益目的成立的非营利法人的教育设施、医疗卫生设施和其他公益设施；④所有权、使用权不明或者有争议的财产；⑤依法被查封、扣押、监管的财产；⑥法律、行政法规规定不得抵押的其他财产。 （5）以动产抵押的，抵押权自抵押合同生效时设立；未经登记，不得对抗善意第三人
3	抵押的效力	（1）抵押担保的范围包括主债权及利息、违约金、损害赔偿金和实现抵押权的费用。当事人也可以在抵押合同中约定抵押担保的范围。

序号	项目	内容
3	抵押的效力	（2）抵押人有义务妥善保管抵押物并保证其价值。抵押期间，抵押人可以转让抵押财产。当事人另有约定的，按照其约定。抵押财产转让的，抵押权不受影响。抵押人转让抵押财产的，应当及时通知抵押权人。抵押权人能够证明抵押财产转让可能损害抵押权的，可以请求抵押人将转让所得的价款向抵押权人提前清偿债务或者提存。转让的价款超过债权数额的部分归抵押人所有，不足部分由债务人清偿。 （3）抵押权与其担保的债权同时存在。抵押权不得与债权分离而单独转让或者作为其他债权的担保
4	抵押权的实现	（1）债务人不履行到期债务或者发生当事人约定的实现抵押权的情形，抵押权人可以与抵押人协议以抵押财产折价或者以拍卖、变卖该抵押财产所得的价款优先受偿。协议损害其他债权人利益的，其他债权人可以请求人民法院撤销该协议。抵押权人与抵押人未就抵押权实现方式达成协议的，抵押权人可以请求人民法院拍卖、变卖抵押财产。抵押财产折价或者变卖的，应当参照市场价格。 （2）抵押财产折价或者拍卖、变卖后，其价款超过债权数额的部分归抵押人所有，不足部分由债务人清偿。 （3）同一财产向两个以上债权人抵押的，拍卖、变卖抵押财产所得的价款依照下列规定清偿：①抵押权已经登记的，按照登记的时间先后确定清偿顺序；②抵押权已经登记的先于未登记的受偿；③抵押权未登记的，按照债权比例清偿。其他可以登记的担保物权，清偿顺序参照上述规定

★高频考点：质权

序号	项目	内容
1	质押的法律概念	（1）质押是指债务人或者第三人将其动产或权利移交债权人占有，将该动产或权利作为债权的担保。债务人不履行债务或者发生当事人约定的实现质权的情形时，债权人有权依照法律规定以该动产或权利折价或者以拍卖、变卖该动产或权利的价款优先受偿。 （2）质权是一种约定的担保物权，以转移占有为特征。债务人或者第三人为出质人，债权人为质权人，移交的动产或权利为质物

序号	项目	内容
2	质押的分类	(1)质押分为动产质押和权利质押。 (2)动产质押是指债务人或者第三人将其动产移交债权人占有,将该动产作为债权的担保。法律、行政法规禁止转让的动产不得出质。质权自出质人交付质押财产时设立。 (3)权利质押是将权利凭证交付质押人或办理出质登记的担保。债务人或者第三人可以将有权处分的下列权利出质:①汇票、本票、支票;②债券、存款单;③仓单、提单;④可以转让的基金份额、股权;⑤可以转让的注册商标专用权、专利权、著作权等知识产权中的财产权;⑥现有的以及将有的应收账款;⑦法律、行政法规规定可以出质的其他财产权利。以汇票、本票、支票、债券、存款单、仓单、提单出质的,质权自权利凭证交付质权人时设立;没有权利凭证的,质权自办理出质登记时设立。法律另有规定的,依照其规定

★高频考点:留置权

序号	项目	内容
1	性质	(1)属于法定权利,不需要事前约定,但留置的财产需要和合同有关。 (2)留置是指债权人按照合同约定占有债务人的动产,债务人不按照合同约定的期限履行债务的,债权人有权依照法律规定留置该财产,以该财产折价或者以拍卖、变卖该财产的价款优先受偿
2	留置权人的义务	(1)留置权人负有妥善保管留置物的义务。 (2)因保管不善致使留置物灭失或者毁损的,留置权人应当承担民事责任
3	留置权实现	留置权人与债务人应当约定留置财产后的债务履行期限;没有约定或者约定不明确的,留置权人应当给债务人60日以上履行债务的期限,但是鲜活易腐等不易保管的动产除外。债务人逾期未履行的,留置权人可以与债务人协议以留置财产折价,也可以就拍卖、变卖留置财产所得的价款优先受偿

注:各担保物权并存时的优先顺序:留置权>质押权>抵押权。

★高频考点：定金的相关规定

序号	项目	内容
1	定金规则	当事人可以约定一方向对方给付定金作为债权的担保。定金合同自实际交付定金时成立。债务人履行债务的,定金应当抵作价款或者收回。给付定金的一方不履行债务或者履行债务不符合约定,致使不能实现合同目的的,无权请求返还定金;收受定金的一方不履行债务或者履行债务不符合约定,致使不能实现合同目的的,应当双倍返还定金
2	定金合同（实践合同）	(1)定金的数额由当事人约定,但不得超过主合同标的额的20%,超过部分不产生定金的效力。实际交付的定金数额多于或者少于约定数额的,视为变更约定的定金数额。 (2)定金应当以书面形式约定。当事人在定金合同中应当约定交付定金的期限。定金合同从实际交付定金之日起生效。定金的数额由当事人约定,但不得超过主合同标的额的20%

注：定金不能与违约金并用，当合同中约定两种方式时，只能选其中之一。

A6 招标基本程序和禁止肢解发包、限制排斥投标人的规定

★高频考点：招标基本程序

序号	程序步骤	内容
1	履行项目审批手续	(1)《招标投标法》规定,招标项目按照国家有关规定需要履行项目审批手续的,应当先履行审批手续,取得批准。招标人应当有进行招标项目的相应资金或者资金来源已经落实,并应当在招标文件中如实载明。 (2)《招标投标法实施条例》规定,按照国家有关规定需要履行项目审批、核准手续的依法必须进行招标的项目,其招标范围、招标方式、招标组织形式应当报项目审批、核准部门审批、核准。项目审批、核准部门应当及时将审批、核准确定的招标范围、招标方式、招标组织形式通报有关行政监督部门
2	委托招标代理机构	(1)招标人具有编制招标文件和组织评标能力,可以自行办理招标事宜。任何单位和个人不得强制其委托招标代理机构办理招标事宜;招标人具有编制招标文件和组织评标能力,是指招标人具有与招标项目规模和复杂程度相适应的技术、经济等方面的专业人员。

序号	程序步骤	内容
2	委托招标代理机构	(2)招标代理机构是中介组织。招标代理机构不得在所代理的招标项目中投标或者代理投标,也不得为所代理的招标项目的投标人提供咨询
3	编制招标文件、标底及工程量清单计价	(1)《招标投标法》规定,招标人应当根据招标项目的特点和需要编制招标文件。招标文件应当包括招标项目的技术要求、对投标人资格审查的标准、投标报价要求和评标标准等所有实质性要求和条件,以及拟签订合同的主要条款。国家对招标项目的技术、标准有规定的,招标人应当按照其规定在招标文件中提出相应要求。 (2)招标文件不得要求或者标明特定的生产供应者以及含有倾向或者排斥潜在投标人的其他内容。招标人对已发出的招标文件进行必要的澄清或者修改的,应当在招标文件要求提交投标文件截止时间至少15日前,以书面形式通知所有招标文件收受人。该澄清或者修改的内容为招标文件的组成部分。 (3)招标人应当确定投标人编制投标文件所需要的合理时间;但是,依法必须进行招标的项目,自招标文件开始发出之日起至投标人提交投标文件截止之日止,最短不得少于20日。 (4)《招标投标法实施条例》规定,招标人可以对已发出的资格预审文件或者招标文件进行必要的澄清或者修改。澄清或者修改的内容可能影响资格预审申请文件或者投标文件编制的,招标人应当在提交资格预审申请文件截止时间至少3日前,或者投标截止时间至少15日前,以书面形式通知所有获取资格预审文件或者招标文件的潜在投标人;不足3日或者15日的,招标人应当顺延提交资格预审申请文件或者投标文件的截止时间。 (5)招标人对招标项目划分标段的,应当遵守招标投标法的有关规定,不得利用划分标段限制或者排斥潜在投标人。依法必须进行招标的项目的招标人不得利用划分标段规避招标。招标人应当在招标文件中载明投标有效期。投标有效期从提交投标文件的截止之日起算。 (6)潜在投标人或者其他利害关系人对招标文件有异议的,应当在投标截止时间10日前提出。招标人应当自收到异议之日起3日内作出答复;作出答复前,应当暂停招标投标活动。招标人编制招标文件的内容违反法律、行政法规的强制性规定,违反公开、公平、公正和诚实信用原则,影响潜在投标人投标的,依法必须进行招标的项目的招标人应当在修改招标文件后重新招标。

序号	程序步骤	内容
3	编制招标文件、标底及工程量清单计价	(7)招标人可以自行决定是否编制标底。一个招标项目只能有一个标底。标底必须保密。接受委托编制标底的中介机构不得参加受托编制标底项目的投标,也不得为该项目的投标人编制投标文件或者提供咨询。招标人设有最高投标限价的,应当在招标文件中明确最高投标限价或者最高投标限价的计算方法。招标人不得规定最低投标限价。 (8)国务院办公厅《关于促进建筑业持续健康发展的意见》中要求,完善工程量清单计价体系和工程造价信息发布机制,形成统一的工程造价计价规则,合理确定和有效控制工程造价。 (9)住房和城乡建设部《建筑工程施工发包与承包计价管理办法》中规定,国有资金投资的建筑工程招标的,应当设有最高投标限价;非国有资金投资的建筑工程招标的,可以设有最高投标限价或者招标标底。最高投标限价应当依据工程量清单、工程计价有关规定和市场价格信息等编制。招标人设有最高投标限价的,应当在招标时公布最高投标限价的总价,以及各单位工程的分部分项工程费、措施项目费、其他项目费、规费和税金。招标标底应当依据工程计价有关规定和市场价格信息等编制。 (10)全部使用国有资金投资或者以国有资金投资为主的建筑工程,应当采用工程量清单计价;非国有资金投资的建筑工程,鼓励采用工程量清单计价。工程量清单应当依据国家制定的工程量清单计价规范、工程量计算规范等编制。工程量清单应当作为招标文件的组成部分
4	发布招标公告或投标邀请书	(1)《招标投标法》规定,招标人采用公开招标方式的,应当发布招标公告。招标公告应当载明招标人的名称和地址、招标项目的性质、数量、实施地点和时间以及获取招标文件的办法等事项。 (2)招标人采用邀请招标方式的,应当向三个以上具备承担招标项目的能力、资信良好的特定的法人或者其他组织发出投标邀请书。投标邀请书也应当载明招标人的名称和地址、招标项目的性质、数量、实施地点和时间以及获取招标文件的办法等事项。 (3)招标人可以根据招标项目本身的要求,在招标公告或者投标邀请书中,要求潜在投标人提供有关资质证明文件和业绩情况,并对潜在投标人进行资格审查。招标人不得以不合理的条件限制或者排斥潜在投标人,不得对潜在投标人实行歧视待遇。

序号	程序步骤	内容
4	发布招标公告或投标邀请书	(4)招标人不得向他人透露已获取招标文件的潜在投标人的名称、数量以及可能影响公平竞争的有关招标投标的其他情况。招标人设有标底的,标底必须保密。招标人根据招标项目的具体情况,可以组织潜在投标人踏勘项目现场。 (5)《招标投标法实施条例》规定,招标人应当按照资格预审公告、招标公告或者投标邀请书规定的时间、地点发售资格预审文件或者招标文件。资格预审文件或者招标文件的发售期不得少于5日。招标人发售资格预审文件、招标文件收取的费用应当限于补偿印刷、邮寄的成本支出,不得以营利为目的
5	资格审查	(1)资格审查分为资格预审和资格后审。 (2)《招标投标法实施条例》规定,招标人采用资格预审办法对潜在投标人进行资格审查的,应当发布资格预审公告、编制资格预审文件。招标人应当合理确定提交资格预审申请文件的时间。依法必须进行招标的项目提交资格预审申请文件的时间,自资格预审文件停止发售之日起不得少于5日。 (3)资格预审应当按照资格预审文件载明的标准和方法进行。国有资金占控股或者主导地位的依法必须进行招标的项目,招标人应当组建资格审查委员会审查资格预审申请文件。资格审查委员会及其成员应当遵守招标投标法和本条例有关评标委员会及其成员的规定。资格预审结束后,招标人应当及时向资格预审申请人发出资格预审结果通知书。未通过资格预审的申请人不具有投标资格。通过资格预审的申请人少于3个的,应当重新招标。 (4)潜在投标人或者其他利害关系人对资格预审文件有异议的,应当在提交资格预审申请文件截止时间2日前提出。招标人应当自收到异议之日起3日内作出答复;作出答复前,应当暂停招标投标活动。招标人编制资格预审文件的内容违反法律、行政法规的强制性规定,违反公开、公平、公正和诚实信用原则,影响资格预审结果的,依法必须进行招标的项目的招标人应当在修改资格预审文件后重新招标。 (5)招标人采用资格后审办法对投标人进行资格审查的,应当在开标后由评标委员会按照招标文件规定的标准和方法对投标人的资格进行审查

序号	程序步骤	内容
6	开标	(1)《招标投标法》规定,开标应当在招标文件确定的提交投标文件截止时间的同一时间公开进行;开标地点应当为招标文件中预先确定的地点。 (2)开标由招标人主持,邀请所有投标人参加。开标时,由投标人或者其推选的代表检查投标文件的密封情况,也可以由招标人委托的公证机构检查并公证;经确认无误后,由工作人员当众拆封,宣读投标人名称、投标价格和投标文件的其他主要内容。招标人在招标文件要求提交投标文件的截止时间前收到的所有投标文件,开标时都应当当众予以拆封、宣读。开标过程应当记录,并存档备查。 (3)《招标投标法实施条例》进一步规定,招标人应当按照招标文件规定的时间、地点开标。投标人少于 3 个的,不得开标;招标人应当重新招标。投标人对开标有异议的,应当在开标现场提出,招标人应当当场作出答复,并制作记录
7	评标	(1)《招标投标法》规定,评标由招标人依法组建的评标委员会负责。招标人应当采取必要的措施,保证评标在严格保密的情况下进行。任何单位和个人不得非法干预、影响评标的过程和结果。 (2)依法必须进行招标的项目,其评标委员会由招标人的代表和有关技术、经济等方面的专家组成,成员人数为 5 人以上单数,其中技术、经济等方面的专家不得少于成员总数的三分之二。与投标人有利害关系的人不得进入相关项目的评标委员会;已经进入的应当更换。评标委员会成员的名单在中标结果确定前应当保密。 (3)评标委员会可以要求投标人对投标文件中含义不明确的内容作必要的澄清或者说明,但是澄清或者说明不得超出投标文件的范围或者改变投标文件的实质性内容。评标委员会应当按照招标文件确定的评标标准和方法,对投标文件进行评审和比较;设有标底的,应当参考标底。评标委员会完成评标后,应当向招标人提出书面评标报告,并推荐合格的中标候选人。评标委员会经评审,认为所有投标都不符合招标文件要求的,可以否决所有投标。依法必须进行招标的项目的所有投标被否决的,招标人应当依法重新招标。

序号	程序步骤	内容
7	评标	（4）《招标投标法实施条例》进一步规定，评标委员会成员应当依照招标投标法和本条例的规定，按照招标文件规定的评标标准和方法，客观、公正地对投标文件提出评审意见。招标文件没有规定的评标标准和方法不得作为评标的依据。评标委员会成员不得私下接触投标人，不得收受投标人给予的财物或者其他好处，不得向招标人征询确定中标人的意向，不得接受任何单位或者个人明示或者暗示提出的倾向或者排斥特定投标人的要求，不得有其他不客观、不公正履行职务的行为。 （5）招标项目设有标底的，招标人应当在开标时公布。标底只能作为评标的参考，不得以投标报价是否接近标底作为中标条件，也不得以投标报价超过标底上下浮动范围作为否决投标的条件。 （6）投标文件中有含义不明确的内容、明显文字或者计算错误，评标委员会认为需要投标人作出必要澄清、说明的，应当书面通知该投标人。投标人的澄清、说明应当采用书面形式，并不得超出投标文件的范围或者改变投标文件的实质性内容。评标委员会不得暗示或者诱导投标人作出澄清、说明，不得接受投标人主动提出的澄清、说明。 （7）评标完成后，评标委员会应当向招标人提交书面评标报告和中标候选人名单。中标候选人应当不超过3个，并标明排序。评标报告应当由评标委员会全体成员签字。对评标结果有不同意见的评标委员会成员应当以书面形式说明其不同意见和理由，评标报告应当注明该不同意见。评标委员会成员拒绝在评标报告上签字又不书面说明其不同意见和理由的，视为同意评标结果
8	中标和签订合同	（1）《招标投标法》规定，招标人根据评标委员会提出的书面评标报告和推荐的中标候选人确定中标人。招标人也可以授权评标委员会直接确定中标人。 （2）招标人和中标人应当自中标通知书发出之日起30日内，按照招标文件和中标人的投标文件订立书面合同。招标人和中标人不得再行订立背离合同实质性内容的其他协议。 （3）最高人民法院《关于审理建设工程施工合同纠纷案件适用法律问题的解释（一）》（法释〔2020〕25号）规定，当事人签订的建设工程施工合同与招标文件、投标文件、中标通知书载明的工程范围、建设工期、工程质量、工程价款不一致，一方当事人请求将招标文件、投标文件、中标通知书作为结算工程价款的依据的，人民法院应予支持。

序号	程序步骤	内容
8	中标和签订合同	（4）发包人将依法不属于必须招标的建设工程进行招标后，与承包人另行订立的建设工程施工合同背离中标合同的实质性内容，当事人请求以中标合同作为结算建设工程价款依据的，人民法院应予支持，但发包人与承包人因客观情况发生了在招标投标时难以预见的变化而另行订立建设工程施工合同的除外。 （5）国家发展改革委《关于加强基础设施建设项目管理 确保工程安全质量的通知》（发改投资规〔2021〕910号）中规定，项目招标投标确定的中标价格要体现合理造价要求，杜绝造价过低带来的安全质量问题
9	终止招标	《招标投标法实施条例》规定，招标人终止招标的，应当及时发布公告，或者以书面形式通知被邀请的或者已经获取资格预审文件、招标文件的潜在投标人。已经发售资格预审文件、招标文件或者已经收取投标保证金的，招标人应当及时退还所收取的资格预审文件、招标文件的费用，以及所收取的投标保证金及银行同期存款利息

★高频考点：评标委员会应当否决投标的情形

（1）投标文件未经投标单位盖章和单位负责人签字；

（2）投标联合体没有提交共同投标协议；

（3）投标人不符合国家或者招标文件规定的资格条件；

（4）同一投标人提交两个以上不同的投标文件或者投标报价，但招标文件要求提交备选投标的除外；

（5）投标报价低于成本或者高于招标文件设定的最高投标限价；

（6）投标文件没有对招标文件的实质性要求和条件作出响应；

（7）投标人有串通投标、弄虚作假、行贿等违法行为。

★高频考点：禁止肢解发包及禁止限制、排斥投标人的规定

序号	项目	内容
1	禁止肢解发包的规定	《招标投标法》规定，招标项目需要划分标段、确定工期的，招标人应当合理划分标段、确定工期，并在招标文件中载明。《建筑法》提倡对建筑工程实行总承包，禁止将建筑工程肢解发包。建筑工程的发单单位可以将建筑工程的勘察、设计、

序号	项目	内容
1	禁止肢解发包的规定	施工、设备采购一并发包给一个工程总承包单位,也可以将建筑工程的勘察、设计、施工、设备采购的一项或者多项发包给一个工程总承包单位;但是,不得将应当由一个承包单位完成的建筑工程肢解成若干部分发包给几个承包单位
2	禁止限制、排斥投标人的规定	(1)《招标投标法》规定,依法必须进行招标的项目,其招标投标活动不受地区或者部门的限制。任何单位和个人不得违法限制或者排斥本地区、本系统以外的法人或者其他组织参加投标,不得以任何方式非法干涉招标投标活动。 (2)《招标投标法实施条例》规定,招标人不得以不合理的条件限制、排斥潜在投标人或者投标人。招标人有下列行为之一的,属于以不合理条件限制、排斥潜在投标人或者投标人:①就同一招标项目向潜在投标人或者投标人提供有差别的项目信息;②设定的资格、技术、商务条件与招标项目的具体特点和实际需要不相适应或者与合同履行无关;③依法必须进行招标的项目以特定行政区域或者特定行业的业绩、奖项作为加分条件或者中标条件;④对潜在投标人或者投标人采取不同的资格审查或者评标标准;⑤限定或者指定特定的专利、商标、品牌、原产地或者供应商;⑥依法必须进行招标的项目非法限定潜在投标人或者投标人的所有制形式或者组织形式;⑦以其他不合理条件限制、排斥潜在投标人或者投标人。 (3)招标人不得组织单个或者部分潜在投标人踏勘项目现场。 (4)《优化营商环境条例》规定,招标投标和政府采购应当公开透明、公平公正,依法平等对待各类所有制和不同地区的市场主体,不得以不合理条件或者产品产地来源等进行限制或者排斥。政府有关部门应当加大反垄断和反不正当竞争执法力度,有效预防和制止市场经济活动中的垄断行为、不正当竞争行为以及滥用行政权力排除、限制竞争的行为,营造公平竞争的市场环境。 (5)住房和城乡建设部办公厅《关于支持民营建筑企业发展的通知》(建办市〔2019〕8号)中还规定,民营建筑企业在注册地以外的地区承揽业务时,地方各级住房和城乡建设主管部门要给予外地民营建筑企业与本地建筑企业同等待遇,不得擅自设置任何审批和备案事项,不得要求民营建筑企业在本地区注册设立独立子公司或分公司

A7 建设工程分包的规定

★高频考点：分包的规定

序号	项目	内容
1	分类	(1)专业工程分包,是指施工总承包企业将其所承包工程中的专业工程发包给具有相应资质的其他建筑业企业完成的活动。 (2)劳务作业分包,是指施工总承包企业或者专业承包企业将其承包工程中的劳务作业发包给劳务分包企业完成的活动
2	范围	(1)总承包可以全部自行完成,也可以将其中的部分工程分包。 (2)只能分包部分工程,并且是非主体、非关键性工作,主体结构的施工则须由总承包单位自行完成
3	分包单位的条件与认可	(1)除总承包合同中约定的分包外,分包单位必须经建设单位认可。 (2)劳务作业分包由劳务作业发包人与劳务作业承包人通过劳务合同约定,可不经建设单位认可。 (3)分包单位须有相应资质条件。 (4)不具备资质条件的单位不允许承包建设工程,也不得承接分包工程。 (5)严禁个人承揽分包工程业务。 (6)建设单位不得直接指定分包工程承包人
4	分包单位不得再分包	(1)禁止分包单位将承包的工程再分包。 (2)专业承包企业可以将其承包工程中的劳务作业发包给劳务分包企业
5	禁止转包	存在下列情形之一的,应当认定为转包,但有证据证明属于挂靠或者其他违法行为的除外: (1)承包单位将其承包的全部工程转给其他单位(包括母公司承接建筑工程后将所承接工程交由具有独立法人资格的子公司施工的情形)或个人施工的。 (2)承包单位将其承包的全部工程肢解以后,以分包的名义分别转给其他单位或个人施工的。 (3)施工总承包单位或专业承包单位未派驻项目负责人、技术负责人、质量管理负责人、安全管理负责人等主要管理人员,或派驻的项目负责人、技术负责人、质量管理负责人、安全管理负责人中一人及以上与施工单位没有订立劳动合同且没有建立劳动工资和社会养老保险关系,或派驻的项目负责人未对该工程的施工活动进行组织管理,又不能进行合理解释并提供相应证明的。

序号	项目	内容
5	禁止转包	（4）合同约定由承包单位负责采购的主要建筑材料、构配件及工程设备或租赁的施工机械设备，由其他单位或个人采购、租赁，或施工单位不能提供有关采购、租赁合同及发票等证明，又不能进行合理解释并提供相应证明的。 （5）专业作业承包人承包的范围是承包单位承包的全部工程，专业作业承包人计取的是除上缴给承包单位"管理费"之外的全部工程价款的。 （6）承包单位通过采取合作、联营、个人承包等形式或名义，直接或变相将其承包的全部工程转给其他单位或个人施工的。 （7）专业工程的发包单位不是该工程的施工总承包或专业承包单位的，但建设单位依约作为发包单位的除外。 （8）专业作业的发包单位不是该工程承包单位的。 （9）施工合同主体之间没有工程款收付关系，或者承包单位收到款项后又将款项转拨给其他单位和个人，又不能进行合理解释并提供材料证明的。 注：两个以上的单位组成联合体承包工程，在联合体分工协议中约定或者在项目实际实施过程中，联合体一方不进行施工也未对施工活动进行组织管理的，并且向联合体其他方收取管理费或者其他类似费用的，视为联合体一方将承包的工程转包给联合体其他方
6	禁止违法分包	存在下列情形之一的，属于违法分包： （1）承包单位将其承包的工程分包给个人的。 （2）施工总承包单位或专业承包单位将工程分包给不具备相应资质单位的。 （3）施工总承包单位将施工总承包合同范围内工程主体结构的施工分包给其他单位的，钢结构工程除外。 （4）专业分包单位将其承包的专业工程中非劳务作业部分再分包的。 （5）专业作业承包人将其承包的劳务再分包的。 （6）专业作业承包人除计取劳务作业费用外，还计取主要建筑材料款和大中型施工机械设备、主要周转材料费用的
7	挂靠情形	存在下列情形之一的，属于挂靠： （1）没有资质的单位或个人借用其他施工单位的资质承揽工程的。 （2）有资质的施工单位相互借用资质承揽工程的，包括资质等级低的借用资质等级高的，资质等级高的借用资质等级低的，相同资质等级相互借用的。 （3）在上述认定转包第（3）至（9）项规定的情形，有证据证明属于挂靠的

★高频考点：分包单位的责任

（1）《建筑法》规定，建筑工程总承包单位按照总承包合同的约定对建设单位负责；分包单位按照分包合同的约定对总承包单位负责。总承包单位和分包单位就分包工程对建设单位承担连带责任。《招标投标法》也规定，中标人应当就分包项目向招标人负责，接受分包的人就分包项目承担连带责任。

（2）连带责任分为法定连带责任和约定连带责任。我国有关工程总分包、联合承包的连带责任，均属法定连带责任。2020年5月公布的《民法典》规定，二人以上依法承担连带责任的，权利人有权请求部分或者全部连带责任人承担责任。连带责任人的责任份额根据各自责任大小确定；难以确定责任大小的，平均承担责任。实际承担责任超过自己责任份额的连带责任人，有权向其他连带责任人追偿。连带责任，由法律规定或者当事人约定。

A8 建筑市场施工单位不良行为记录认定标准

★高频考点：施工单位的不良行为记录认定标准

序号	项目	内容
1	资质不良行为认定标准	（1）未取得资质证书承揽工程的，或超越本单位资质等级承揽工程的。 （2）以欺骗手段取得资质证书承揽工程的。 （3）允许其他单位或个人以本单位名义承揽工程的。 （4）未在规定期限内办理资质变更手续的。 （5）涂改、伪造、出借、转让《建筑业企业资质证书》的。 （6）按照国家规定需要持证上岗的技术工种的作业人员未经培训、考核，未取得证书上岗，情节严重的
2	承揽业务不良行为认定标准	（1）利用向发包单位及其工作人员行贿、提供回扣或者给予其他好处等不正当手段承揽业务的。 （2）相互串通投标或与招标人串通投标的，以向招标人或评标委员会成员行贿的手段谋取中标的。 （3）以他人名义投标或以其他方式弄虚作假，骗取中标的。 （4）不按照与招标人订立的合同履行义务，情节严重的。 （5）将承包的工程转包或违法分包的

序号	项目	内容
3	工程质量不良行为认定标准	(1)在施工中偷工减料的,使用不合格建筑材料、建筑构配件和设备的,或者有不按照工程设计图纸或施工技术标准施工的其他行为的。 (2)未按照节能设计进行施工的。 (3)未对建筑材料、建筑构配件、设备和商品混凝土进行检测,或未对涉及结构安全的试块、试件以及有关材料取样检测的。 (4)工程竣工验收后,不向建设单位出具质量保修书的,或质量保修的内容、期限违反规定的。 (5)不履行保修义务或者拖延履行保修义务的
4	工程安全不良行为认定标准	(1)在本单位发生重大生产安全事故时,主要负责人不立即组织抢救或在事故调查处理期间擅离职守或逃匿的,主要负责人对生产安全事故隐瞒不报、谎报或拖延不报的。 (2)对建筑安全事故隐患不采取措施予以消除的。 (3)不设立安全生产管理机构、配备专职安全生产管理人员或分部分项工程施工时无专职安全生产管理人员现场监督的。 (4)主要负责人、项目负责人、专职安全生产管理人员、作业人员或特种作业人员,未经安全教育培训或经考核不合格即从事相关工作的。 (5)未在施工现场的危险部位设置明显的安全警示标志,或未按照国家有关规定在施工现场设置消防通道、消防水源、配备消防设施和灭火器材的。 (6)未向作业人员提供安全防护用具和安全防护服装的。 (7)未按照规定在施工起重机械和整体提升脚手架、模板等自升式架设设施验收合格后登记的。 (8)使用国家明令淘汰、禁止使用的危及施工安全的工艺、设备、材料的。 (9)违法挪用列入建设工程概算的安全生产作业环境及安全施工措施所需费用的。 (10)施工前未对有关安全施工的技术要求作出详细说明的。 (11)未根据不同施工阶段和周围环境及季节、气候的变化,在施工现场采取相应的安全施工措施,或在城市市区内的建设工程的施工现场未实行封闭围挡的。 (12)在尚未竣工的建筑物内设置员工集体宿舍的。 (13)施工现场临时搭建的建筑物不符合安全使用要求的。 (14)未对因建设工程施工可能造成损害的毗邻建筑物、构筑物和地下管线等采取专项防护措施的。

序号	项目	内容
4	工程安全不良行为认定标准	(15)安全防护用具、机械设备、施工机具及配件在进入施工现场前未经查验或查验不合格即投入使用的。 (16)使用未经验收或验收不合格的施工起重机械和整体提升脚手架、模板等自升式架设设施的。 (17)委托不具有相应资质的单位承担施工现场安装、拆卸施工起重机械和整体提升脚手架、模板等自升式架设设施的。 (18)在施工组织设计中未编制安全技术措施、施工现场临时用电方案或专项施工方案的。 (19)主要负责人、项目负责人未履行安全生产管理职责的,或不服管理、违反规章制度和操作规程冒险作业的。 (20)施工单位取得资质证书后,降低安全生产条件的,或经整改仍未达到与其资质等级相适应的安全生产条件的。 (21)取得安全生产许可证发生重大安全事故的。 (22)未取得安全生产许可证擅自进行生产的。 (23)安全生产许可证有效期满未办理延期手续,继续进行生产的,或逾期不办理延期手续,继续进行生产的。 (24)转让安全生产许可证,接受转让的,冒用或使用伪造的安全生产许可证的
5	拖欠工程款或工人工资不良行为认定标准	恶意拖欠或克扣劳动者工资的

注:注意每种不良行为的情形,考试时容易导致混淆,借出资质供别人使用为资质不良行为、借入别人资质参与投标为承揽业务不良行为。

★高频考点:注册建造师不良行为记录的认定标准

序号	项目	内容
1	记入信用档案	(1)《注册建造师执业管理办法(试行)》第22条所列行为。 (2)未履行注册建造师职责造成质量、安全、环境事故的。 (3)泄露商业秘密的。 (4)无正当理由拒绝或未及时签字盖章的。 (5)未按要求提供注册建造师信用档案信息的。 (6)未履行注册建造师职责造成不良社会影响的。 (7)未履行注册建造师职责导致项目未能及时交付使用的。 (8)不配合办理交接手续的。 (9)不积极配合有关部门监督检查的

序号	项目	内容
2	禁止行为	(1)不按设计图纸施工。 (2)使用不合格建筑材料。 (3)使用不合格设备、建筑构配件。 (4)违反工程质量、安全、环保和用工方面的规定。 (5)在执业过程中,索贿、行贿、受贿或者谋取合同约定费用外的其他不法利益。 (6)签署弄虚作假或在不合格文件上签章的。 (7)以他人名义或允许他人以自己的名义从事执业活动。 (8)同时在两个或者两个以上企业受聘并执业。 (9)超出执业范围和聘用企业业务范围从事执业活动。 (10)未变更注册单位,而在另一家企业从事执业活动。 (11)所负责工程未办理竣工验收或移交手续前,变更注册到另一企业。 (12)伪造、涂改、倒卖、出租、出借或以其他形式非法转让资格证书、注册证书和执业印章。 (13)不履行注册建造师义务和法律、法规、规章禁止的其他行为

A9 建设工程工期和价款的规定

★高频考点:建设工程工期

序号	项目	内容
1	开工及开工日期	(1)开工日期包括计划开工日期和实际开工日期。 (2)经发包人同意后,监理人发出的开工通知应符合法律规定。监理人应在计划开工日期7天前向承包人发出开工通知,工期自开工通知中载明的开工日期起算
2	开工日期争议处理	(1)开工日期为发包人或者监理人发出的开工通知载明的开工日期;开工通知发出后,尚不具备开工条件的,以开工条件具备的时间为开工日期;因承包人原因导致开工时间推迟的,以开工通知载明的时间为开工日期。 (2)承包人经发包人同意已经实际进场施工的,以实际进场施工时间为开工日期。 (3)发包人或者监理人未发出开工通知,亦无相关证据证明实际开工日期的,应当综合考虑开工报告、合同、施工许可证、竣工验收报告或者竣工验收备案表等载明的时间,并结合是否具备开工条件的事实,认定开工日期

序号	项目	内容
3	工期顺延	（1）当事人约定顺延工期应当经发包人或者监理人签证等方式确认，承包人虽未取得工期顺延的确认，但能够证明在合同约定的期限内向发包人或者监理人申请过工期顺延且顺延事由符合合同约定，承包人以此为由主张工期顺延的，人民法院应予支持。 （2）当事人约定承包人未在约定期限内提出工期顺延申请视为工期不顺延的，按照约定处理，但发包人在约定期限后同意工期顺延或者承包人提出合理抗辩的除外
4	竣工日期争议处理	（1）竣工验收合格的，以竣工验收合格之日为竣工日期。 （2）承包人已提交竣工验收报告，发包人拖延验收的，以承包人提交验收报告之日为竣工日期。 （3）未经竣工验收，发包人擅自使用的，以转移占有工程之日为竣工日期

★ **高频考点：工程价款的支付**

序号	项目	内容
1	一般规定	（1）按照合同约定的时间、金额和支付条件支付工程价款，是发包人的主要合同义务，也是承包人的主要合同权利。 （2）《民法典》第510条规定，合同生效后，当事人就质量、价款或者报酬、履行地点等内容没有约定或者约定不明确的，可以协议补充；不能达成补充协议的，按照合同相关条款或者交易习惯确定。 （3）如果按照合同相关条款或者交易习惯仍不能确定的，《民法典》规定，价款或者报酬不明确的，按照订立合同时履行地的市场价格履行；依法应当执行政府定价或者政府指导价的，依照规定履行；履行期限不明确的，债务人可以随时履行，债权人也可以随时请求履行，但是应当给对方必要的准备时间
2	合同价款的确定	（1）招标工程的合同价款由发包人、承包人依据中标通知书中的中标价格在协议书内约定。非招标工程的合同价款由发包人、承包人依据工程预算书在协议书内约定。合同价款在协议书内约定后，任何一方不得擅自改变。 （2）合同价款的确定方式有固定价格合同、可调价格合同、成本加酬金合同，双方可在专用条款内约定采用其中一种。

33

序号	项目	内容
2	合同价款的确定	(3)2013年12月住房和城乡建设部发布的《建筑工程施工发包与承包计价管理办法》规定,招标人与中标人应当根据中标价订立合同。不实行招标投标的工程由发承包双方协商订立合同。合同价款的有关事项由发承包双方约定,一般包括合同价款约定方式,预付工程款、工程进度款、工程竣工价款的支付和结算方式,以及合同价款的调整情形等。 (4)发承包双方在确定合同价款时,应当考虑市场环境和生产要素价格变化对合同价款的影响。实行工程量清单计价的建筑工程,鼓励发承包双方采用单价方式确定合同价款。建设规模较小、技术难度较低、工期较短的建筑工程,发承包双方可以采用总价方式确定合同价款。紧急抢险、救灾以及施工技术特别复杂的建筑工程,发承包双方可以采用成本加酬金方式确定合同价款。 (5)对于"黑白合同"的纠纷,最高人民法院《关于审理建设工程施工合同纠纷案件适用法律问题的解释(一)》规定,招标人和中标人另行签订的建设工程施工合同约定的工程范围、建设工期、工程质量、工程价款等实质性内容,与中标合同不一致,一方当事人请求按照中标合同确定权利义务的,人民法院应予支持。招标人和中标人在中标合同之外就明显高于市场价格购买承建房产、无偿建设住房配套设施、让利、向建设单位捐赠财物等另行签订合同,变相降低工程款,一方当事人以该合同背离中标合同实质性内容为由请求确认无效的,人民法院应予支持
3	工程价款的支付	(1)《民法典》规定,验收合格的,发包人应当按照约定支付价款,并接收该建设工程。 (2)《优化营商环境条例》规定,国家机关、事业单位不得违约拖欠市场主体的货物、工程、服务等账款,大型企业不得利用优势地位拖欠中小企业账款。 (3)《保障中小企业款项支付条例》规定,机关、事业单位从中小企业采购货物、工程、服务,应当自货物、工程、服务交付之日起30日内支付款项;合同另有约定的,付款期限最长不得超过60日。合同约定采取履行进度结算、定期结算等结算方式的,付款期限应当自双方确认结算金额之日起算。 (4)《建筑工程施工发包与承包计价管理办法》规定,预付工程款按照合同价款或者年度工程计划额度的一定比例确定和支付,并在工程进度款中予以抵扣。承包方应当按照合同约定向发包方提交已完成工程量报告。发包方收到工程量报告后,应当按照合同约定及时核对并确认。发承包双方应当按照合同约定,定期或者按照工程进度分段进行工程款结算和支付

序号	项目	内容
4	工程竣工结算	(1)承包方应当在工程完工后的约定期限内提交竣工结算文件。 (2)国有资金投资建筑工程的发包方,应当委托具有相应资质的工程造价咨询企业对竣工结算文件进行审核,并在收到竣工结算文件后的约定期限内向承包方提出由工程造价咨询企业出具的竣工结算文件审核意见;逾期未答复的,按照合同约定处理,合同没有约定的,竣工结算文件视为已被认可。非国有资金投资的建筑工程发包方,应当在收到竣工结算文件后的约定期限内予以答复,逾期未答复的,按照合同约定处理,合同没有约定的,竣工结算文件视为已被认可;发包方对竣工结算文件有异议的,应当在答复期内向承包方提出,并可以在提出异议之日起的约定期限内与承包方协商;发包方在协商期内未与承包方协商或者经协商未能与承包方达成协议的,应当委托工程造价咨询企业进行竣工结算审核,并在协商期满后的约定期限内向承包方提出由工程造价咨询企业出具的竣工结算文件审核意见。 (3)承包方对发包方提出的工程造价咨询企业竣工结算审核意见有异议的,在接到该审核意见后1个月内,可以向有关工程造价管理机构或者有关行业组织申请调解,调解不成的,可以依法申请仲裁或者向人民法院提起诉讼。发承包双方在合同中对本条第(1)项、第(2)项的期限没有明确约定的,应当按照国家有关规定执行;国家没有规定的,可认为其约定期限均为28日。 (4)工程竣工结算文件经发承包双方签字确认的,应当作为工程决算的依据,未经对方同意,另一方不得就已生效的竣工结算文件委托工程造价咨询企业重复审核。发包方应当按照竣工结算文件及时支付竣工结算款
5	合同价款的调整	《建筑工程施工发包与承包计价管理办法》规定,发承包双方应当在合同中约定,发生下列情形时合同价款的调整方法: (1)法律、法规、规章或者国家有关政策变化影响合同价款的。 (2)工程造价管理机构发布价格调整信息的。 (3)经批准变更设计的。 (4)发包方更改经审定批准的施工组织设计造成费用增加的。 (5)双方约定的其他因素

★高频考点：解决工程价款结算争议的规定

序号	项目	内容
1	视为发包人认可承包人的单方结算价	当事人约定，发包人收到竣工结算文件后，在约定期限内不予答复，视为认可竣工结算文件的，按照约定处理。承包人请求按照竣工结算文件结算工程价款的，人民法院应予支持
2	对工程量有争议的工程款结算	（1）当事人对工程量有争议的，按照施工过程中形成的签证等书面文件确认。承包人能够证明发包人同意其施工，但未能提供签证文件证明工程量发生的，可以按照当事人提供的其他证据确认实际发生的工程量。 （2）当事人就同一建设工程订立的数份建设工程施工合同均无效，但建设工程质量合格，一方当事人请求参照实际履行的合同关于工程价款的约定折价补偿承包人的，人民法院应予支持。实际履行的合同难以确定，当事人请求参照最后签订的合同关于工程价款的约定折价补偿承包人的，人民法院应予支持。 （3）当事人签订的建设工程施工合同与招标文件、投标文件、中标通知书载明的工程范围、建设工期、工程质量、工程价款不一致，一方当事人请求将招标文件、投标文件、中标通知书作为结算工程价款依据的，人民法院应予支持
3	欠付工程款的利息支付	（1）当事人对欠付工程价款利息计付标准有约定的，按照约定处理。没有约定的，按照同期同类贷款利率或者同期贷款市场报价利率计息。 （2）利息从应付工程价款之日开始计付。当事人对付款时间没有约定或者约定不明的，下列时间视为应付款时间：①建设工程已实际交付的，为交付之日；②建设工程没有交付的，为提交竣工结算文件之日；③建设工程未交付，工程价款也未结算的，为当事人起诉之日
4	工程垫资的处理	（1）《保障中小企业款项支付条例》规定，政府投资项目所需资金应当按照国家有关规定确保落实到位，不得由施工单位垫资建设。 （2）最高人民法院《关于审理建设工程施工合同纠纷案件适用法律问题的解释（一）》规定，当事人对垫资和垫资利息有约定，承包人请求按照约定返还垫资及其利息的，人民法院应予支持，但是约定的利息计算标准高于垫资时的同类贷款利率或者同期贷款市场报价利率的部分除外。 （3）当事人对垫资没有约定的，按照工程欠款处理。当事人对垫资利息没有约定，承包人请求支付利息的，人民法院不予支持

序号	项目	内容
5	承包人工程价款的优先受偿权	(1)《民法典》规定,发包人未按照约定支付价款的,承包人可以催告发包人在合理期限内支付价款。发包人逾期不支付的,除根据建设工程的性质不宜折价、拍卖外,承包人可以与发包人协议将该工程折价,也可以请求人民法院将该工程依法拍卖。建设工程的价款就该工程折价或者拍卖的价款优先受偿。 (2)最高人民法院《关于审理建设工程施工合同纠纷案件适用法律问题的解释(一)》规定,承包人根据《民法典》第807条规定享有的建设工程价款优先受偿权优于抵押权和其他债权。 (3)装饰装修工程具备折价或者拍卖条件,装饰装修工程的承包人请求工程价款就该装饰装修工程折价或者拍卖的价款优先受偿的,人民法院应予支持。 (4)建设工程质量合格,承包人请求其承建工程的价款就工程折价或者拍卖的价款优先受偿的,人民法院应予支持。未竣工的建设工程质量合格,承包人请求其承建工程就其承建工程部分折价或者拍卖的价款优先受偿的,人民法院应予支持。 (5)承包人建设工程价款优先受偿的范围依照国务院有关行政主管部门关于建设工程价款范围的规定确定。承包人就逾期支付建设工程价款的利息、违约金、损害赔偿金等主张优先受偿的,人民法院不予支持。承包人应当在合理期限内行使建设工程价款优先受偿权,但最长不得超过18个月,自发包人应当给付建设工程价款之日起算。发包人与承包人约定放弃或者限制建设工程价款优先受偿权,损害建筑工人利益,发包人根据该约定主张承包人不享有建设工程价款优先受偿权的,人民法院不予支持

A10 合同的履行、变更、转让、撤销和终止

★高频考点：合同的履行和变更

序号	项目	内容
1	合同的履行	(1)当事人应当按照约定全面履行自己的义务。当事人应当遵循诚信原则,根据合同的性质、目的和交易习惯履行通知、协助、保密等义务。当事人在履行合同过程中,应当避免浪费资源、污染环境和破坏生态。 (2)合同生效后,当事人不得因姓名、名称的变更或者法定代表人、负责人、承办人的变动而不履行合同义务

序号	项目	内容
2	合同的变更	（1）合同的变更须经当事人双方协商一致。如果双方当事人就变更事项达成一致意见，则变更后的内容取代原合同的内容，当事人应当按照变更后的内容履行合同。如果一方当事人未经对方同意就改变合同的内容，不仅变更的内容对另一方没有约束力，其做法还是一种违约行为，应当承担违约责任。 （2）对合同变更内容约定不明确的推定。合同变更的内容必须明确约定。如果当事人对于合同变更的内容约定不明确，则将被推定为未变更。任何一方不得要求对方履行约定不明确的变更内容。 （3）合同基础条件变化的处理。合同成立后，合同的基础条件发生了当事人在订立合同时无法预见的、不属于商业风险的重大变化，继续履行合同对于当事人一方明显不公平的，受不利影响的当事人可以与对方重新协商；在合理期限内协商不成的，当事人可以请求人民法院或者仲裁机构变更或者解除合同

★高频考点：合同权利义务的转让

序号	项目	内容	规则
1	合同权利（债权）的转让	（1）合同权利（债权）的转让范围	债权人可以将债权的全部或者部分转让给第三人，但是有下列情形之一的除外：根据债权性质不得转让；按照当事人约定不得转让；依照法律规定不得转让。当事人约定非金钱债权不得转让的，不得对抗善意第三人。当事人约定金钱债权不得转让的，不得对抗第三人
		（2）合同权利（债权）的转让应当通知债务人	债权人转让债权的，未通知债务人的，该转让对债务人不发生效力。债权转让的通知不得撤销，但是经受让人同意的除外
		（3）债务人对让与人的抗辩	债务人接到债权转让通知后，债务人对让与人的抗辩，可以向受让人主张。抗辩权是指债权人行使债权时，债务人根据法定事由对抗债权人行使请求权的权利。债务人的抗辩权是其固有的一项权利，并不随权利的转让而消灭。在权利转让的情况下，债务人可以向新债权人行使该权利。受让人不得以任何理由拒绝债务人权利的行使

序号	项目	内容	规则
1	合同权利(债权)的转让	(4)从权利随同主权利转让	《民法典》规定,债权人转让债权的,受让人取得与债权有关的从权利,但是该从权利专属于债权人自身的除外。受让人取得从权利不因该从权利未办理转移登记手续或者未转移占有而受到影响
2	合同义务(债务)的转让	(1)含义	《民法典》规定,债务人将债务的全部或者部分转移给第三人的,应当经债权人同意。债务人或者第三人可以催告债权人在合理期限内予以同意,债权人未作表示的,视为不同意
		(2)类型	债务转移分为两种情况:一是债务的全部转移,在这种情况下,新的债务人完全取代了旧的债务人,新的债务人负责全面履行债务;另一种情况是债务的部分转移,即新的债务人加入到原债务中,与原债务人一起向债权人履行义务。无论是转移全部债务还是部分债务,债务人都需要征得债权人同意。未经债权人同意,债务人转移债务的行为对债权人不发生效力
3	合同中权利和义务的一并转让	(1)含义	当事人一方经对方同意,可以将自己在合同中的权利和义务一并转让给第三人。合同的权利和义务一并转让的,适用债权转让、债务转移的有关规定
		(2)规则	权利和义务一并转让,是指合同一方当事人将其权利和义务一并转移给第三人,由第三人全部承受这些权利和义务。权利义务一并转让的后果,导致原合同关系的消灭,第三人取代了转让方的地位,产生出一种新的合同关系。只有经对方当事人同意,才能将合同的权利和义务一并转让。如果未经对方同意,一方当事人擅自一并转让权利和义务的,其转让行为无效,对方有权就转让行为对自己造成的损害,追究转让方的违约责任

★高频考点：可撤销合同

序号	项目	内容	规则
1	含义	可撤销合同，是指因意思表示不真实，通过有撤销权的机构行使撤销权，使已经生效的意思表示归于无效的合同	
2	种类	（1）因重大误解订立的合同	基于重大误解实施的民事法律行为，行为人有权请求人民法院或者仲裁机构予以撤销
		（2）在订立合同时显失公平的合同	一方利用对方处于危困状态、缺乏判断能力等情形，致使民事法律行为成立时显失公平的，受损害方有权请求人民法院或者仲裁机构予以撤销
		（3）以欺诈手段订立的合同	一方以欺诈手段，使对方在违背真实意思的情况下实施的民事法律行为，受欺诈方有权请求人民法院或者仲裁机构予以撤销
		（4）以胁迫的手段订立的合同	一方或者第三人以胁迫手段，使对方在违背真实意思的情况下实施的民事法律行为，受胁迫方有权请求人民法院或者仲裁机构予以撤销
3	合同撤销权的行使	撤销权消灭的情形	（1）当事人自知道或者应当知道撤销事由之日起1年内、重大误解的当事人自知道或者应当知道撤销事由之日起90日内没有行使撤销权。（2）当事人受胁迫，自胁迫行为终止之日起1年内没有行使撤销权。（3）当事人知道撤销事由后明确表示或者以自己的行为表明放弃撤销权。当事人自民事法律行为发生之日起5年内没有行使撤销权的，撤销权消灭
4	被撤销合同的法律后果	无效的或者被撤销的民事法律行为自始没有法律约束力。民事法律行为部分无效，不影响其他部分效力的，其他部分仍然有效	

★高频考点：合同终止的情形

（1）债务已经履行；

(2) 债务相互抵销;
(3) 债务人依法将标的物提存;
(4) 债权人免除债务;
(5) 债权债务同归于一人;
(6) 法律规定或者当事人约定终止的其他情形。

★**高频考点：合同解除**

序号	项目	内容
1	约定解除合同	《民法典》规定,当事人协商一致,可以解除合同。当事人可以约定一方解除合同的事由。解除合同的事由发生时,解除权人可以解除合同
2	法定解除合同	法定解除是法律直接规定解除合同的条件,当条件具备时,解除权人可直接行使解除权;约定解除则是双方的法律行为,单方行为不能导致合同的解除。《民法典》规定,有下列情形之一的,当事人可以解除合同: (1)因不可抗力致使不能实现合同目的。 (2)在履行期限届满前,当事人一方明确表示或者以自己的行为表明不履行主要债务。 (3)当事人一方延迟履行主要债务,经催告后在合理期限内仍未履行。 (4)当事人一方延迟履行债务或者有其他违约行为致使不能实现合同目的。 (5)法律规定的其他情形。以持续履行的债务为内容的不定期合同,当事人可以随时解除合同,但是应当在合理期限之前通知对方
3	解除合同的程序	《民法典》规定,当事人一方依法主张解除合同的,应当通知对方。合同自通知到达对方时解除;通知载明债务人在一定期限内不履行债务则合同自动解除,债务人在该期限内未履行债务的,合同自通知载明的期限届满时解除。对方对解除合同有异议的,任何一方当事人均可以请求人民法院或者仲裁机构确认解除行为的效力。当事人一方未通知对方,直接以提起诉讼或者申请仲裁的方式依法主张解除合同,人民法院或者仲裁机构确认该主张的,合同自起诉状副本或者仲裁申请书副本送达对方时解除。当事人对异议期限有约定的依照约定,没有约定的,最长期限3个月

★高频考点：施工合同的解除

序号	项目	内容
1	发包人解除施工合同	《民法典》规定，承包人将建设工程转包、违法分包的，发包人可以解除合同
2	承包人解除施工合同	《民法典》规定，发包人提供的主要建筑材料、建筑构配件和设备不符合强制性标准或者不履行协助义务，致使承包人无法施工，经催告后在合理期限内仍未履行相应义务的，承包人可以解除合同
3	施工合同解除的法律后果	《民法典》规定，合同解除后，已经完成的建设工程质量合格的，发包人应当按照约定支付相应的工程价款；已经完成的建设工程质量不合格的，参照本法第793条（注：指施工合同无效）的规定处理

A11 劳动合同的履行、变更、解除和终止

★高频考点：劳动合同的履行

序号	项目	内容
1	用人单位应当履行向劳动者支付劳动报酬的义务	（1）《劳动合同法》规定，用人单位应当按照劳动合同约定和国家规定，向劳动者及时足额支付劳动报酬。 （2）劳动报酬是指劳动者为用人单位提供劳动而获得的各种报酬，通常包括三个部分：①货币工资，包括各种工资、奖金、津贴、补贴等；②实物报酬，即用人单位以免费或低于成本价提供给劳动者的各种物品和服务等；③社会保险，即用人单位为劳动者支付的医疗、失业、养老、工伤等保险金。 （3）用人单位和劳动者可以在法律允许的范围内对劳动报酬的金额、支付时间、支付方式等进行平等协商。劳动报酬的支付要遵守国家的有关规定：①用人单位支付劳动者的工资不得低于当地的最低工资标准；②工资应当以货币形式按月支付劳动者本人，即不得以实物或有价证券等形式代替货币支付；③用人单位应当依法向劳动者支付加班费；④劳动者在法定休假日、婚丧假期间、探亲假期间、产假期间和依法参加社会活动期间以及非因劳动者原因停工期间，用人单位应当依法支付工资。

序号	项目	内容
1	用人单位应当履行向劳动者支付劳动报酬的义务	（4）用人单位拖欠或者未足额支付劳动报酬的，劳动者可以依法向当地人民法院申请支付令，人民法院应当依法发出支付令
2	依法限制用人单位安排劳动者加班	（1）不得强迫或者变相强迫劳动者加班。 （2）安排加班的，应当按照国家有关规定向劳动者支付加班费
3	劳动者有权拒绝违章指挥、冒险作业	（1）对危害生命安全和身体健康的劳动条件，劳动者有权对用人单位提出批评、检举和控告。 （2）拒绝用人单位管理人员违章指挥、强令冒险作业的，不视为违反劳动合同
4	用人单位发生变动不影响劳动合同的履行	（1）用人单位变更名称、法定代表人、主要负责人或者投资人，不影响劳动合同的履行。 （2）用人单位合并或分立，原劳动合同继续有效，合同由承继其权利和义务的用人单位继续履行

★高频考点：劳动合同解除

序号	项目	内容	说明
1	劳动者可以单方解除劳动合同的规定	（1）提前通知解除：劳动者提前30日（试用期内提前3日）以书面形式通知用人单位，可以解除劳动合同	①未按照劳动合同约定提供劳动保护或者劳动条件的； ②未及时足额支付劳动报酬的； ③未依法为劳动者缴纳社会保险费的； ④用人单位的规章制度违反法律、法规的规定，损害劳动者权益的； ⑤因《劳动合同法》第26条第1款规定的情形致使劳动合同无效的； ⑥法律、行政法规规定劳动者可以解除劳动合同的其他情形
		（2）不需通知即可解除情形	①用人单位以暴力、威胁或者非法限制人身自由的手段强迫劳动者劳动的； ②用人单位违章指挥、强令冒险作业危及劳动者人身安全的

序号	项目	内容	说明
2	用人单位可以单方解除劳动合同的规定	(1)不需提前通知的解除情形	①在试用期间被证明不符合录用条件的; ②严重违反用人单位的规章制度的; ③严重失职,营私舞弊,给用人单位造成重大损害的; ④劳动者同时与其他用人单位建立劳动关系,对完成本单位的工作任务造成严重影响,或者经用人单位提出,拒不改正的; ⑤因《劳动合同法》第26条第1款第1项规定的情形致使劳动合同无效的; ⑥被依法追究刑事责任的
		(2)提前通知可以解除:用人单位提前30日以书面形式通知劳动者本人或者额外支付劳动者1个月工资后,可以解除劳动合同	①劳动者患病或者非因工负伤,在规定的医疗期满后不能从事原工作,也不能从事由用人单位另行安排的工作的; ②劳动者不能胜任工作,经过培训或者调整工作岗位,仍不能胜任工作的; ③劳动合同订立时所依据的客观情况发生重大变化,致使劳动合同无法履行,经用人单位与劳动者协商,未能就变更劳动合同内容达成协议的
		(3)用人单位经济性裁员:需要裁减人员20人以上或者裁减不足20人但占企业职工总数10%以上的,用人单位提前30日向工会或者全体职工说明情况,裁减人员方案需向劳动行政部门报告	经济性裁员的情形: ①依照企业破产法规定进行重整; ②生产经营发生严重困难的; ③企业转产、重大技术革新或者经营方式调整,经变更劳动合同后,仍需裁减人员的; ④其他因劳动合同订立时所依据的客观经济情况发生重大变化,致使劳动合同无法履行。 经济性裁员应优先留用人员(6个月内重新招用人员的,优先招用被裁减人员): ①与本单位订立较长期限的固定期限劳动合同的; ②与本单位订立无固定期限劳动合同的; ③家庭无其他就业人员,有需要扶养的老人或者未成年人的

注:要注意分类记忆劳动合同的解除情形,同时注意下面的用人单位不得解除劳动合同的情形:(1)从事接触职业病危害作业的劳动者未进行离岗前职业健康检查或者疑似职业病病人在诊断或者医学观察期间的;(2)在本单位患职业病或者因工负伤并被确认丧失或者部分丧失劳动能力的;(3)患病或者非因工负伤,在规定的医疗期内的;(4)女职工在孕期、产期、哺乳期的;(5)在本单位连续工作满15年,且距法定退休年龄不足5年的。

★高频考点：劳动合同的终止

（1）《劳动合同法》第44条规定，有下列情形之一的，劳动合同终止：①劳动合同期满的；②劳动者开始依法享受基本养老保险待遇的；③劳动者死亡，或者被人民法院宣告死亡或者宣告失踪的；④用人单位被依法宣告破产的；⑤用人单位被吊销营业执照、责令关闭、撤销或者用人单位决定提前解散的；⑥法律、行政法规规定的其他情形。

（2）在劳动合同期满时，有《劳动合同法》第42条规定的情形之一的，劳动合同应当继续延续至相应的情形消失时才能终止。在本单位患有职业病或者因工负伤并被确认丧失或者部分丧失劳动能力的劳动者的劳动合同的终止，按照国家有关工伤保险的规定执行。

A12　施工合理使用与节约能源的规定

★高频考点：合理使用与节约能源的一般规定

序号	项目	内容
1	节能的产业政策	（1）限制发展高耗能、高污染行业，发展节能环保型产业。 （2）对落后的耗能过高的用能产品、设备和生产工艺实行淘汰制度。 （3）禁止使用国家明令淘汰的用能设备、生产工艺。 （4）鼓励企业制定严于国家标准、行业标准的企业节能标准
2	用能单位的法定义务	（1）用能单位应加强节能管理，制定并实施节能计划和节能技术措施。 （2）用能单位应当建立节能目标责任制，对节能工作取得成绩的集体、个人给予奖励。 （3）用能单位应加强能源计量管理，按规定配备和使用检定合格的能源计量器具。 （4）用能单位应建立能源消费统计和利用状况分析制度，对各类能源的消费实行分类计量和统计，并确保能源消费统计数据真实、完整。 （5）任何单位不得对能源消费实行包费制
3	循环经济的法律要求	（1）循环经济是减量化、再利用、资源化的总称。 （2）发展循环经济应按照减量化优先的原则实施

★高频考点:建筑节能的规定

序号	项目	内容
1	基本制度	(1)国家实行固定资产投资项目节能评估和审查制度。 (2)不符合强制性节能标准的项目,建设单位不得开工建设;已经建成的,不得投产、使用。 (3)政府投资项目不符合强制性节能标准的,依法负责项目审批的机关不得批准建设
2	新建建筑节能规定	(1)国家推广使用民用建筑节能的新技术、新工艺、新材料和新设备,限制使用或者禁止使用能源消耗高的技术、工艺、材料和设备。国家限制进口或者禁止进口能源消耗高的技术、材料和设备。 (2)建设单位、设计单位、施工单位不得在建筑活动中使用列入禁止使用目录的技术、工艺、材料和设备。 (3)建设单位不得明示或者暗示设计单位、施工单位违反民用建筑节能强制性标准进行设计、施工,不得明示或者暗示施工单位使用不符合施工图设计文件要求的墙体材料、保温材料、门窗、采暖制冷系统和照明设备。 (4)按照合同约定由建设单位采购墙体材料、保温材料、门窗、采暖制冷系统和照明设备的,建设单位应当保证其符合施工图设计文件要求。 (5)施工单位应当对进入施工现场的墙体材料、保温材料、门窗、采暖制冷系统和照明设备进行查验;不符合施工图设计文件要求的,不得使用。 (6)未经监理工程师签字,墙体材料、保温材料、门窗、采暖制冷系统和照明设备不得在建筑上使用或者安装,施工单位不得进行下一道工序的施工
3	既有建筑节能规定	既有建筑节能改造,是指对不符合民用建筑节能强制性标准的既有建筑的围护结构、供热系统、采暖制冷系统、照明设备和热水供应设施等实施节能改造的活动

★高频考点:施工节能规定——节材与材料资源利用

序号	项目	内容
1	《循环经济促进法》规定	(1)国家鼓励利用无毒无害的固体废物生产建筑材料,鼓励使用散装水泥,推广使用预拌混凝土和预拌砂浆。 (2)禁止损毁耕地烧砖。 (3)在国务院或者省、自治区、直辖市人民政府规定的期限和区域内,禁止生产、销售和使用黏土砖

序号	项目	内容
2	《绿色施工导则》规定	（1）图纸会审时，应审核节材与材料资源利用的相关内容，达到材料损耗率比定额损耗率降低30%。 （2）根据施工进度、库存情况等合理安排材料的采购、进场时间和批次，减少库存。 （3）现场材料堆放有序。 （4）储存环境适宜，措施得当。 （5）保管制度健全，责任落实。 （6）材料运输工具适宜，装卸方法得当，防止损坏和遗洒。 （7）根据现场平面布置情况就近卸载，避免和减少二次搬运。 （8）采取技术和管理措施提高模板、脚手架等的周转次数。 （9）优化安装工程的预留、预埋、管线路径等方案。 （10）应就地取材，施工现场500千米以内生产的建筑材料用量占建筑材料总重量的70%以上

★高频考点：施工节能规定——节水与水资源利用

序号	项目	内容
1	提高用水效率	（1）施工中采用先进的节水施工工艺。 （2）施工现场喷洒路面、绿化浇灌不宜使用市政自来水。现场搅拌用水、养护用水应采取有效的节水措施，严禁无措施浇水养护混凝土。 （3）施工现场供水管网应根据用水量设计布置，管径合理、管路简捷，采取有效措施减少管网和用水器具的漏损。 （4）现场机具、设备、车辆冲洗用水必须设立循环用水装置。施工现场办公区、生活区的生活用水采用节水系统和节水器具，提高节水器具配置比率。项目临时用水应使用节水型产品，安装计量装置，采取针对性的节水措施。 （5）施工现场建立可再利用水的收集处理系统，使水资源得到梯级循环利用。 （6）施工现场分别对生活用水与工程用水确定用水定额指标，并分别计量管理。 （7）大型工程的不同单项工程、不同标段、不同分包生活区，凡具备条件的应分别计量用水量。在签订不同标段分包或劳务合同时，将节水定额指标纳入合同条款，进行计量考核。 （8）对混凝土搅拌站点等用水集中的区域和工艺点进行专项计量考核。施工现场建立雨水、中水或可再利用水的搜集利用系统

序号	项目	内容
2	非传统水源利用	(1)优先采用中水搅拌、中水养护,有条件的地区和工程应收集雨水养护。 (2)处于基坑降水阶段的工地,宜优先采用地下水作为混凝土搅拌用水、养护用水、冲洗用水和部分生活用水。 (3)现场机具、设备、车辆冲洗、喷洒路面、绿化浇灌等用水,优先采用非传统水源,尽量不使用市政自来水。 (4)大型施工现场,尤其是雨量充沛地区的大型施工现场建立雨水收集利用系统,充分收集自然降水用于施工和生活中适宜的部位。 (5)力争施工中非传统水源和循环水的再利用量大于30%
3	安全用水	在非传统水源和现场循环再利用水的使用过程中,应制定有效的水质检测与卫生保障措施,确保避免对人体健康、工程质量以及周围环境产生不良影响

★高频考点:施工节能规定——节能与能源利用

序号	项目	内容
1	节能措施	(1)制定合理施工能耗指标,提高施工能源利用率。 (2)优先使用国家、行业推荐的节能、高效、环保的施工设备和机具,如选用变频技术的节能施工设备等。 (3)施工现场分别设定生产、生活、办公和施工设备的用电控制指标,定期进行计量、核算、对比分析,并有预防与纠正措施。 (4)在施工组织设计中,合理安排施工顺序、工作面,以减少作业区域的机具数量,相邻作业区应充分利用共有的机具资源。安排施工工艺时,应优先考虑耗用电能或其他能耗较少的施工工艺。避免设备额定功率远大于使用功率或超负荷使用设备的现象。 (5)根据当地气候和自然资源条件,充分利用太阳能、地热等可再生能源
2	机械设备与机具	(1)建立施工机械设备管理制度,开展用电、用油计量,完善设备档案,及时做好维修保养工作,使机械设备保持低耗、高效的状态。 (2)选择功率与负载相匹配的施工机械设备,避免大功率施工机械设备低负载长时间运行。机电安装可采用节电型机械设备,如逆变式电焊机和能耗低、效率高的手持电动工具等,以利节电。机械设备宜使用节能型油料添加剂,在可能的情况下,考虑回收利用,节约油量。 (3)合理安排工序,提高各种机械的使用率和满载率,降低各种设备的单位耗能

序号	项目	内容
3	生产、生活及办公临时设施	(1)利用场地自然条件,合理设计生产、生活及办公临时设施的体形、朝向、间距和窗墙面积比,使其获得良好的日照、通风和采光。南方地区可根据需要在其外墙窗设遮阳设施。 (2)临时设施宜采用节能材料,墙体、屋面使用隔热性能好的材料,减少夏天空调、冬天取暖设备的使用时间及耗能量。 (3)合理配置采暖、空调、风扇数量,规定使用时间,实行分段分时使用,节约用电
4	施工用电及照明	(1)临时用电优先选用节能电线和节能灯具,临电线路合理设计、布置,临电设备宜采用自动控制装置。采用声控、光控等节能照明灯具。 (2)照明设计以满足最低照度为原则,照度不应超过最低照度的20%

★高频考点:施工节能规定——节地与施工用地保护

序号	项目	内容
1	临时用地指标	(1)根据施工规模及现场条件等因素合理确定临时设施,如临时加工厂、现场作业棚及材料堆场、办公生活设施等的占地指标。临时设施的占地面积应按用地指标所需的最低面积设计。 (2)要求平面布置合理、紧凑,在满足环境、职业健康与安全及文明施工要求的前提下尽可能减少废弃地和死角,临时设施占地面积有效利用率大于90%
2	临时用地保护	(1)应对深基坑施工方案进行优化,减少土方开挖和回填量,最大限度地减少对土地的扰动,保护周边自然生态环境。 (2)红线外临时占地应尽量使用荒地、废地,少占用农田和耕地。工程完工后,及时对红线外占地恢复原地形、地貌,使施工活动对周边环境的影响降至最低。 (3)利用和保护施工用地范围内原有绿色植被。对于施工周期较长的现场,可按建筑永久绿化的要求,安排场地新建绿化
3	施工总平面布置	(1)施工总平面布置应做到科学、合理,充分利用原有建筑物、构筑物、道路、管线为施工服务。 (2)施工现场搅拌站、仓库、加工厂、作业棚、材料堆场等布置应尽量靠近已有交通线路或即将修建的正式或临时交通线路,缩短运输距离。

序号	项目	内容
3	施工总平面布置	（3）临时办公和生活用房应采用经济、美观、占地面积小、对周边地貌环境影响较小，且适合于施工平面布置动态调整的多层轻钢活动板房、钢骨架水泥活动板房等标准化装配式结构。生活区与生产区应分开布置，并设置标准的分隔设施。 （4）施工现场围墙可采用连续封闭的轻钢结构预制装配式活动围挡，减少建筑垃圾，保护土地。 （5）施工现场道路按照永久道路和临时道路相结合的原则布置。施工现场内形成环形通路，减少道路占用土地。 （6）临时设施布置应注意远近结合（本期工程与下期工程），努力减少和避免大量临时建筑拆迁和场地搬迁

A13 安全生产许可证的有效期和政府监管的规定

★高频考点：安全生产许可证的申请

（1）《安全生产许可证条例》规定，省、自治区、直辖市人民政府建设主管部门负责建筑施工企业安全生产许可证的颁发和管理，并接受国务院建设主管部门的指导和监督。

（2）《建筑施工企业安全生产许可证管理规定》进一步明确，建筑施工企业从事建筑施工活动前，应当依照本规定向企业注册所在地省、自治区、直辖市人民政府住房城乡建设主管部门申请领取安全生产许可证。

★高频考点：建筑施工企业安全生产许可证的管理规定

序号	项目	内容
1	许可证有效期	（1）有效期为3年。 （2）期满需延期的，应于期满前3个月向原颁发管理机关办理延期手续。 （3）有效期内未发生死亡事故的，经原安全生产许可证颁发管理机关同意，不再审查，有效期延期3年
2	变更	名称、地址、法定代表人变更的，应在变更后10日内，到原管理机关办理变更手续

序号	项目	内容
3	注销	企业破产、倒闭、撤销的,应当将安全生产许可证交回原颁发管理机关予以注销
4	补办	建筑施工企业安全生产许可证遗失补办,由申请人告知资质许可机关,由资质许可机关在官网发布信息
5	管理	(1)住房城乡建设主管部门在审核发放施工许可证时,应当对已经确定的建筑施工企业是否有安全生产许可证进行审查,对没有取得安全生产许可证的,不得颁发施工许可证。 (2)安全生产许可证颁发管理机关发现企业不再具备安全生产条件的,应当暂扣或者吊销安全生产许可证。 (3)企业不得转让、冒用安全生产许可证或者使用伪造的安全生产许可证
6	撤销	(1)安全生产许可证颁发管理机关工作人员滥用职权、玩忽职守颁发安全生产许可证的。 (2)超越法定职权颁发安全生产许可证的。 (3)违反法定程序颁发安全生产许可证的。 (4)对不具备安全生产条件的建筑施工企业颁发安全生产许可证的。 (5)依法可以撤销已经颁发的安全生产许可证的其他情形

A14 工程建设标准的分类

★高频考点：工程建设标准的基础知识

序号	项目	内容
1	标准分类	(1)标准包括国家标准、行业标准、地方标准和团体标准、企业标准。 (2)国家标准分为强制性标准、推荐性标准,强制性标准必须执行。 (3)行业标准、地方标准是推荐性标准,国家鼓励采用推荐性标准。 (4)法律、行政法规和国务院决定对强制性标准的制定另有规定的,从其规定。 (5)为满足地方自然条件、风俗习惯等特殊技术要求,可以制定地方标准。 (6)企业可以根据需要自行制定企业标准,或者与其他企业联合制定企业标准

序号	项目	内容
2	实施要求	(1)推荐性国家标准、行业标准、地方标准、团体标准、企业标准的技术要求不得低于强制性国家标准的相关技术要求。 (2)国家鼓励社会团体、企业制定高于推荐性标准相关技术要求的团体标准、企业标准。 (3)国家实行团体标准、企业标准自我声明公开和监督制度。企业应当公开其执行的强制性标准、推荐性标准、团体标准或者企业标准的编号和名称;企业执行自行制定的企业标准的,还应当公开产品、服务的功能指标和产品的性能指标。 (4)国家鼓励团体标准、企业标准通过标准信息公共服务平台向社会公开。 企业应当按照标准组织生产经营活动,其生产的产品、提供的服务应当符合企业公开标准的技术要求。 (5)《国家标准化发展纲要》规定,有效实施企业标准自我声明公开和监督制度,将企业产品和服务符合标准情况纳入社会信用体系建设。建立标准实施举报、投诉机制,鼓励社会公众对标准实施情况进行监督

★高频考点:工程建设国家标准

序号	项目	内容
1	分类	(1)工程建设国家标准分为强制性标准和推荐性标准。 (2)对保障人身健康和生命财产安全、国家安全、生态环境安全以及满足经济社会管理基本需要的技术要求,应当制定强制性国家标准。 (3)对满足基础通用、与强制性国家标准配套、对各有关行业起引领作用等需要的技术要求,可以制定推荐性国家标准
2	实施要求	(1)强制性国家标准的技术要求应当全部强制,并且可验证、可操作。 (2)强制性标准以外的标准是推荐性标准。推荐性标准,国家鼓励企业自愿采用
3	制定	(1)国务院有关行政主管部门依据职责负责强制性国家标准的项目提出、组织起草、征求意见和技术审查。国务院标准化行政主管部门负责强制性国家标准的立项、编号和对外通报。

序号	项目	内容
3	制定	（2）省、自治区、直辖市人民政府标准化行政主管部门可以向国务院标准化行政主管部门提出强制性国家标准的立项建议，由国务院标准化行政主管部门会同国务院有关行政主管部门决定。社会团体、企业事业组织以及公民可以向国务院标准化行政主管部门提出强制性国家标准的立项建议，国务院标准化行政主管部门认为需要立项的，会同国务院有关行政主管部门决定。 （3）推荐性国家标准由国务院标准化行政主管部门制定。 （4）制定强制性国家标准应当结合国情采用国际标准。强制性国家标准应当有明确的标准实施监督管理部门，并能够依据法律、行政法规、部门规章的规定对违反强制性国家标准的行为予以处理
4	批准发布和编号	（1）强制性国家标准由国务院批准发布或者授权批准发布。强制性标准文本应当免费向社会公开。国家推动免费向社会公开推荐性标准文本。 （2）国务院标准化行政主管部门应当自发布之日起20日内在全国标准信息公共服务平台上免费公开强制性国家标准文本。强制性国家标准的解释与标准具有同等效力。解释发布后，国务院标准化行政主管部门应当自发布之日起20日内在全国标准信息公共服务平台上免费公开解释文本
5	复审、修订和废止	（1）国务院标准化行政主管部门应当通过全国标准信息公共服务平台接收社会各方对强制性国家标准实施情况的意见建议，并及时反馈组织起草部门。组织起草部门应当根据反馈和评估情况，对强制性国家标准进行复审，提出继续有效、修订或者废止的结论，并送国务院标准化行政主管部门。复审周期一般不得超过5年。 （2）复审结论为修订强制性国家标准的，组织起草部门应当在报送复审结论时提出修订项目。强制性国家标准的修订，按照规定的强制性国家标准制定程序执行；个别技术要求需要调整、补充或者删减，采用修改单方式予以修订的，无需经国务院标准化行政主管部门立项。 （3）复审结论为废止强制性国家标准的，由国务院标准化行政主管部门通过全国标准信息公共服务平台向社会公开征求意见，并以书面形式征求强制性国家标准的实施监督管理部门意见。公开征求意见一般不得少于30日。无重大分歧意见或者经协调一致的，由国务院标准化行政主管部门依据国务院授权以公告形式废止强制性国家标准

★高频考点:工程建设行业标准

序号	项目	内容
1	范围	(1)对没有推荐性国家标准、需要在全国某个行业范围内统一的技术要求,可以制定行业标准。 (2)行业标准不得与国家标准相抵触。行业标准的某些规定与国家标准不一致时,必须有充分的科学依据和理由,并经国家标准的审批部门批准。行业标准在相应的国家标准实施后,应当及时修订或废止
2	制定主体	行业标准由国务院有关行政主管部门制定,报国务院标准化行政主管部门备案
3	制订、修订程序与复审	(1)工程建设行业标准的制订、修订程序,也可以按准备、征求意见、送审和报批四个阶段进行。 (2)工程建设行业标准实施后,根据科学技术的发展和工程建设的实际需要,该标准的批准部门应当适时进行复审,确认其继续有效或予以修订、废止。一般也是5年复审1次

★高频考点:工程建设团体标准

序号	项目	内容
1	范围	国家鼓励学会、协会、商会、联合会、产业技术联盟等社会团体协调相关市场主体共同制定满足市场和创新需要的团体标准,由本团体成员约定采用或者按照本团体的规定供社会自愿采用
2	定性	团体标准是依法成立的社会团体为满足市场和创新需要,协调相关市场主体共同制定的标准
3	基本要求	(1)制定团体标准,应当遵循开放、透明、公平的原则,保证各参与主体获取相关信息,反映各参与主体的共同需求,并应当组织对标准相关事项进行调查分析、实验、论证。 (2)国家支持在重要行业、战略性新兴产业、关键共性技术等领域利用自主创新技术制定团体标准、企业标准。 (3)禁止利用团体标准实施妨碍商品、服务自由流通等排除、限制市场竞争的行为。 (4)团体标准应当符合相关法律法规的要求,不得与国家有关产业政策相抵触。 (5)团体标准的技术要求不得低于强制性标准的相关技术要求。 (6)国家鼓励社会团体制定高于推荐性标准相关技术要求的团体标准;鼓励制定具有国际领先水平的团体标准

序号	项目	内容
4	制定的程序	包括:提案、立项、起草、征求意见、技术审查、批准、编号、发布、复审

A15 对建筑材料、设备等进行检验检测的规定

★高频考点:施工检测的见证取样和送检制度

序号	项目	内容
1	基本规定	(1)《建设工程质量管理条例》规定,施工人员对涉及结构安全的试块、试件以及有关材料,应当在建设单位或者工程监理单位监督下现场取样,并送具有相应资质等级的质量检测单位进行检测。 (2)《建设工程抗震管理条例》规定,隔震减震装置用于建设工程前,施工单位应当在建设单位或者工程监理单位监督下进行取样,送建设单位委托的具有相应建设工程质量检测资质的机构进行检测。禁止使用不合格的隔震减震装置
2	见证取样和送检	(1)涉及结构安全的试块、试件和材料见证取样和送检的比例不得低于有关技术标准中规定应取样数量的30%。 (2)见证人员应由建设单位或该工程的监理单位中具备施工试验知识的专业技术人员担任,并由建设单位或该工程的监理单位书面通知施工单位、检测单位和负责该项工程的质量监督机构。 (3)在施工过程中,见证人员应按照见证取样和送检计划,对施工现场的取样和送检进行见证。取样人员应在试样或其包装上作出标识、封志。标识和封志应标明工程名称、取样部位、取样日期、样品名称和样品数量,并由见证人员和取样人员签字。见证人员和取样人员应对试样的代表性和真实性负责
3	工程质量检测单位的资质和检测规定	(1)工程质量检测机构是具有独立法人资格的中介机构。按照其承担的检测业务内容分为专项检测机构资质和见证取样检测机构资质。检测机构未取得相应的资质证书,不得承担本办法规定的质量检测业务。 (2)质量检测业务由工程项目建设单位委托具有相应资质的检测机构进行检测。委托方与被委托方应当签订书面合同。

序号	项目	内容
3	工程质量检测单位的资质和检测规定	(3)检测机构完成检测业务后,应当及时出具检测报告。检测报告经检测人员签字、检测机构法定代表人或者其授权的签字人签署,并加盖检测机构公章或者检测专用章后方可生效。检测报告经建设单位或者工程监理单位确认后,由施工单位归档。任何单位和个人不得明示或者暗示检测机构出具虚假检测报告,不得篡改或者伪造检测报告。如果检测结果利害关系人对检测结果发生争议的,由双方共同认可的检测机构复检,复检结果由提出复检方报当地建设主管部门备案。 (4)检测机构应当将检测过程中发现的建设单位、监理单位、施工单位违反有关法律、法规和工程建设强制性标准的情况,以及涉及结构安全检测结果的不合格情况,及时报告工程所在地建设主管部门。检测机构应当建立档案管理制度,并应当单独建立检测结果不合格项目台账。 (5)检测人员不得同时受聘于两个或者两个以上的检测机构。检测机构和检测人员不得推荐或者监制建筑材料、构配件和设备。检测机构不得与行政机关,法律、法规授权的具有管理公共事务职能的组织以及所检测工程项目相关的设计单位、施工单位、监理单位有隶属关系或者其他利害关系。 (6)检测机构不得转包检测业务。检测机构应当对其检测数据和检测报告的真实性和准确性负责。检测机构违反法律、法规和工程建设强制性标准,给他人造成损失的,应当依法承担相应的赔偿责任

A16 建设单位相关的质量责任和义务

★高频考点:建设单位的质量责任

序号	项目	内容
1	依法发包工程	(1)《建设工程质量管理条例》规定,建设单位应当将工程发包给具有相应资质等级的单位。建设单位不得将建设工程肢解发包。建设单位应当依法对工程建设项目的勘察、设计、施工、监理以及与工程建设有关的重要设备、材料等的采购进行招标。 (2)《建筑工程五方责任主体项目负责人质量终身责任追究暂行办法》进一步规定,建设单位项目负责人对工程质量承担全面责任,不得违法发包、肢解发包,不得以任何理由要求勘察、设计、施工、监理单位违反法律法规和工程建设标准,降低工程质量,其违法违规或不当行为造成工程质量事故或质量问题应当承担责任

序号	项目	内容
2	依法提供原始资料	(1)《建设工程质量管理条例》规定,建设单位必须向有关的勘察、设计、施工、工程监理等单位提供与建设工程有关的原始资料。原始资料必须真实、准确、齐全。 (2)建设单位根据委托任务必须向勘察单位提供如勘察任务书、项目规划总平面图、地下管线、地形地貌等在内的基础资料;向设计单位提供政府有关部门批准的项目建议书、可行性研究报告等立项文件,设计任务书,有关城市规划、专业规划设计条件,勘察成果及其他基础资料;向施工单位提供概算批准文件,建设项目正式列入国家、部门或地方的年度固定资产投资计划,建设用地的征用资料,施工图纸及技术资料,建设资金和主要建筑材料、设备的来源落实资料,建设项目所在地规划部门批准文件,施工现场完成"三通一平"的平面图等资料;向工程监理单位提供的原始资料,除包括给施工单位的资料外,还要有建设单位与施工单位签订的承包合同文本
3	限制不合理的干预行为	(1)《建筑法》规定,建设单位不得以任何理由,要求建筑设计单位或者建筑施工企业在工程设计或者施工作业中,违反法律、行政法规和建筑工程质量、安全标准,降低工程质量。 (2)《政府投资条例》规定,政府投资项目应当按照国家有关规定合理确定并严格执行建设工期,任何单位和个人不得非法干预。 (3)《建设工程质量管理条例》规定,建设工程发包单位,不得迫使承包方以低于成本的价格竞标,不得任意压缩合理工期。建设单位不得明示或者暗示设计单位或者施工单位违反工程建设强制性标准,降低建设工程质量。 (4)《建设工程抗震管理条例》则规定,建设单位应当对建设工程勘察、设计和施工全过程负责,在勘察、设计和施工合同中明确拟采用的抗震设防强制性标准,按照合同要求对勘察设计成果文件进行核验,组织工程验收,确保建设工程符合抗震设防强制性标准。建设单位不得明示或者暗示勘察、设计、施工等单位和从业人员违反抗震设防强制性标准,降低工程抗震性能。 (5)建设单位更不得以任何理由,诸如建设资金不足、工期紧等,违反强制性标准的规定,要求设计单位降低设计标准,或者要求施工单位采用建设单位采购的不合格材料设备等
4	依法报审施工图设计文件	(1)应将施工图设计文件报县级以上政府建设行政主管部门等部门审查。 (2)施工图设计文件未经审查批准的,不得使用

序号	项目	内容
5	依法实行工程监理	（1）实行监理的建设工程,应委托有相应资质等级的监理单位进行监理。 （2）可以委托具有工程监理相应资质等级并与被监理工程的施工承包单位没有隶属关系或者其他利害关系的该工程的设计单位进行监理。 （3）下列建设工程必须实行监理：①国家重点建设工程；②大中型公用事业工程；③成片开发建设的住宅小区工程；④利用外国政府或者国际组织贷款、援助资金的工程；⑤国家规定必须实行监理的其他工程
6	依法办理工程质量监督手续	（1）建设单位在开工前,应当按照国家有关规定办理工程质量监督手续,工程质量监督手续可以与施工许可证或者开工报告合并办理。 （2）建设单位办理工程质量监督手续,应提供以下文件和资料：①工程规划许可证；②设计单位资质等级证书；③监理单位资质等级证书,监理合同及《工程项目监理登记表》；④施工单位资质等级证书及营业执照副本；⑤工程勘察设计文件；⑥中标通知书及施工承包合同等
7	依法保证建筑材料等符合要求	（1）建设单位采购建筑材料、建筑构配件和设备的,应当保证其符合设计文件和合同要求。 （2）不得明示或暗示施工单位使用不合格的建筑材料、建筑构配件和设备
8	依法进行装修工程	（1）涉及建筑主体和承重结构变动的装修工程,应在施工前委托原设计单位或有相应资质等级的设计单位提出设计方案；没有设计方案的,不得施工。 （2）使用者在装修过程中,不得擅自变动房屋建筑主体和承重结构
9	建设单位违法行为应承担的责任	《建筑工程五方责任主体项目负责人质量终身责任追究暂行办法》规定,发生本办法第6条所列情形之一的,对建设单位项目负责人按以下方式进行责任追究： （1）项目负责人为国家公职人员的,将其违法违规行为告知其上级主管部门及纪检监察部门,并建议对项目负责人给予相应的行政、纪律处分。 （2）构成犯罪的,移送司法机关依法追究刑事责任。 （3）处单位罚款数额5%以上10%以下的罚款。 （4）向社会公布曝光

注：建设单位是工程质量第一责任人,依法对工程质量承担全面责任。对因工程质量给工程所有权人、使用人或第三方造成的损失,建设单位依法承担赔偿责任,有其他责任人的,可以向其他责任人追偿。

A17 竣工结算、质量争议的规定

★高频考点：工程竣工结算规定

序号	项目	内容
1	基本规定	(1)《民法典》规定,建设工程竣工后,发包人应当根据施工图纸及说明书、国家颁发的施工验收规范和质量检验标准及时进行验收。验收合格的,发包人应当按照约定支付价款,并接收该建设工程。《建筑法》也规定,发包单位应当按照合同的约定,及时拨付工程款项。 (2)《行政事业性国有资产管理条例》规定,各部门及其所属单位采用建设方式配置资产的,应当在建设项目竣工验收合格后及时办理资产交付手续,并在规定期限内办理竣工财务决算,期限最长不得超过1年。各部门及其所属单位对已交付但未办理竣工财务决算的建设项目,应当按照国家统一的会计制度确认资产价值
2	工程竣工结算方式	(1)工程完工后,双方应按照约定的合同价款及合同价款调整内容以及索赔事项,进行工程竣工结算。 (2)工程竣工结算分为单位工程竣工结算、单项工程竣工结算和建设项目竣工总结算
3	竣工结算文件的提交	(1)《建筑工程施工发包与承包计价管理办法》规定,工程完工后,承包方应当在约定期限内提交竣工结算文件。 (2)《建设工程价款结算暂行办法》规定,承包人应在合同约定期限内完成项目竣工结算编制工作,未在规定期限内完成并且提不出正当理由延期的,责任自负
4	竣工结算文件的编审	(1)单位工程竣工结算由承包人编制,发包人审查;实行总承包的工程,由具体承包人编制,在总包人审查的基础上,发包人审查。 (2)单项工程竣工结算或建设项目竣工总结算由总(承)包人编制,发包人可直接进行审查,也可以委托具有相应资质的工程造价咨询机构进行审查。政府投资项目,由同级财政部门审查。单项工程竣工结算或建设项目竣工总结算经发、承包人签字盖章后有效。 (3)《建筑工程施工发包与承包计价管理办法》规定,国有资金投资建筑工程的发包方,应当委托具有相应资质的工程造价咨询企业对竣工结算文件进行审核,并在收到竣工结算文件后的约定期限内向承包方提出由工程造价咨询企业出具的竣工结算文件审核意见;逾期未答复的,按照合同约定处理,合同没有约定的,竣工结算文件视为已被认可。

序号	项目	内容
4	竣工结算文件的编审	(4)非国有资金投资的建筑工程发包方,应当在收到竣工结算文件后的约定期限内予以答复,逾期未答复的,按照合同约定处理,合同没有约定的,竣工结算文件视为已被认可;发包方对竣工结算文件有异议的,应当在答复期内向承包方提出,并可以在提出异议之日起的约定期限内与承包方协商;发包方在协商期内未与承包方协商或者经协商未能与承包方达成协议的,应当委托工程造价咨询企业进行竣工结算审核,并在协商期满后的约定期限内向承包方提出由工程造价咨询企业出具的竣工结算文件审核意见
5	承包方异议的处理	承包方对发包方提出的工程造价咨询企业竣工结算审核意见有异议的,在接到该审核意见后1个月内,可以向有关工程造价管理机构或者有关行业组织申请调解,调解不成的,可以依法申请仲裁或者向人民法院提起诉讼
6	竣工结算文件的确认与备案	(1)工程竣工结算文件经发承包双方签字确认的,应当作为工程决算的依据,未经对方同意,另一方不得就已生效的竣工结算文件委托工程造价咨询企业重复审核。发包方应当按照竣工结算文件及时支付竣工结算款。 (2)竣工结算文件应当由发包方报工程所在地县级以上地方人民政府住房城乡建设主管部门备案
7	竣工结算文件的审查期限	(1)《建设工程价款结算暂行办法》规定,单项工程竣工后,承包人应在提交竣工验收报告的同时,向发包人递交竣工结算报告及完整的结算资料,发包人应按以下规定时限进行核对(审查)并提出审查意见:①500万元以下,从接到竣工结算报告和完整的竣工结算资料之日起20天;②500万元~2000万元,从接到竣工结算报告和完整的竣工结算资料之日起30天;③2000万元~5000万元,从接到竣工结算报告和完整的竣工结算资料之日起45天;④5000万元以上,从接到竣工结算报告和完整的竣工结算资料之日起60天。 (2)建设项目竣工总结算在最后一个单项工程竣工结算审查确认后15天内汇总,送发包人后30天内审查完成。 (3)《建筑工程施工发包与承包计价管理办法》规定,发承包双方在合同中对竣工结算文件提交、审核的期限没有明确约定,应当按照国家有关规定执行;国家没有规定的,可认为其约定期限均为28日
8	工程竣工价款结算	(1)《建设工程价款结算暂行办法》规定,发包人收到承包人递交的竣工结算报告及完整的结算资料后,应按以上规定的期限(合同约定有期限的,从其约定)进行核实,给予确认或者提出修改意见。 (2)工程竣工结算以合同工期为准,实际施工工期比合同工期提前或延后,发、承包双方应按合同约定的奖惩办法执行

序号	项目	内容
9	索赔及合同以外零星项目工程价款结算	(1)发承包人未能按合同约定履行自己的各项义务或发生错误,给另一方造成经济损失的,由受损方按合同约定提出索赔,索赔金额按合同约定支付。 (2)发包人要求承包人完成合同以外零星项目,承包人应在接受发包人要求的7天内就用工数量和单价、机械台班数量和单价、使用材料和金额等向发包人提出施工签证,发包人签证后施工,如发包人未签证,承包人施工后发生争议的,责任由承包人自负。 (3)发包人和承包人要加强施工现场的造价控制,及时对工程合同外的事项如实记录并履行书面手续。凡由发、承包双方授权的现场代表签字的现场签证以及发、承包双方协商确定的索赔等费用,应在工程竣工结算中如实办理,不得因发、承包双方现场代表的中途变更改变其有效性
10	未按规定时限办理事项的处理	(1)发包人收到竣工结算报告及完整的结算资料后,在《建设工程价款结算暂行办法》规定或合同约定期限内,对结算报告及资料没有提出意见,则视同认可。 (2)承包人如未在规定时间内提供完整的工程竣工结算资料,经发包人催促后14天内仍未提供或没有明确答复,发包人有权根据已有资料进行审查,责任由承包人自负。 (3)根据确认的竣工结算报告,承包人向发包人申请支付工程竣工结算款。发包人应在收到申请后15天内支付结算款,到期没有支付的应承担违约责任。承包人可以催告发包人支付结算价款,如达成延期支付协议,发包人应按同期银行贷款利率支付拖欠工程价款的利息。如未达成延期支付协议,承包人可以与发包人协商将该工程折价,或申请人民法院将该工程依法拍卖,承包人就该工程折价或者拍卖的价款优先受偿。 (4)《行政事业性国有资产管理条例》规定,各部门及其所属单位有下列行为之一的,责令改正,情节较重的,对负有直接责任的主管人员和其他直接责任人员依法给予处分;…… (5)未按照规定期限办理建设项目竣工财务决算;……
11	工程价款结算争议处理	(1)《建设工程价款结算暂行办法》规定,工程造价咨询机构接受发包人或承包人委托,编审工程竣工结算,应按合同约定和实际履约事项认真办理,出具的竣工结算报告经发、承包双方签字后生效。当事人一方对报告有异议的,可对工程结算中有异议部分,向有关部门申请咨询后协商处理,若不能达成一致的,双方可按合同约定的争议或纠纷解决程序办理。

序号	项目	内容
11	工程价款结算争议处理	（2）发包人对工程质量有异议，已竣工验收或已竣工未验收但实际投入使用的工程，其质量争议按该工程保修合同执行；已竣工未验收且未实际投入使用的工程以及停工、停建工程的质量争议，应当就有争议部分的竣工结算暂缓办理，双方可就有争议的工程委托有资质的检测鉴定机构进行检测，根据检测结果确定解决方案，或按工程质量监督机构的处理决定执行，其余部分的竣工结算依照约定办理。 （3）当事人对工程造价发生合同纠纷时，可通过下列办法解决：①双方协商确定；②按合同条款约定的办法提请调解；③向有关仲裁机构申请仲裁或向人民法院起诉。 （4）最高人民法院《关于审理建设工程施工合同纠纷案件适用法律问题的解释（一）》（法释〔2020〕25号）规定，当事人对建设工程的计价标准或者计价方法有约定的，按照约定结算工程价款。因设计变更导致建设工程的工程量或者质量标准发生变化，当事人对该部分工程价款不能协商一致的，可以参照签订建设工程施工合同时当地建设行政主管部门发布的计价方法或者计价标准结算工程价款
12	工程价款结算管理	《建设工程价款结算暂行办法》规定，工程竣工后，发、承包双方应及时办清工程竣工结算。否则，工程不得交付使用，有关部门不予办理权属登记

★高频考点：竣工工程质量争议的处理

序号	项目	内容
1	承包方责任的处理	（1）《民法典》规定，因施工人的原因致使建设工程质量不符合约定的，发包人有权请求施工人在合理期限内无偿修理或者返工、改建。 （2）如果承包人拒绝修理、返工或改建的，最高人民法院《关于审理建设工程施工合同纠纷案件适用法律问题的解释（一）》规定，因承包人的原因造成建设工程质量不符合约定，承包人拒绝修理、返工或者改建，发包人请求减少支付工程价款的，人民法院应予支持
2	发包方责任的处理	（1）《建筑法》规定，建设单位不得以任何理由，要求建筑设计单位或者建筑施工企业在工程设计或者施工作业中，违反法律、行政法规和建筑工程质量、安全标准，降低工程质量。

序号	项目	内容
2	发包方责任的处理	（2）最高人民法院《关于审理建设工程施工合同纠纷案件适用法律问题的解释（一）》规定，发包人具有下列情形之一，造成建设工程质量缺陷，应当承担过错责任：①提供的设计有缺陷；②提供或者指定购买的建筑材料、建筑构配件、设备不符合强制性标准；③直接指定分包人分包专业工程
3	未经竣工验收擅自使用的处理	（1）《民法典》《建筑法》和《建设工程质量管理条例》均规定，建设工程竣工经验收合格后，方可交付使用；未经验收或验收不合格的，不得交付使用。 （2）最高人民法院《关于审理建设工程施工合同纠纷案件适用法律问题的解释（一）》规定，建设工程未经竣工验收，发包人擅自使用后，又以使用部分质量不符合约定为由主张权利的，人民法院不予支持；但是承包人应当在建设工程的合理使用寿命内对地基基础工程和主体结构质量承担民事责任

注：《建筑法》规定，建筑工程竣工时，屋顶、墙面不得留有渗漏、开裂等质量缺陷；对已发现的质量缺陷，建筑施工企业应当修复。《建设工程质量管理条例》规定，施工单位对施工中出现质量问题的建设工程或者竣工验收不合格的建设工程，应当负责返修。

A18　质量保修书和最低保修期限的规定

★高频考点：建设工程的最低保修期限

序号	项目	最低保修期限
1	基础设施工程、房屋建筑的地基基础和主体结构工程	合理使用年限（设计寿命）
2	屋面防水工程、有防水要求的卫生间、房间和外墙面的防渗漏	5年
3	供热与供冷系统	2个采暖期、供冷期
4	电气管线、给排水管道、设备安装和装修工程	2年

A19 质量责任的损失赔偿

★高频考点：保修义务的责任落实与损失赔偿责任的承担

（1）建设工程在保修范围和保修期限内发生质量问题的，施工单位应当履行保修义务，并对造成的损失承担赔偿责任。

（2）因保修人未及时履行保修义务，导致建筑物毁损或者造成人身损害、财产损失的，保修人应当承担赔偿责任。保修人与建筑物所有人或者发包人对建筑物毁损均有过错的，各自承担相应的责任。

★高频考点：建设工程质量保证金

序号	项目	内容
1	缺陷责任期的确定	（1）缺陷是指建设工程质量不符合工程建设强制性标准、设计文件，以及承包合同的约定。缺陷责任期一般为1年，最长不超过2年，由发、承包双方在合同中约定。 （2）缺陷责任期从工程通过竣工验收之日起计。由于承包人原因导致工程无法按规定期限进行竣工验收的，缺陷责任期从实际通过竣工验收之日起计。由于发包人原因导致工程无法按规定期限进行竣工验收的，在承包人提交竣工验收报告90天后，工程自动进入缺陷责任期
2	质量保证金的预留与使用管理	（1）缺陷责任期内，实行国库集中支付的政府投资项目，保证金的管理应按国库集中支付的有关规定执行。其他政府投资项目，保证金可以预留在财政部门或发包方。缺陷责任期内，如发包方被撤销，保证金随交付使用资产一并移交使用单位管理，由使用单位代行发包人职责。社会投资项目采用预留保证金方式的，发、承包双方可以约定将保证金交由第三方金融机构托管。 （2）发包人应按照合同约定方式预留保证金，保证金总预留比例不得高于工程价款结算总额的3%。合同约定由承包人以银行保函替代预留保证金的，保函金额不得高于工程价款结算总额的3%。 （3）推行银行保函制度，承包人可以银行保函替代预留保证金。在工程项目竣工前，已经缴纳履约保证金的，发包人不得同时预留工程质量保证金。采用工程质量保证担保、工程质量保险等其他保证方式的，发包人不得再预留保证金。

序号	项目	内容
2	质量保证金的预留与使用管理	(4)缺陷责任期内,由承包人原因造成的缺陷,承包人应负责维修,并承担鉴定及维修费用。如承包人不维修也不承担费用,发包人可按合同约定从保证金或银行保函中扣除。费用超出保证金额的,发包人可按合同约定向承包人进行索赔。承包人维修并承担相应费用后,不免除对工程的损失赔偿责任。由他人原因造成的缺陷,发包人负责组织维修,承包人不承担费用,且发包人不得从保证金中扣除费用
3	质量保证金的返还	(1)缺陷责任期内,承包人认真履行合同约定的责任,到期后,承包人向发包人申请返还保证金。 (2)发包人在接到承包人返还保证金申请后,应于14天内会同承包人按照合同约定的内容进行核实。如无异议,发包人应当按照约定将保证金返还给承包人。对返还期限没有约定或者约定不明确的,发包人应当在核实后14天内将保证金返还承包人,逾期未返还,依法承担违约责任。发包人在接到承包人返还保证金申请后14天内不予答复,经催告后14天内仍不予答复,视同认可承包人的返还保证金申请。 (3)发包人和承包人对保证金预留、返还以及工程维修质量、费用有争议的,按承包合同约定的争议和纠纷解决程序处理。建设工程实行工程总承包的,总承包单位与分包单位有关保证金的权利与义务的约定,参照本办法关于发包人与承包人相应权利与义务的约定执行。 (4)发包人返还工程质量保证金后,不影响承包人根据合同约定或者法律规定履行工程保修义务

注:最高人民法院《关于审理建设工程施工合同纠纷案件适用法律问题的解释(一)》规定,有下列情形之一,承包人请求发包人返还工程质量保证金的,人民法院应予支持:(1)当事人约定的工程质量保证金返还期限届满;(2)当事人未约定工程质量保证金返还期限的,自建设工程通过竣工验收之日起满2年;(3)因发包人原因建设工程未按约定期限进行竣工验收的,自承包人提交工程竣工验收报告90日后当事人约定的工程质量保证金返还期限届满;当事人未约定工程质量保证金返还期限的,自承包人提交工程竣工验收报告90日后起满2年。

A20　民事纠纷的法律解决途径

★高频考点：民事纠纷的解决方式

序号	项目	内容
1	和解	(1)和解是民事纠纷的当事人在自愿互谅的基础上，就已经发生的争议进行协商、妥协与让步并达成协议，自行(无第三方参与或劝说)解决争议的一种方式。通常它不仅从形式上消除当事人之间的对抗，还从心理上消除对抗。 (2)和解可以在民事纠纷的任何阶段进行，无论是否已经进入诉讼或仲裁程序。例如，诉讼当事人之间为处理和结束诉讼而达成了解决争议问题的妥协或协议，其结果是撤回起诉或中止诉讼而无需判决。和解也可与仲裁、诉讼程序相结合：当事人达成和解协议的，已提请仲裁的，可以请求仲裁庭根据和解协议作出裁决书或仲裁调解书；已提起诉讼的，可以请求法庭在和解协议基础上制作调解书。仲裁机构作出的仲裁调解书和法院的调解书，具有强制执行的效力。 (3)当事人自行达成的和解协议不具有强制执行力，在性质上仍属于当事人之间的约定。如果一方当事人不按照和解协议执行，另一方当事人不可以请求法院强制执行，但可要求对方就不执行该和解协议承担违约责任
2	调解	(1)调解是指当事人以外的第三方应纠纷当事人的请求，以法律、法规和政策或合同约定以及社会公德为依据，对纠纷者进行疏导、劝说，促使他们进行协商，自愿达成协议，解决纠纷的活动。 (2)调解的主要方式是人民调解、行政调解、仲裁调解、司法调解、行业调解以及专业机构调解
3	仲裁	(1)仲裁是当事人根据在纠纷发生前或纠纷发生后达成的仲裁协议，自愿将纠纷提交第三方(仲裁机构)作出裁决，纠纷各方都有义务执行该裁决的一种解决纠纷的方式。法院行使国家所赋予的审判权，向法院起诉不需要双方当事人在诉讼前达成协议，只要一方当事人向有审判管辖权的法院起诉，经法院受理后，另一方必须应诉。仲裁机构通常是民间团体的性质，其受理案件的管辖权来自双方协议，没有仲裁协议就无权受理仲裁。但是，有效的仲裁协议可以排除法院的管辖权；纠纷发生后，一方当事人提起仲裁的，另一方应当通过仲裁程序解决纠纷。

序号	项目	内容
3	仲裁	(2)《仲裁法》规定,其调整范围仅限于民商事仲裁,即"平等主体的公民、法人和其他组织之间发生的合同纠纷和其他财产权纠纷"。 (3)《中华人民共和国劳动争议调解仲裁法》规定的劳动争议仲裁,《中华人民共和国农村土地承包经营纠纷调解仲裁法》规定的农业承包合同纠纷仲裁,则是由特定行政仲裁机构依法处理的行政仲裁
4	诉讼	(1)民事诉讼是指人民法院在当事人和其他诉讼参与人参加下,以审理、裁判、执行等方式解决民事纠纷的活动,以及由此产生的各种诉讼关系的总和。 (2)诉讼参与人包括原告、被告、第三人、证人、鉴定人、勘验人等
5	争议评审机制	(1)指当事人根据事前签订的合同或者争议发生后达成的协议,选择独立于任何一方当事人的争议评审专家(通常是3人,小型工程可以是1人)组成评审小组,就当事人发生的争议及时提出解决建议或作出决定的一种争议解决方式。 (2)当事人通过协议,授权评审组调查、听证、建议或者裁决。 (3)如果当事人不接受评审组的建议或者裁决,仍可通过仲裁或者诉讼的方式解决争议

注:民事纠纷的法律解决途径主要有四种:和解、调解、仲裁、诉讼。当事人可以通过和解或者调解解决民事争议。当事人不愿和解、调解或者和解、调解不成的,可以根据仲裁协议向仲裁机构申请仲裁。当事人没有订立仲裁协议或者仲裁协议无效的,可以向人民法院起诉。当事人应当履行发生法律效力的判决、仲裁裁决、调解书;拒不履行的,对方可以请求人民法院执行。

★高频考点:仲裁的基本特点

序号	项目	内容
1	自愿性	当事人自愿性是仲裁最突出特点。仲裁是最能充分体现当事人意思自治原则的争议解决方式。仲裁以当事人自愿为前提,即是否将纠纷提交仲裁,向哪个仲裁委员会申请仲裁,仲裁庭如何组成,仲裁员选择,以及仲裁审理方式、开庭形式等,在不违反法律强制性规定和仲裁规则允许的情况下,均在当事人自愿基础上,由当事人协商确定

序号	项目	内容
2	专业性	专家裁案,是民商事仲裁重要特点之一。仲裁机构的仲裁员是来自各行业具有一定专业水平的专家,精通专业知识、熟悉行业规则,对公正高效处理纠纷,确保仲裁结果专业性和公正性,发挥着关键作用
3	独立性	(1)仲裁委员会独立于行政机关,与行政机关没有隶属关系。仲裁委员会之间也没有隶属关系。 (2)在仲裁过程中,仲裁庭独立进行仲裁,不受任何行政机关、社会团体和个人干涉,也不受其他仲裁机构干涉,具有独立性
4	保密性	仲裁以不公开审理为原则。同时,当事人及其代理人、证人、翻译、仲裁员、仲裁庭咨询的专家和指定的鉴定人、仲裁委员会有关工作人员也要遵守保密义务,不得对外界透露案件实体和程序有关情况。因此,仲裁可以有效保护当事人商业秘密和商业信誉
5	快捷性	(1)仲裁实行一裁终局制度,仲裁裁决一经作出即发生法律效力。 (2)仲裁裁决不能上诉,这使得当事人之间的纠纷能够迅速得以解决
6	域外执行力	根据《承认和执行外国仲裁裁决公约》,仲裁裁决可以在其缔约国得到承认和执行

★高频考点:民事诉讼的基本特点

序号	项目	内容
1	公权性	(1)民事诉讼是由人民法院代表国家意志行使司法审判权,通过司法手段解决平等民事主体之间的纠纷。在法院主导下,诉讼参与人围绕民事纠纷解决,进行着能产生法律后果的活动。 (2)民事诉讼主要是法院与纠纷当事人之间的关系,但也涉及其他诉讼参与人,包括证人、鉴定人、翻译人员、专家辅助人员、协助执行人等
2	程序性	(1)民事诉讼是依照法定程序进行的诉讼活动,无论是法院还是当事人和其他诉讼参与人,都需要严格按照法律规定的程序和方式实施诉讼行为,违反诉讼程序常常会引起一定的法律后果或者达不到诉讼目的,如法院的裁判被上级法院撤销,当事人失去行使某种诉讼行为的权利等

序号	项目	内容
2	程序性	(2)民事诉讼主要分为一审程序、二审程序和执行程序三大诉讼阶段,但并非每个案件都要经过这三个阶段。如果案件要经历诉讼全过程,就要按照上述顺序依次进行
3	强制性	(1)强制性是公权力重要属性。民事诉讼强制性既表现在案件受理上,又反映在裁判执行上。 (2)调解、仲裁均建立在当事人自愿基础上,只要有一方当事人不愿意进行调解、仲裁,则调解和仲裁将不会发生。但民事诉讼不同,只要原告的起诉符合法定条件和约定条件,无论被告是否愿意,诉讼都会发生。此外,和解、调解协议的履行依靠当事人自觉,但法院的裁判则具有强制执行效力,一方当事人不履行生效判决或裁定,另一方当事人可以申请法院强制执行

A21 仲裁审理的开庭和裁决

★高频考点:仲裁审理的法定程序

序号	项目	内容
1	仲裁庭的组成	(1)仲裁庭的组成形式包括合议仲裁庭和独任仲裁庭两种,即仲裁庭可以由3名仲裁员或者1名仲裁员组成。 (2)当事人没有在仲裁规定的期限内约定仲裁庭的组成方式或者选定仲裁员的,由仲裁委员会主任指定
2	仲裁员的选取	(1)合议仲裁庭:根据仲裁规则的规定或者当事人约定由3名仲裁员组成仲裁庭的,当事人应当各自选定或者各自委托仲裁委员会主任指定1名仲裁员,第3名仲裁员由当事人共同选定或者共同委托仲裁委员会主任指定。第3名仲裁员是首席仲裁员。 (2)独任仲裁庭:根据仲裁规则的规定或者当事人约定1名仲裁员成立仲裁庭的,应当由当事人共同选定或者共同委托仲裁委员会主任指定仲裁员
3	仲裁员的回避情形	(1)是本案当事人或者当事人、代理人的近亲属。 (2)与本案有利害关系。 (3)与本案当事人、代理人有其他关系,可能影响公正仲裁。 (4)私自会见当事人、代理人,或者接受当事人、代理人的请客送礼

序号	项目	内容
4	申请仲裁员的回避	当事人提出回避申请,应当说明理由,在首次开庭前提出。回避事由在首次开庭后知道的,可以在最后一次开庭结束前提出
5	开庭和审理	(1)仲裁审理的方式分为开庭审理和书面审理两种。仲裁应当开庭审理作出裁决,这是仲裁审理的主要方式。但是,当事人协议不开庭的,仲裁庭可以根据仲裁申请书、答辩书以及其他材料作出裁决,即书面审理方式。 (2)为了保护当事人的商业秘密和商业信誉,仲裁不公开进行;当事人协议公开的,可以公开进行,但涉及国家秘密的除外。 (3)当事人应当对自己的主张提供证据。仲裁庭认为有必要收集的证据,可以自行收集。证据应当在开庭时出示,当事人可以质证。当事人在仲裁过程中有权进行辩论。 (4)仲裁庭可以作出缺席裁决。申请人无正当理由开庭时不到庭的,或在开庭审理时未经仲裁庭许可中途退庭的,视为撤回仲裁申请;如果被申请人提出了反请求,不影响仲裁庭就反请求进行审理,并作出裁决。被申请人无正当理由开庭时不到庭的,或在开庭审理时未经仲裁庭许可中途退庭的,仲裁庭可以进行缺席审理,并作出裁决;如果被申请人提出了反请求,视为撤回反请求
6	仲裁和解	(1)当事人申请仲裁后,可以自行和解。 (2)达成和解协议的,可以请求仲裁庭根据和解协议作出裁决书,也可以撤回仲裁申请。 (3)当事人达成和解协议,撤回仲裁申请后反悔的,仍可以根据原仲裁协议申请仲裁
7	仲裁调解	(1)仲裁庭在作出裁决前,可以根据当事人的请求或者在征得当事人同意的情况下按其认为适当的方式主持调解。 (2)调解不成的,应当及时作出裁决。 (3)调解达成协议的,仲裁庭应当制作调解书或者根据协议的结果制作裁决书。 (4)调解书与裁决书具有同等法律效力。 (5)调解书经双方当事人签收后,即发生法律效力。 (6)在调解书签收前当事人反悔的,仲裁庭应当及时作出裁决
8	仲裁裁决	(1)裁决书一裁终局,当事人不得就已经裁决的事项再申请仲裁,也不得就此提起诉讼。 (2)仲裁裁决具有强制执行力,一方当事人不履行的,对方当事人可以到法院申请强制执行。 (3)仲裁裁决在所有《纽约公约》缔约国(或地区)可以得到承认和执行

A22　调解的规定

★高频考点：人民调解

序号	项目	内容
1	人民调解的人员机构	(1)人民调解的组织形式是人民调解委员会。 (2)人民调解员由人民调解委员会委员和人民调解委员会聘任的人员担任。 (3)企事业单位根据需要也可设立人民调解委员会
2	人民调解的程序	(1)当事人申请调解。 (2)人民调解委员会主动调解。 (3)指定调解员或由当事人选定调解员进行调解。 (4)达成协议。 (5)调解结束
3	人民调解协议	(1)经人民调解委员会调解达成调解协议的,可以制作调解协议书。当事人认为无需制作调解协议的,可以采取口头协议的方式,人民调解员应当记录协议内容。当事人就调解协议的履行或者调解协议的内容发生争议的,一方当事人可以向法院提起诉讼。 (2)经人民调解委员会调解达成调解协议后,双方当事人认为有必要的,可以按照《民事诉讼法》的规定,自调解协议生效之日起30日内共同向调解组织所在地基层人民法院申请司法确认调解协议。人民法院受理申请后,经审查,符合法律规定的,裁定调解协议有效,一方当事人拒绝履行或者未全部履行的,对方当事人可以向人民法院申请强制执行;不符合法律规定的,裁定驳回申请,当事人可以通过调解方式变更原调解协议或者达成新的调解协议,也可以向人民法院起诉
4	效力	经人民调解委员会调解达成的调解协议具有法律约束力,当事人应当按照约定履行

★高频考点：行政调解

序号	项目	内容
1	含义	行政调解是指国家行政机关应纠纷当事人的请求,依据法律、法规和政策,对属于其职权管辖范围内的纠纷,通过耐心的说服教育,使纠纷的双方当事人互相谅解,在平等协商的基础上达成一致协议,促成当事人解决纠纷

序号	项目	内容
2	种类	(1)基层人民政府,即乡、镇人民政府对一般民间纠纷的调解。 (2)国家行政机关依照法律规定对某些特定民事纠纷或经济纠纷或劳动纠纷等进行的调解
3	效力	行政调解属于诉讼外调解。行政调解达成的协议也不具有强制约束力

★高频考点:仲裁调解

序号	项目	内容
1	含义	仲裁调解是仲裁机构对受理的仲裁案件进行的调解
2	过程	(1)仲裁庭在作出裁决前,可以先行调解。 (2)当事人自愿调解的,仲裁庭应当调解。 (3)调解不成的,应当及时作出裁决。 (4)调解达成协议的,仲裁庭应当制作调解书或者根据协议的结果制作裁决书
3	效力	(1)调解书经双方当事人签收后,即发生法律效力。 (2)调解书与裁决书具有同等法律效力。 (3)在调解书签收前当事人反悔的,仲裁庭应当及时作出裁决

★高频考点:法院调解

序号	项目	内容
1	调解方法	(1)人民法院进行调解,可以由审判员一人主持,也可以由合议庭主持,并尽可能就地进行。 (2)人民法院进行调解,可以用简便方式通知当事人、证人到庭。 (3)人民法院进行调解,可以邀请有关单位和个人协助。被邀请的单位和个人,应当协助人民法院进行调解
2	调解协议	(1)调解达成协议,必须双方自愿,不得强迫。调解协议的内容不得违反法律规定。 (2)调解达成协议,人民法院应当制作调解书。调解书应当写明诉讼请求、案件的事实和调解结果。调解书由审判员、书记员署名,加盖人民法院印章,送达双方当事人

序号	项目	内容
3	人民法院可以不制作调解书的情形	(1)调解和好的离婚案件。 (2)调解维持收养关系的案件。 (3)能够即时履行的案件。 (4)其他不需要制作调解书的案件
4	效力	(1)调解书经双方当事人签收后,即具有法律效力。 (2)对不需要制作调解书的协议,应当记入笔录,由双方当事人、审判人员、书记员签名或者盖章后,即具有法律效力

★**高频考点：专业机构调解**

序号	项目	内容
1	含义	(1)专业机构调解是当事人在发生争议前或争议后,协议约定由依法成立的具有独立调解规则的机构进行调解。 (2)我国从事专业民商事调解的机构有中国国际商会(中国贸促会)调解中心、北京仲裁委员会调解中心等
2	过程	(1)专业调解机构制定有调解员名单,供当事人在个案中选定。 (2)调解员由专业调解机构聘请经济、贸易、金融、投资、知识产权、工程承包、运输、保险、法律等领域里具有专门知识及实际经验、公道正派的人士担任
3	效力	专业调解机构进行调解达成的调解协议对当事人双方具有合同约束力,可以通过法院的司法确认或者申请仲裁机构出具调解裁决书获得强制执行力

B 级 知 识 点

(应知考点)

B1　法人应具备的条件

★高频考点：法人的规定

序号	项目	内容
1	条件	(1)依法成立。 (2)应当有自己的名称、组织机构、住所、财产或者经费。 (3)能够独立承担民事责任。 (4)有法定代表人
2	分类	法人分为营利法人、非营利法人和特别法人三大类

B2　代理人和被代理人的权利、义务及法律责任

★高频考点：建设工程代理法律关系

序号	项目	内容	说明
1	两个法律关系	(1)代理人与被代理人之间的委托关系。 (2)被代理人与相对人的合同关系	
2	代理人行使代理方式	《民法典》规定，代理人在代理权限内，以被代理人名义实施的民事法律行为，对被代理人发生效力。这是代理人与被代理人基本权利和义务的规定。代理人必须取得代理权，并依据代理权限，以被代理人的名义实施民事法律行为	被代理人对代理人的代理行为，承担民事责任
3	转委托代理	《民法典》规定，代理人需要转委托第三人代理的，应当取得被代理人的同意或者追认。转委托代理经被代理人同意或者追认的，被代理人可以就代理事务直接指示转委托的第三人，代理人仅就第三人的选任以及对第三人的指示承担责任	转委托代理未经被代理人同意或者追认的，代理人应当对转委托的第三人的行为承担责任，但是在紧急情况下代理人为了维护被代理人的利益需要转委托第三人代理的除外

序号	项目	内容	说明
4	无权代理	（1）《民法典》规定，行为人没有代理权、超越代理权或者代理权终止后，仍然实施代理行为，未经被代理人追认的，对被代理人不发生效力。相对人可以催告被代理人自收到通知之日起30日内予以追认。被代理人未作表示的，视为拒绝追认。行为人实施的行为被追认前，善意相对人有撤销的权利。撤销应当以通知的方式作出。 （2）无权代理。无权代理是指行为人不具有代理权，但以他人的名义与相对人进行法律行为。无权代理一般存在三种表现形式： ①自始未经授权。如果行为人自始至终没有被授予代理权，就以他人的名义进行民事行为，属于无权代理。 ②超越代理权。代理权限是有范围的，超越了代理权限，依然属于无权代理。 ③代理权已终止。行为人虽曾得到被代理人的授权，但该代理权已经终止的，行为人如果仍以被代理人的名义进行民事行为，则无权代理	被代理人对无权代理人实施的行为如果予以追认，则无权代理可转化为有权代理，产生与有权代理相同的法律效力，并不会发生代理人的赔偿责任。如果被代理人不予追认的，对被代理人不发生效力，则无权代理人需承担因无权代理行为给被代理人和善意相对人造成的损失
5	表见代理	（1）表见代理是指行为人虽无权代理，但由于行为人的某些行为，造成了足以使善意相对人相信其有代理权的表象，而与善意相对人进行的、由本人承担法律后果的代理行为。《民法典》规定，行为人没有代理权、超越代理权或者代理权终止后，仍然实施代理行为，相对人有理由相信行为人有代理权的，代理行为有效。 （2）表见代理除需符合代理的一般条件外，还需具备以下特别构成要件：①须存在足以使相对人相信行为人具有代理权的事实或理由。这是构成表见代理的客观要件。它要求行	表见代理对本人产生有权代理的效力，即在相对人与本人之间产生民事法律关系。本人受表见代理人与相对人之间实施的法律行为的约束，享有该行为设定的权利和履行该行为约定的义务。本人不能以无权代理为抗辩。本人在承担表见代理行为所产生的责任后，

序号	项目	内容	说明
5	表见代理	为人与本人之间应存在某些事实上或法律上的联系,如行为人持有由本人发出的委任状、已加盖公章的空白合同书或者有显示本人向行为人授予代理权的通知函告等证明类文件。②须本人存在过失。其过失表现为本人表达了足以使相对人相信有授权意思的表示,或者实施了足以使相对人相信有授权意义的行为,发生了外表授权的事实。③须相对人为善意。这是构成表见代理的主观要件。如果相对人明知行为人无代理权而仍与之实施民事行为,则相对人为主观恶意,不构成表见代理	可以向无权代理人追偿因代理行为而遭受的损失
6	知道他人以本人名义实施民事行为不作否认表示的视为同意	本人知道他人以本人名义实施民事行为而不作否认表示的,视为同意。这是一种被称为默示方式的特殊授权。就是说,即使本人没有授予他人代理权,但事后并未作否认的意思表示,应视为授予了代理权。由此,他人以其名义实施法律行为的后果应由本人承担	本人知道他人以本人名义实施民事行为不作否认表示的视为同意

注:注意无权代理的三种表现形式和表见代理的构成要件。表见代理制度,通俗来讲,就是宣称自己有代理权的人实际上没有代理权,但外在形式上却表现出像有代理权的一样,而这种误解的产生是由被代理人造成的,如原先有委托代理关系,但终止后并未向外界进行说明,导致相对人仍然相信其有代理权,因此这种后果应当由被代理人承担,其承担后可以向行为人要求有关权利。

★**高频考点:代理中不当或违法行为应承担的法律责任**

序号	项目	内容
1	损害被代理人利益	(1)代理人不履行职责而给被代理人造成损害的,应承担民事责任。 (2)代理人和相对人串通,损害被代理人的利益的,代理人和相对人负连带责任
2	相对人故意行为	相对人知道行为人无权代理,还与行为人实施民事行为给他人造成损害的,相对人和行为人负连带责任

序号	项目	内容
3	违法代理行为	代理人知道被委托代理的事项违法仍然进行代理活动的,或者被代理人知道代理人的代理行为违法不表示反对的,被代理人和代理人负连带责任

B3 建设工程债的常见种类

★高频考点：建设工程债的常见种类

序号	项目	内容
1	施工合同债	施工合同债是发生在建设单位和施工单位之间的债。施工合同的义务主要是完成施工任务和支付工程款。对于完成施工任务,建设单位是债权人,施工单位是债务人;对于支付工程款,则相反
2	买卖合同债	在建设工程活动中,会产生大量的买卖合同,主要是材料设备买卖合同。材料设备的买方有可能是建设单位,也可能是施工单位。他们会与材料设备供应商产生债
3	侵权之债	在侵权之债中,最常见的是施工单位的施工活动产生的侵权。如施工噪声或者废水废弃物排放等扰民,可能对工地附近的居民构成侵权。此时,居民是债权人,施工单位或者建设单位是债务人

B4 保险与保险索赔的规定

★高频考点：保险有关知识

序号	项目	内容
1	保险合同	保险合同是指投保人与保险人约定保险权利义务关系的协议。 (1)投保人是指与保险人订立保险合同,并按照合同约定负有支付保险费义务的人。 (2)保险人是指与投保人订立保险合同,并按照合同约定承担赔偿或者给付保险金责任的保险公司。 (3)被保险人是指其财产或者人身受保险合同保障,享有保险金请求权的人。投保人可以为被保险人。

序号	项目	内容
1	保险合同	（4）受益人是指人身保险合同中由被保险人或者投保人指定的享有保险金请求权的人。投保人、被保险人可以为受益人。 投保人提出保险要求，经保险人同意承保，保险合同成立。保险人应当及时向投保人签发保险单或者其他保险凭证
2	保险合同种类	（1）财产保险合同：建筑工程一切险和安装工程一切险即为财产保险合同。 （2）人身保险合同：人身保险合同是以人的寿命和身体为保险标的的保险合同。人身保险包括人寿保险、伤害保险、健康保险三种。保险人对人寿保险的保险费，不得用诉讼方式要求投保人支付

B5 建设工程保险的主要种类和投保权益

★高频考点：建设工程活动涉及的险种

（1）建筑工程一切险（及第三者责任险）。

（2）安装工程一切险（及第三者责任险）。

（3）机器损坏险。

（4）机动车辆险。

（5）建筑职工意外伤害险：鼓励企业为从事危险作业的职工办理意外伤害保险，支付保险费。

（6）勘察设计责任保险。

（7）工程监理责任保险。

★高频考点：建筑工程一切险（及第三者责任险）与安装工程一切险（及第三者责任险）

序号	项目	建筑工程一切险（及第三者责任险）	安装工程一切险（及第三者责任险）
1	含义	（1）建筑工程一切险是承保各类民用、工业和公用事业建筑工程项目，包括道路、桥梁、水坝、港口等，在建造过程中因自然灾害或意外事	（1）安装工程一切险是承保安装机器、设备、储油罐、钢结构工程、起重机、吊车以及包含机械工程因素的各种安装工程的险种。由于科学

序号	项目	建筑工程一切险 (及第三者责任险)	安装工程一切险 (及第三者责任险)
1	含义	故而引起的一切损失的险种。因在建工程抗灾能力差,危险程度高,一旦发生损失,不仅会对工程本身造成巨大的物质财富损失,甚至可能殃及邻近人员与财物。因此,随着各种新建、扩建、改建的建设工程项目日渐增多,许多保险公司已经开设这一险种。 (2)建筑工程一切险往往还加保第三者责任险。第三者责任险是指在保险有效期内因在施工工地上发生意外事故造成在施工工地及邻近地区的第三者人身伤亡或财产损失,依法应由被保险人承担的经济赔偿责任	技术日益进步,现代工业的机器设备已进入电子计算机操控的时代,工艺精密、构造复杂,技术高度密集,价格十分昂贵。在安装、调试机器设备的过程中遇到自然灾害和意外事故的发生都会造成巨大的经济损失。安装工程一切险可以保障机器设备在安装、调试过程中,被保险人可能遭受的损失能够得到经济补偿。 (2)安装工程一切险往往还加保第三者责任险。安装工程一切险的第三者责任险,负责被保险人在保险期限内,因发生意外事故,造成在工地及邻近地区的第三者人身伤亡、疾病或财产损失,依法应由被保险人赔偿的经济损失,以及因此而支付的诉讼费用和经保险人书面同意支付的其他费用
2	投保人与被保险人	(1)《建设工程施工合同(示范文本)》中规定,除专用合同条款另有约定外,发包人应投保建筑工程一切险或安装工程一切险;发包人委托承包人投保的,因投保产生的保险费和其他相关费用由发包人承担。 (2)建筑工程一切险的被保险人范围较宽,所有在工程进行期间,对该项工程承担一定风险的有关各方(即具有可保利益的各方),均可作为被保险人。如果被保	—

序号	项目	建筑工程一切险 （及第三者责任险）	安装工程一切险 （及第三者责任险）
2	投保人与被保险人	人不止一家，则各家接受赔偿的权利以不超过其对保险标的的可保利益为限。被保险人具体包括：①业主或工程所有人；②承包商或者分包商；③技术顾问，包括业主聘用的建筑师、工程师及其他专业顾问	—
3	保险责任范围	保险人对下列原因造成的损失和费用，负责赔偿： （1）自然事件，指地震、海啸、雷电、飓风、台风、龙卷风、风暴、暴雨、洪水、水灾、冻灾、冰雹、地崩、山崩、雪崩、火山爆发、地面下陷下沉及其他人力不可抗拒的破坏力强大的自然现象。 （2）意外事故，指不可预料的以及被保险人无法控制并造成物质损失或人身伤亡的突发性事件，包括火灾和爆炸	保险人对因自然灾害、意外事故（具体内容与建筑工程一切险基本相同）造成的损失和费用，负责赔偿
4	除外责任	保险人对下列各项原因造成的损失不负责赔偿： （1）设计错误引起的损失和费用。 （2）自然磨损、内在或潜在缺陷、物质本身变化、自燃、自热、氧化、锈蚀、渗漏、鼠咬、虫蛀、大气（气候或气温）变化、正常水位变化或其他渐变原因造成的保险财产自身的损失和费用。 （3）因原材料缺陷或工艺不善引起的保险财产本身的损失以及为换置、修理或矫正这些缺点错误所支付的费用。	其除外责任与建筑工程一切险的第（2）、（5）、（6）、（7）、（8）、（9）、（10）相同，不同之处主要是：①因设计错误、铸造或原材料缺陷或工艺不善引起的保险财产本身的损失以及为换置、修理或矫正这些缺点错误所支付的费用；②由于超负荷、超电压、碰线、电弧、漏电、短路、大气放电及其他电气原因造成电气设备或电气用具本身的损失；③施工用机具、设备、机械装置失灵造成的本身损失

序号	项目	建筑工程一切险 (及第三者责任险)	安装工程一切险 (及第三者责任险)
4	除外责任	(4)非外力引起的机械或电气装置的本身损失,或施工用机具、设备、机械装置失灵造成的本身损失。 (5)维修保养或正常检修的费用。 (6)档案、文件、账簿、票据、现金、各种有价证券、图表资料及包装物料的损失。 (7)盘点时发现的短缺。 (8)领有公共运输行驶执照的,或已由其他保险予以保障的车辆、船舶和飞机的损失。 (9)除非另有约定,在保险工程开始以前已经存在或形成的位于工地范围内或其周围的属于被保险人的财产的损失。 (10)除非另有约定,在保险单保险期限终止以前,保险财产中已由工程所有人签发完工验收证书或验收合格或实际占有或使用或接收的部分	其除外责任与建筑工程一切险的第(2)、(5)、(6)、(7)、(8)、(9)、(10)相同,不同之处主要是:①因设计错误、铸造或原材料缺陷或工艺不善引起的保险财产本身的损失以及为换置、修理或矫正这些缺点错误所支付的费用;②由于超负荷、超电压、碰线、电弧、漏电、短路、大气放电及其他电气原因造成电气设备或电气用具本身的损失;③施工用机具、设备、机械装置失灵造成的本身损失
5	第三者责任险	建筑工程一切险如果加保第三者责任险,保险人对下列原因造成的损失和费用,负责赔偿: (1)在保险期限内,因发生与所保工程直接相关的意外事故引起工地内及邻近区域的第三者人身伤亡、疾病或财产损失。 (2)被保险人因上述原因支付的诉讼费用以及事先经保险人书面同意而支付的其他费用	—

序号	项目	建筑工程一切险 (及第三者责任险)	安装工程一切险 (及第三者责任险)
6	赔偿金额	保险人对每次事故引起的赔偿金额以法院或政府有关部门根据现行法律裁定的应由被保险人偿付的金额为准,但在任何情况下,均不得超过保险单明细表中对应列明的每次事故赔偿限额。在保险期限内,保险人经济赔偿的最高赔偿责任不得超过本保险单明细表中列明的累计赔偿限额	—
7	保险期限	建筑工程一切险的保险责任自保险工程在工地动工或用于保险工程的材料、设备运抵工地之时起始,至工程所有人对部分或全部工程签发完工验收证书或验收合格,或工程所有人实际占用或使用或接收该部分或全部工程之时终止,以先发生者为准。但在任何情况下,保险期限的起始或终止不得超出保险单明细表中列明的保险生效日或终止日	(1)安装工程一切险的保险责任自保险工程在工地动工或用于保险工程的材料、设备运抵工地之时起始,至工程所有人对部分或全部工程签发完工验收证书或验收合格,或工程所有人实际占有或使用接收该部分或全部工程之时终止,以先发生者为准。但在任何情况下,安装期保险期限的起始或终止不得超出保险单明细表中列明的保险生效日或终止日。 (2)安装工程一切险的保险期内,一般应包括一个试车考核期。试车考核期的长短一般根据安装工程合同中的约定进行确定,但不得超出安装工程保险单明细表中列明的试车和考核期限。安装工程一切险对考核期的保险责任一般不超过3个月,若超过3个月,应另行加收保险费。安装工程一切险对于旧机器设备不负考核期的保险责任,也不承担其维修期的保险责任

★高频考点：工伤保险和建筑职工意外伤害险

《建筑法》规定，建筑施工企业应当依法为职工参加工伤保险缴纳工伤保险费。鼓励企业为从事危险作业的职工办理意外伤害保险，支付保险费。

B6　企业和个人所得税的规定

★高频考点：企业和个人所得税的对比

序号	对比项目	企业所得税	个人所得税
1	纳税人	(1)在中国境内，企业和其他取得收入的组织为企业所得税的纳税人。 (2)个人独资企业、合伙企业不适用本法	(1)居民个人：在中国境内有住所，或者无住所而一个纳税年度内在中国境内居住累计满183天的个人，为居民个人。 (2)非居民个人：在中国境内无住所又不居住，或者无住所而一个纳税年度内在中国境内居住累计不满183天的个人，为非居民个人
2	征税对象	(1)境内境外所得都要征税：居民企业、非居民企业在中国境内设立机构、场所的。 (2)只对境内所得进行征税：在中国境内未设立机构、场所的非居民企业，设立机构、场所但取得的所得与其没有实际联系的	(1)居民个人：境内外所得都需纳税。 (2)非居民个人：境内所得纳税
3	征税范围	企业以货币形式和非货币形式从各种来源取得的收入，为收入总额。包括： (1)销售货物收入。 (2)提供劳务收入。 (3)转让财产收入。 (4)股息、红利等权益性投资收益。 (5)利息收入。 (6)租金收入。	(1)工资、薪金所得。 (2)劳务报酬所得。 (3)稿酬所得。 (4)特许权使用费所得。 (5)经营所得。 (6)利息、股息、红利所得。 (7)财产租赁所得。 (8)财产转让所得。 (9)偶然所得。

序号	对比项目	企业所得税	个人所得税
3	征税范围	(7)特许权使用费收入。 (8)接受捐赠收入。 (9)其他收入	注:居民个人取得上述第(1)项至第(4)项所得(以下称综合所得),按纳税年度合并计算个人所得税;非居民个人取得前款第(1)项至第(4)项所得,按月或者按次分项计算个人所得税。纳税人取得上述第(5)项至第(9)项所得,依法分别计算个人所得税
4	免征税	(1)财政拨款。 (2)依法收取并纳入财政管理的行政事业性收费、政府性基金。 (3)国务院规定的其他不征税收入	(1)省级人民政府、国务院部委和中国人民解放军军以上单位,以及外国组织、国际组织颁发的科学、教育、技术、文化、卫生、体育、环境保护等方面的奖金。 (2)国债和国家发行的金融债券利息。 (3)按照国家统一规定发给的补贴、津贴。 (4)福利费、抚恤金、救济金。 (5)保险赔款。 (6)军人的转业费、复员费、退役金。 (7)按照国家统一规定发给干部、职工的安家费、退职费、基本养老金或者退休费、离休费、离休生活补助费。 (8)依照我国有关法律规定应予免税的各国驻华使馆、领事馆的外交代表、领事官员和其他人员的所得。 (9)中国政府参加的国际公约、签订的协议中规定免税的所得。 (10)国务院规定的其他免税所得。

序号	对比项目	企业所得税	个人所得税
4	免征税		注:有下列情形之一的,经批准可以减征个人所得税: (1)残疾、孤老人员和烈属的所得。 (2)因自然灾害遭受重大损失的。 国务院可以规定其他减税情形,报全国人民代表大会常务委员会备案
5	税率	(1)企业所得税的税率为25%。 (2)非居民企业在中国境内未设立机构、场所的,或者虽设立机构、场所但取得的所得与其所设机构、场所没有实际联系的,其来源于中国境内的所得缴纳企业所得税的税率为20%	(1)综合所得,适用3%至45%的超额累进税率。 (2)经营所得,适用5%至35%的超额累进税率。 (3)利息、股息、红利所得,财产租赁所得,财产转让所得和偶然所得,适用比例税率,税率为20%

★高频考点:个人所得税纳税扣缴和申报

(1)个人所得税,以所得人为纳税人,以支付所得的单位或者个人为扣缴义务人。

(2)有下列情形之一的,纳税人应当依法办理纳税申报:①取得综合所得需要办理汇算清缴;②取得应税所得没有扣缴义务人;③取得应税所得,扣缴义务人未扣缴税款;④取得境外所得;⑤因移居境外注销中国户籍;⑥非居民个人在中国境内从两处以上取得工资、薪金所得;⑦国务院规定的其他情形。扣缴义务人应当按照国家规定办理全员全额扣缴申报,并向纳税人提供其个人所得和已扣缴税款等信息。

(3)国务院《个人所得税专项附加扣除暂行办法》(国发〔2018〕41号)规定,个人所得税专项附加扣除,是指个人所得税法规定的子女教育、继续教育、大病医疗、住房贷款利息或者住房租金、赡养老人等6项专项附加扣除。根据教育、医疗、住房、养老等民生支出变化情况,适时调整专项附加扣除范围和标准。

B7 企业增值税的规定

★高频考点:企业增值税的规定

序号	项目	内容
1	概念	增值税是以商品和劳务在流转过程中产生的增值额作为征税对象而征收的一种流转税
2	纳税人	(1)在中华人民共和国境内销售货物或者加工、修理修配劳务(以下简称劳务),销售服务、无形资产、不动产以及进口货物的单位和个人,为增值税的纳税人。 (2)纳税人分为一般纳税人和小规模纳税人
3	应纳税额的计算	(1)纳税人兼营不同税率的项目,应当分别核算不同税率项目的销售额;未分别核算销售额的,从高适用税率。 (2)纳税人销售货物、劳务、服务、无形资产、不动产(以下统称应税销售行为),应纳税额为当期销项税额抵扣当期进项税额后的余额。当期销项税额小于当期进项税额不足抵扣时,其不足部分可以结转下期继续抵扣。 (3)小规模纳税人发生应税销售行为,实行按照销售额和征收率计算应纳税额的简易办法,并不得抵扣进项税额。 (4)纳税人进口货物,按照组成计税价格和《增值税暂行条例》规定的税率计算应纳税额
4	建筑工程增值税计税	(1)总承包单位为房屋建筑的地基与基础、主体结构提供工程服务,建设单位自行采购全部或部分钢材、混凝土、砌体材料、预制构件的,适用简易计税方法计税。 (2)纳税人提供建筑服务取得预收款,应在收到预收款时,以取得的预收款扣除支付的分包款后的余额,按照预征率预缴增值税。 (3)按照现行规定应在建筑服务发生地预缴增值税的项目,纳税人收到预收款时在建筑服务发生地预缴增值税。按照现行规定无需在建筑服务发生地预缴增值税的项目,纳税人收到预收款时在机构所在地预缴增值税。 (4)适用一般计税方法计税的项目预征率为2%,适用简易计税方法计税的项目预征率为3%

序号	项目	内容
5	准予抵扣的进项税额	(1)从销售方取得的增值税专用发票上注明的增值税额。 (2)从海关取得的海关进口增值税专用缴款书上注明的增值税额。 (3)购进农产品,除取得增值税专用发票或者海关进口增值税专用缴款书外,按照农产品收购发票或者销售发票上注明的农产品买价和11%的扣除率计算的进项税额,国务院另有规定的除外。 (4)自境外单位或者个人购进劳务、服务、无形资产或者境内的不动产,从税务机关或者扣缴义务人取得的代扣代缴税款的完税凭证上注明的增值税额
6	不准抵扣的进项税额	(1)纳税人购进货物、劳务、服务、无形资产、不动产,取得的增值税扣税凭证不符合法律、行政法规或者国务院税务主管部门有关规定的。 (2)用于简易计税方法计税项目、免征增值税项目、集体福利或者个人消费的购进货物、劳务、服务、无形资产和不动产。 (3)非正常损失的购进货物,以及相关的劳务和交通运输服务。 (4)非正常损失的在产品、产成品所耗用的购进货物(不包括固定资产)、劳务和交通运输服务。 (5)国务院规定的其他项目

B8 建设工程刑事责任的种类及承担方式

★高频考点:刑罚种类

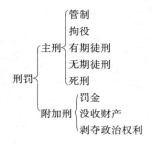

注:注意"附加刑"中有个"罚金",这属于专有名词,如果是"罚款",则属于行政责任,一定要区分开。

★高频考点:工程建设领域常见犯罪

序号	罪名	概念
1	重大责任事故罪	《刑法》第134条规定,在生产、作业中违反有关安全管理的规定,因而发生重大伤亡事故或者造成其他严重后果的,处3年以下有期徒刑或者拘役;情节特别恶劣的,处3年以上7年以下有期徒刑。强令他人违章冒险作业,或者明知存在重大事故隐患而不排除,因而发生重大伤亡事故或者造成其他严重后果的,处5年以下有期徒刑或者拘役;情节特别恶劣的,处5年以上有期徒刑
2	重大劳动安全事故罪	《刑法》第135条规定,安全生产设施或者安全生产条件不符合国家规定,因而发生重大伤亡事故或者造成其他严重后果的,对直接负责的主管人员和其他直接责任人员,处3年以下有期徒刑或者拘役;情节特别恶劣的,处3年以上7年以下有期徒刑
3	工程重大安全事故罪	(1)《刑法》第137条规定,建设单位、设计单位、施工单位、工程监理单位违反国家规定,降低工程质量标准,造成重大安全事故的,对直接责任人员处5年以下有期徒刑或者拘役,并处罚金;后果特别严重的,处5年以上10年以下有期徒刑,并处罚金。 (2)根据最高人民法院、最高人民检察院《关于办理危害生产安全刑事案件适用法律若干问题的解释》(法释〔2015〕22号),发生安全事故,具有下列情形之一的,应当认定为"造成重大安全事故",对直接责任人员,处5年以下有期徒刑或者拘役,并处罚金:①造成死亡1人以上,或者重伤3人以上的;②造成直接经济损失100万元以上的;③其他造成严重后果或者重大安全事故的情形
4	串通投标罪	《刑法》第223条规定,投标人相互串通投标报价,损害招标人或者其他投标人利益,情节严重的,处3年以下有期徒刑或者拘役,并处或者单处罚金。投标人与招标人串通投标,损害国家、集体、公民的合法利益的,依照以上规定处罚

B9 施工许可证和开工报告的适用范围

★高频考点：施工许可证的适用范围

序号	项目	内容
1	不需要办理施工许可证的建设工程	(1)限额以下的小型工程：工程投资额30万元以下或建筑面积300平方米以下(省、自治区、直辖市人民政府住房城乡建设主管部门可以根据当地的实际情况，对限额进行调整，并报国务院住房城乡建设主管部门备案)。 (2)抢险救灾等工程。 (3)其他临时性房屋建筑。 (4)农民自建低层住宅
2	不重复办理施工许可证的建设工程	按照国务院规定的权限和程序批准开工报告的建筑工程
3	另行规定的建设工程	军用房屋建筑工程

B10 (施工许可证)申请主体和法定批准条件

★高频考点：施工许可证的申请、审批时限等规定

序号	项目	内容
1	施工许可证的申请主体	(1)《建筑法》规定，建设单位应当按照国家有关规定向工程所在地县级以上人民政府建设行政主管部门申请领取施工许可证。 (2)施工许可证的申请领取，应该是由建设单位负责，而不是施工单位或其他单位
2	审批时限	(1)发证机关应当自收到申请之日起7日内，对符合条件的申请颁发施工许可证。 (2)对于证明文件不齐全或者失效的，应当当场或者5日内一次告知建设单位需要补正的全部内容，审批时间可以自证明文件补正齐全后作相应顺延；对于不符合条件的，应当自收到申请之日起7日内书面通知建设单位，并说明理由

序号	项目	内容
3	其他规定	（1）申请施工许可证的各项法定条件必须同时具备，缺一不可。 （2）应当申请领取施工许可证的建筑工程未取得施工许可证的，一律不得开工。 （3）任何单位和个人不得将应当申请领取施工许可证的工程项目分解为若干限额以下的工程项目，规避申请领取施工许可证

★高频考点：申请施工许可证的条件

序号	条件	内容
1	依法应当办理用地批准手续的，已经办理该建筑工程用地批准手续	（1）2019年8月经修改后公布的《中华人民共和国土地管理法》规定，经批准的建设项目需要使用国有建设用地的，建设单位应当持法律、行政法规规定的有关文件，向有批准权的县级以上人民政府自然资源主管部门提出建设用地申请，经自然资源主管部门审查，报本级人民政府批准。 （2）2021年7月经修改后公布的《中华人民共和国土地管理法实施条例》规定，抢险救灾、疫情防控等急需使用土地的，可以先行使用土地。其中，属于临时用地的，用后应当恢复原状并交还原土地使用者使用，不再办理用地审批手续；属于永久性建设用地的，建设单位应当在不晚于应急处置工作结束6个月内申请补办建设用地审批手续
2	依法应当办理建设工程规划许可证的，已经取得建设工程规划许可证	在城市、镇规划区内，规划许可证包括建设用地规划许可证和建设工程规划类许可证。在乡、村庄规划区内进行乡镇企业、乡村公共设施和公益事业建设的，须核发乡村建设规划许可证。根据《国务院关于印发清理规范投资项目报建审批事项实施方案的通知》（国发〔2016〕29号）要求，将原建设工程规划许可证核发、历史建筑实施原址保护审批等4项合并为"建设工程规划类许可证核发"。 （1）建设用地规划许可证。2019年4月经修改后公布的《中华人民共和国城乡规划法》（以下简称《城乡规划法》）规定：①在城市、镇规划区内以划拨方式提供国有土地使用权的建设项目，经有关部门批准、核准、备案后，建设单位应当向城市、县人民政府城乡规划主管部门提出建设用地规划许可申请，由城市、县人民政府城乡规划主管部门依据控制性详细规划核定建设用地的位置、面积、允许建设的范围，核发建设用地规划许可证，建设单位在取得建设用地规划许可证后，方可向县级以上地方人民政府土地主管部门申请用地，经

序号	条件	内容
2	依法应当办理建设工程规划许可证的,已经取得建设工程规划许可证	县级以上人民政府审批后,由土地主管部门划拨土地;②以出让方式取得国有土地使用权的建设项目,建设单位在取得建设项目的批准、核准、备案文件和签订国有土地使用权出让合同后,向城市、县人民政府城乡规划主管部门领取建设用地规划许可证。 (2)建设工程规划许可证。①在城市、镇规划区内进行建筑物、构筑物、道路、管线和其他工程建设的,建设单位或者个人应当向城市、县人民政府城乡规划主管部门或者省、自治区、直辖市人民政府确定的镇人民政府申请办理建设工程规划许可证;②在乡、村庄规划区内进行乡镇企业、乡村公共设施和公益事业建设的,建设单位或者个人应当向乡、镇人民政府提出申请,由乡、镇人民政府报城市、县人民政府城乡规划主管部门核发乡村建设规划许可证,建设单位或者个人在取得乡村建设规划许可证后,方可办理用地审批手续
3	施工场地已经基本具备施工条件,需要征收房屋的,其进度符合施工要求	(1)施工场地应该具备的基本施工条件,通常要根据建设工程项目的具体情况决定。例如:已进行场区的施工测量,设置永久性经纬坐标桩、水准基桩和工程测量控制网;搞好"三通一平"或"七通一平";在施工现场要设安全纪律牌、施工公告牌、安全标志牌等。实行监理的建设工程,一般要由监理单位查看后填写"施工场地已具备施工条件的证明",并加盖单位公章确认。 (2)《民法典》规定,为了公共利益的需要,依照法律规定的权限和程序可以征收集体所有的土地和组织、个人的房屋以及其他不动产。但是,征收进度必须能满足建设工程开始施工和连续施工的要求
4	已经确定施工企业	(1)建设工程的施工必须由具备相应资质的施工企业来承担。因此,在建设工程开工前,建设单位必须依法通过招标或直接发包的方式确定承包该建设工程的施工企业,并签订建设工程承包合同,明确双方的责任、权利和义务。 (2)《建筑工程施工许可管理办法》规定,按照规定应该招标的工程没有招标,应该公开招标的工程没有公开招标,或者肢解发包工程,以及将工程发包给不具备相应资质条件的,所确定的施工企业无效
5	有满足施工需要的资金安排、施工图纸及技	(1)建设资金的落实是建设工程开工后能否顺利实施的关键。在实践中,许多"烂尾楼"都是建设资金不到位造成的恶果。 (2)《建设工程勘察设计管理条例》规定,编制施工图设计文件,应当满足设备材料采购、非标准设备制作和施工的需要,并注明建设工程合理使用年限。施工图设计文件审查机

序号	条件	内容
5	术资料，建设单位应当提供建设资金已经落实承诺书，施工图设计文件已按规定审查合格	构应当对房屋建筑工程、市政基础设施工程施工图设计文件中涉及公共利益、公众安全、工程建设强制性标准的内容进行审查。县级以上人民政府交通运输等有关部门应当按照职责对施工图设计文件中涉及公共利益、公众安全、工程建设强制性标准的内容进行审查。 （3）《建设工程质量管理条例》规定，施工图设计文件未经审查批准的，不得使用。 （4）技术资料一般包括地形、地质、水文、气象等自然条件资料和主要原材料、燃料来源，水电供应和运输条件等技术经济条件资料
6	有保证工程质量和安全的具体措施	（1）《建设工程质量管理条例》规定，建设单位在开工前，应当按照国家有关规定办理工程质量监督手续，工程质量监督手续可以与施工许可证或者开工报告合并办理。 （2）《建设工程安全生产管理条例》规定，建设单位在申请领取施工许可证时，应当提供建设工程有关安全施工措施的资料。建设行政主管部门在审核发放施工许可证时，应当对建设工程是否有安全施工措施进行审查，对没有安全施工措施的，不得颁发施工许可证。 （3）《建筑工程施工许可管理办法》中对"有保证工程质量和安全的具体措施"作了进一步规定，施工企业编制的施工组织设计中有根据建筑工程特点制定的相应质量、安全技术措施。建立工程质量安全责任制并落实到人。专业性较强的工程项目编制了专项质量、安全施工组织设计，并按照规定办理了工程质量、安全监督手续。 （4）施工组织设计的重要内容之一，要有能保证建设工程质量和安全的具体措施

注：1. 《建筑法》规定，申请领取施工许可证，应当具备下列条件：（1）已经办理该建筑工程用地批准手续；（2）依法应当办理建设工程规划许可证的，已经取得建设工程规划许可证；（3）需要拆迁的，其拆迁进度符合施工要求；（4）已经确定建筑施工企业；（5）有满足施工需要的资金安排、施工图纸及技术资料；（6）有保证工程质量和安全的具体措施。

2. 《建筑工程施工许可管理办法》规定，建设单位申请领取施工许可证，应当具备下列条件，并提交相应的证明文件：（1）依法应当办理用地批准手续的，已经办理该建筑工程用地批准手续；（2）依法应当办理建设工程规划许可证的，已经取得建设工程规划许可证；（3）施工场地已经基本具备施工条件，需要征收房屋的，其进度符合施工要求；（4）已经确定施工企业；（5）有满足施工需要的资金安排、施工图纸及技术资料，建设单位应当提供建设资金已经落实承诺书，施工图设计文件已按规定审查合格；（6）有保证工程质量和安全的具体措施。

B11 （施工许可证）延期开工、核验和重新办理批准的规定

★高频考点：施工许可证的管理

序号	管理项目	内容
1	申领时间	建筑工程开工前
2	申领主体	建设单位
3	申领管理机关	工程所在地县级以上人民政府建设行政主管部门
4	施工许可证申请延期规定	(1)领取之日起3个月内开工。否则应申请延期；延期可以2次，每次不超过3个月。 (2)既不开工又不申请延期或者超过延期时限的，施工许可证自行废止
5	重新核验施工许可证条件	(1)中止施工的，应自中止1个月内，向发证机关报告。 (2)恢复施工时，应当向发证机关报告。 (3)中止满1年的工程恢复施工前，应报发证机关核验施工许可证
6	重新办理开工报告条件	(1)不能按期开工或者中止施工的，应向批准机关报告情况。 (2)不能按期开工超过6个月的，应重新办理开工报告批准手续

B12 企业资质的法定条件和等级

★高频考点：施工企业的资质序列、类别和等级

序号	项目	内容
1	施工企业的资质序列	施工资质分为综合资质、施工总承包资质、专业承包资质和专业作业资质
2	施工企业的资质类别和等级	(1)将10类施工总承包企业特级资质调整为施工综合资质，可承担各行业、各等级施工总承包业务；保留12类施工总承包资质，将民航工程的专业承包资质整合为施工总承包资质；将36类专业承包资质整合为18类；将施工劳务企业资质改为专业作业资质，

序号	项目	内容
2	施工企业的资质类别和等级	由审批制改为备案制。综合资质和专业作业资质不分等级;施工总承包资质、专业承包资质等级原则上压减为甲、乙两级(部分专业承包资质不分等级),其中,施工总承包甲级资质在本行业内承揽业务规模不受限制。 (2)施工总承包资质分为13个类型。 (3)专业承包资质分为18个类型

★高频考点:施工企业的资质许可

序号	项目	内容
1	施工企业资质管理体制	(1)我国对建筑业企业的资质管理,实行分级实施与有关部门相配合的管理模式。 (2)《建筑业企业资质管理规定》中规定,国务院住房城乡建设主管部门负责全国建筑业企业资质的统一监督管理。国务院交通运输、水利、工业信息化等有关部门配合国务院住房城乡建设主管部门实施相关资质类别建筑业企业资质的管理工作。 (3)省、自治区、直辖市人民政府住房城乡建设主管部门负责本行政区域内建筑业企业资质的统一监督管理。省、自治区、直辖市人民政府交通运输、水利、通信等有关部门配合同级住房城乡建设主管部门实施本行政区域内相关资质类别建筑业企业资质的管理工作。 (4)企业违法从事建筑活动的,违法行为发生地的县级以上地方人民政府住房城乡建设主管部门或者其他有关部门应当依法查处,并将违法事实、处理结果或者处理建议及时告知该建筑业企业资质的许可机关
2	施工企业资质的许可权限	(1)《建设工程企业资质管理制度改革方案》中规定,进一步加大放权力度,选择工作基础较好的地方和部分资质类别,开展企业资质审批权下放试点,将除综合资质外的其他等级资质,下放至省级及以下有关主管部门审批(其中,涉及公路、水运、水利、通信、铁路、民航等资质的审批权限由国务院住房城乡建设主管部门会同国务院有关部门根据实际情况决定),方便企业就近办理。 (2)企业资质全国通用,严禁各行业、各地区设置限制性措施,严厉查处变相设置市场准入壁垒、违规限制企业跨地区、跨行业承揽业务等行为,维护统一规范的建筑市场

★高频考点：施工企业资质证书的申请、延续和变更

序号	项目	内容
1	企业资质的申请	(1)《建筑业企业资质管理规定》中规定，建筑业企业可以申请一项或多项建筑业企业资质；企业首次申请或增项申请资质，应当申请最低等级资质。 (2)企业申请建筑业企业资质，在资质许可机关的网站或审批平台提出申请事项，提交资金、专业技术人员、技术装备和已完成业绩等电子材料。 (3)住房和城乡建设部办公厅《关于做好建筑业"证照分离"改革衔接有关工作的通知》规定，建筑业企业施工劳务资质由审批制改为备案制，由企业注册地设区市住房和城乡建设主管部门负责办理备案手续。企业提交企业名称、统一社会信用代码、办公地址、法定代表人姓名及联系方式、企业净资产、技术负责人、技术工人等信息材料后，备案部门应当场办理备案手续，并核发建筑业企业施工劳务资质证书。企业完成备案手续并取得资质证书后，即可承接施工劳务作业
2	企业资质证书的使用与延续	(1)住房和城乡建设部办公厅《关于规范使用建筑业企业资质证书的通知》（建办市函〔2016〕462号）中指出，为切实减轻企业负担，各有关部门和单位在对企业跨地区承揽业务监督管理、招标活动中，不得要求企业提供建筑业企业资质证书原件，企业资质情况可通过扫描建筑业企业资质证书复印件的二维码查询。 (2)《建筑业企业资质管理规定》中规定，资质证书有效期为5年。建筑业企业资质证书有效期届满，企业继续从事建筑施工活动的，应当于资质证书有效期届满3个月前，向原资质许可机关提出延续申请。 (3)资质许可机关应当在建筑业企业资质证书有效期届满前做出是否准予延续的决定；逾期未做出决定的，视为准予延续
3	企业资质证书的变更	《优化营商环境条例》规定，企业申请办理住所等相关变更登记的，有关部门应当依法及时办理，不得限制。除法律、法规、规章另有规定外，企业迁移后其持有的有效许可证件不再重复办理。 (1)办理企业资质证书变更手续的程序。①《建筑业企业资质管理规定》中规定，企业在建筑业企业资质证书有效期内名称、地址、注册资本、法定代表人等发生变更的，应当在工商部门办理变更手续后1个月内办理资质证书变更手续；②由国务院住房城乡建设主管部门颁发的建筑业企业资质证书的变更，企业应当向企业工商注册所在地省、自治区、直

序号	项目	内容
3	企业资质证书的变更	辖市人民政府住房城乡建设主管部门提出变更申请,省、自治区、直辖市人民政府住房城乡建设主管部门应当自受理申请之日起2日内将有关变更证明材料报国务院住房城乡建设主管部门,由国务院住房城乡建设主管部门在2日内办理变更手续;③上述规定以外的资质证书的变更,由企业工商注册所在地的省、自治区、直辖市人民政府住房城乡建设主管部门或者设区的市人民政府住房城乡建设主管部门依法另行规定。变更结果应当在资质证书变更后15日内,报国务院住房城乡建设主管部门备案;④涉及公路、水运、水利、通信、铁路、民航等方面的建筑业企业资质证书的变更,办理变更手续的住房城乡建设主管部门应当将建筑业企业资质证书变更情况告知同级有关部门。 (2)企业更换、遗失补办建筑业企业资质证书。①企业需更换、遗失补办建筑业企业资质证书的,应当持建筑业企业资质证书更换、遗失补办申请等材料向资质许可机关申请办理。资质许可机关应当在2个工作日内办理完毕;②住房和城乡建设部《关于取消部分部门规章和规范性文件设定的证明事项的决定》(建法规〔2019〕6号)规定,建筑业企业资质证书遗失补办,由申请人告知资质许可机关,由资质许可机关在官网发布信息。 (3)企业发生合并、分立、改制的资质办理。《建筑业企业资质管理规定》中规定,企业发生合并、分立、重组以及改制等事项,需承继原建筑业企业资质的,应当申请重新核定建筑业企业资质等级

B13 建造师的基本权利和义务

★高频考点：注册建造师的基本权利和义务

序号	项目	内容	说明
1	基本权利	(1)使用注册建造师名称。 (2)在规定范围内从事执业活动。 (3)在本人执业活动中形成的文件上签字并加盖执业印章。	(1)有关工程施工管理文件,应由注册建造师签字并加盖执业印章。 (2)签署质量合格的文件上必须有注册建造师的签字盖章。

序号	项目	内容	说明
1	基本权利	（4）保管和使用本人注册证书、执业印章。 （5）对本人执业活动进行解释和辩护。 （6）接受继续教育。 （7）获得相应的劳动报酬。 （8）对侵犯本人权利的行为进行申述	（3）分包工程施工管理文件应当由分包企业注册建造师签章。分包企业签署质量合格的文件上，必须由担任总包项目负责人的注册建造师签章。 （4）修改注册建造师签字并加盖执业印章的工程施工管理文件，应征得所在企业同意后，由建造师本人修改；建造师本人不能修改的，应由企业指定同等资格条件的建造师修改，并由其签字并盖执业印章
2	基本义务	（1）遵守法律、法规和有关管理规定，恪守职业道德。 （2）执行技术标准、规范和规程。 （3）保证执业成果的质量，并承担相应责任。 （4）接受继续教育，努力提高执业水准。 （5）保守在执业中知悉的国家秘密和他人的商业、技术等秘密。	不得有下列行为： （1）不按设计图纸施工。 （2）使用不合格建筑材料。 （3）使用不合格设备、建筑构配件。 （4）违反工程质量、安全、环保和用工方面的规定。 （5）在执业过程中，索贿、行贿、受贿或者谋取合同约定费用外的其他不法利益。 （6）签署弄虚作假或在不合格文件上签章的。 （7）以他人名义或允许他人以自己的名义从事执业活动。 （8）同时在两个或者两个以上企业受聘并执业。 （9）超出执业范围和聘用企业业务范围从事执业活动。 （10）未变更注册单位，而在另一家企业从事执业活动。 （11）所负责工程未办理竣工验收或移交手续前，变更注册到另一企业。

序号	项目	内容	说明
2	基本义务	（6）与当事人有利害关系的，应当主动回避。 （7）协助注册管理机关完成相关工作	（12）伪造、涂改、倒卖、出租、出借或以其他形式非法转让资格证书、注册证书和执业印章。 （13）不履行注册建造师义务和法律、法规、规章禁止的其他行为

注：对实际工作单位与注册单位一致，但社会保险缴纳单位与注册单位不一致的人员，以下6类情形，原则上不认定为"挂证"行为：（1）达到法定退休年龄正式退休和依法提前退休的；（2）因事业单位改制等原因保留事业单位身份，实际工作单位为所在事业单位下属企业，社会保险由该事业单位缴纳的；（3）属于大专院校所属勘察设计、工程监理、工程造价单位聘请的本校在职教师或科研人员，社会保险由所在院校缴纳的；（4）属于军队自主择业人员的；（5）因企业改制、征地拆迁等买断社会保险的；（6）有法律法规、国家政策依据的其他情形。

B14 投标人、投标文件的法定要求和投标保证金

★高频考点：投标人

（1）《招标投标法》规定，投标人是响应招标、参加投标竞争的法人或者其他组织。投标人应当具备承担招标项目的能力；国家有关规定对投标人资格条件或者招标文件对投标人资格条件有规定的，投标人应当具备规定的资格条件。

（2）《招标投标法实施条例》规定，投标人参加依法必须进行招标的项目的投标，不受地区或者部门的限制，任何单位和个人不得非法干涉。

（3）与招标人存在利害关系可能影响招标公正性的法人、其他组织或者个人，不得参加投标。单位负责人为同一人或者存在控股、管理关系的不同单位，不得参加同一标段投标或者未划分标段的同一招标项目投标。违反以上规定的，相关投标均无效。

（4）投标人发生合并、分立、破产等重大变化的，应当及时书

面告知招标人。投标人不再具备资格预审文件、招标文件规定的资格条件或者其投标影响招标公正性的，其投标无效。

★高频考点：投标文件相关知识

序号	项目	内容
1	修改与撤回	（1）投标人在招标文件要求提交投标文件的截止时间前，可以补充、修改或者撤回已提交的投标文件，并书面通知招标人。补充、修改的内容为投标文件的组成部分。 （2）投标人撤回已提交的投标文件，应当在投标截止时间前书面通知招标人
2	送达与签收	（1）《招标投标法》规定，投标人应当在招标文件要求提交投标文件的截止时间前，将投标文件送达投标地点。招标人收到投标文件后，应当签收保存，不得开启。投标人少于3个的，招标人应当依法重新招标。在招标文件要求提交投标文件的截止时间后送达的投标文件，招标人应当拒收。 （2）《招标投标法实施条例》规定，未通过资格预审的申请人提交的投标文件，以及逾期送达或者不按照招标文件要求密封的投标文件，招标人应当拒收。招标人应当如实记载投标文件的送达时间和密封情况，并存档备查

注：《建筑工程施工发包与承包计价管理办法》中规定，投标报价不得低于工程成本，不得高于最高投标限价。投标报价应当依据工程量清单、工程计价有关规定、企业定额和市场价格信息等编制。

★高频考点：投标保证金相关知识

（1）《招标投标法实施条例》规定，招标人在招标文件中要求投标人提交投标保证金的，投标保证金不得超过招标项目估算价的2%。投标保证金有效期应当与投标有效期一致。招标人不得挪用投标保证金。

（2）《优化营商环境条例》规定，设立政府性基金、涉企行政事业性收费、涉企保证金，应当有法律、行政法规依据或者经国务院批准。对政府性基金、涉企行政事业性收费、涉企保证金以及实行政府定价的经营服务性收费，实行目录清单管理并向社会公开，目录清单之外的前述收费和保证金一律不得执行。推广以金融机构保函替代现金缴纳涉企保证金。

（3）国务院办公厅《关于清理规范工程建设领域保证金的通知》（国办发〔2016〕49号）中规定，对建筑业企业在工程建设中需缴纳的保证金，除依法依规设立的投标保证金、履约保证金、工程质量保证金、农民工工资保证金外，其他保证金一律取消。

（4）住房和城乡建设部、国家发展和改革委员会、财政部、人力资源和社会保障部、中国人民银行、中国银行保险监督管理委员会《关于加快推进房屋建筑和市政基础设施工程实行工程担保制度的指导意见》（建市〔2019〕68号）规定，加快推行银行保函制度，在有条件的地区推行工程担保公司保函和工程保证保险。严禁任何单位和部门将现金保证金挪作他用，保证金到期应当及时予以退还。

（5）招标人要求中标人提供履约担保的，应当同时向中标人提供工程款支付担保。以银行保函替代工程质量保证金的，银行保函金额不得超过工程价款结算总额的3%。在工程项目竣工前，已经缴纳履约保证金的，建设单位不得同时预留工程质量保证金。农民工工资支付保函全部采用具有见索即付性质的独立保函，并实行差别化管理。

（6）建设单位在办理施工许可时，应当有满足施工需要的资金安排。对于未履行工程款支付责任的建设单位，将其不良行为记入信用记录。

（7）2013年3月国家发展和改革委员会、工业和信息化部、财政部、住房和城乡建设部、交通运输部、铁道部、水利部、国家广播电影电视总局、中国民用航空局经修改后发布的《工程建设项目施工招标投标办法》进一步规定，投标保证金不得超过项目估算价的2%，但最高不得超过80万元人民币。

（8）实行两阶段招标的，招标人要求投标人提交投标保证金的，应当在第二阶段提出。招标人终止招标，已经收取投标保证金的，招标人应当及时退还所收取的投标保证金及银行同期存款利息。投标人撤回已提交的投标文件，招标人已收取投标保证金的，应当自收到投标人书面撤回通知之日起5日内退还。投标截止后投标人撤销投标文件的，招标人可以不退还投标保证金。

（9）招标人最迟应当在书面合同签订后5日内向中标人和未中标的投标人退还投标保证金及银行同期存款利息。

B15 建设工程总承包的规定

★高频考点：建设工程发包和承包的基本规定

序号	项目	内容
1	建设工程发包的基本规定	(1)《建筑法》规定，建筑工程实行招标发包的，发包单位应当将建筑工程发包给依法中标的承包单位。建筑工程实行直接发包的，发包单位应当将建筑工程发包给具有相应资质条件的承包单位。 (2)按照合同约定，建筑材料、建筑构配件和设备由工程承包单位采购的，发包单位不得指定承包单位购入用于工程的建筑材料、建筑构配件和设备或者指定生产厂、供应商。 (3)2019年4月公布的《政府投资条例》规定，政府投资项目所需资金应当按照国家有关规定确保落实到位。政府投资项目不得由施工单位垫资建设。 (4)国务院办公厅《关于全面治理拖欠农民工工资问题的意见》(国办发〔2016〕1号)中规定，在工程建设领域推行工程款支付担保制度，采用经济手段约束建设单位履约行为，预防工程款拖欠。加强对政府投资工程项目的管理，对建设资金来源不落实的政府投资工程项目不予批准。 (5)规范工程款支付和结算行为。全面推行施工过程结算，建设单位应按合同约定的计量周期或工程进度结算并支付工程款。工程竣工验收后，对建设单位未完成竣工结算或未按合同支付工程款且未明确剩余工程款支付计划的，探索建立建设项目抵押偿付制度，有效解决拖欠工程款问题。对长期拖欠工程款结算或拖欠工程款的建设单位，有关部门不得批准其新项目开工建设。 (6)住房和城乡建设部《建筑工程施工发包与承包违法行为认定查处管理办法》(建市规〔2019〕1号)进一步规定，存在下列情形之一的，属于违法发包：①建设单位将工程发包给个人的；②建设单位将工程发包给不具有相应资质的单位的；③依法应当招标未招标或未按照法定招标程序发包的；④建设单位设置不合理的招标投标条件，限制、排斥潜在投标人或者投标人的；⑤建设单位将一个单位工程的施工分解成若干部分发包给不同的施工总承包或专业承包单位的
2	建设工程承包的基本规定	《建筑法》规定，承包建筑工程的单位应当持有依法取得的资质证书，并在其资质等级许可的业务范围内承揽工程。禁止建筑施工企业超越本企业资质等级许可的业务范围或者以任何形式用其他建筑施工企业的名义承揽工程。禁止建筑施工企业以任何形式允许其他单位或者个人使用本企业的资质证书、营业执照，以本企业的名义承揽工程

★高频考点：建设工程总承包的规定

序号	项目	内容
1	基本规定	(1)《建筑法》规定，建筑工程的发包单位可以将建筑工程的勘察、设计、施工、设备采购一并发包给一个工程总承包单位，也可以将建筑工程勘察、设计、施工、设备采购的一项或者多项发包给一个工程总承包单位。 (2)住房和城乡建设部、国家发展和改革委员会《房屋建筑和市政基础设施项目工程总承包管理办法》(建市规〔2019〕12号)规定，本办法所称工程总承包，是指承包单位按照与建设单位签订的合同，对工程设计、采购、施工或者设计、施工等阶段实行总承包，并对工程的质量、安全、工期和造价等全面负责的工程建设组织实施方式
2	工程总承包企业的责任	(1)《建筑法》规定，建筑工程总承包单位按照总承包合同的约定对建设单位负责；分包单位按照分包合同的约定对总承包单位负责。总承包单位和分包单位就分包工程对建设单位承担连带责任。 (2)《建设工程质量管理条例》进一步规定，建设工程实行总承包的，总承包单位应当对全部建设工程质量负责；建设工程勘察、设计、施工、设备采购的一项或者多项实行总承包的，总承包单位应当对其承包的建设工程或者采购的设备的质量负责。 (3)《房屋建筑和市政基础设施项目工程总承包管理办法》规定，工程总承包单位应当对其承包的全部建设工程质量负责，分包单位对其分包工程的质量负责，分包不免除工程总承包单位对其承包的全部建设工程所负的质量责任。工程总承包单位、工程总承包项目经理依法承担质量终身责任。 (4)工程总承包单位对承包范围内工程的安全生产负总责。分包单位应当服从工程总承包单位的安全生产管理，分包单位不服从管理导致生产安全事故的，由分包单位承担主要责任，分包不免除工程总承包单位的安全责任。 (5)工程总承包单位应当依据合同对工期全面负责，对项目总进度和各阶段的进度进行控制管理，确保工程按期竣工。工程保修书由建设单位与工程总承包单位签署，保修期内工程总承包单位应当根据法律法规规定以及合同约定承担保修责任，工程总承包单位不得以其与分包单位之间保修责任划分而拒绝履行保修责任。 (6)工程总承包单位和工程总承包项目经理在设计、施工活动中有转包、违法分包等违法违规行为或者造成工程质量安全事故的，按照法律法规对设计、施工单位及其项目负责人相同违法违规行为的规定追究责任

B16　建筑市场诚信行为的公布和奖惩机制

★高频考点：建筑市场诚信行为的公布

序号	项目	内容
1	时限	(1)基本信息长期公开。 (2)优良信用信息公开期限一般为3年。 (3)不良信用信息公开期限一般为6个月至3年，并不得低于相关行政处罚期限。具体公开期限由不良信用信息的认定部门确定。 (4)省、自治区和直辖市建设行政主管部门负责审查整改结果，对整改确有实效的，由企业提出申请，经批准，可缩短其不良行为记录信息公布期限，但公布期限最短不得少于3个月，同时将整改结果列于相应不良行为记录后，供有关部门和社会公众查询；对于拒不整改或整改不力的单位，信息发布部门可延长其不良行为记录信息公布期限。 (5)《招标投标违法行为记录公告暂行办法》规定，国务院有关行政主管部门和省级人民政府有关行政主管部门应自招标投标违法行为行政处理决定作出之日起20个工作日内对外进行记录公告。违法行为记录公告期限为6个月。依法限制招标投标当事人资质（资格）等方面的行政处理决定，所认定的限制期限长于6个月的，公告期限从其决定
2	范围	(1)不良行为记录除在当地发布外，还将由建设部统一在全国公布，公布期限与地方确定的公布期限相同。通过与工商、税务、纪检、监察、司法、银行等部门建立的信息共享机制，获取的有关建筑市场各方主体不良行为记录的信息，省、自治区、直辖市建设行政主管部门也应在本地区统一公布。 (2)《招标投标违法行为记录公告暂行办法》规定，对招标投标违法行为所作出的以下行政处理决定应给予公告：①警告；②罚款；③没收违法所得；④暂停或者取消招标代理资格；⑤取消在一定时期内参加依法必须进行招标的项目的投标资格；⑥取消担任评标委员会成员的资格；⑦暂停项目执行或追回已拨付资金；⑧暂停安排国家建设资金；⑨暂停建设项目的审查批准；⑩行政主管部门依法作出的其他行政处理决定
3	内容	(1)《建筑市场信用管理暂行办法》规定，各级住房城乡建设主管部门应当完善信用信息公开制度，通过省级建筑市场监管一体化工作平台和全国建筑市场监管公共服务平台，及时公开建筑市场各方主体的信用信息。 (2)公开建筑市场各方主体信用信息不得危及国家安全、公共安全、经济安全和社会稳定，不得泄露国家秘密、商业秘密和个人隐私

序号	项目	内容
4	变更	(1)《建筑市场诚信行为信息管理办法》规定,对发布有误的信息,由发布该信息的省、自治区和直辖市建设行政主管部门进行修正,根据被曝光单位对不良行为的整改情况,调整其信息公布期限,保证信息的准确和有效。 (2)行政处罚决定经行政复议、行政诉讼以及行政执法监督被变更或被撤销,应及时变更或删除该不良记录,并在相应诚信信息平台上予以公布,同时应依法妥善处理相关事宜。 (3)《招标投标违法行为记录公告暂行办法》规定,被公告的招标投标当事人认为公告记录与行政处理决定的相关内容不符的,可向公告部门提出书面更正申请,并提供相关证据。公告部门接到书面申请后,应在5个工作日内进行核对。公告的记录与行政处理决定的相关内容不一致的,应当给予更正并告知申请人;公告的记录与行政处理决定的相关内容一致的,应当告知申请人。公告部门在作出答复前不停止对违法行为记录的公告。 (4)行政处理决定在被行政复议或行政诉讼期间,公告部门依法不停止对违法行为记录的公告,但行政处理决定被依法停止执行的除外。原行政处理决定被依法变更或撤销的,公告部门应当及时对公告记录予以变更或撤销,并在公告平台上予以声明

★高频考点:建筑市场诚信行为的奖惩机制

序号	项目	内容
1	《建筑市场信用管理暂行办法》	县级以上住房城乡建设主管部门按照"谁处罚、谁列入"的原则,将存在下列情形的建筑市场各方主体,列入建筑市场主体"黑名单":①利用虚假材料、以欺骗手段取得企业资质的;②发生转包、出借资质,受到行政处罚的;③发生重大及以上工程质量安全事故,或1年内累计发生2次及以上较大工程质量安全事故,或发生性质恶劣、危害性严重、社会影响大的较大工程质量安全事故,受到行政处罚的;④经法院判决或仲裁机构裁决,认定为拖欠工程款,且拒不履行生效法律文书确定的义务的。各级住房城乡建设主管部门应当将列入建筑市场主体"黑名单"和拖欠农民工工资"黑名单"的建筑市场各方主体作为重点监管对象,在市场准入、资质资格管理、招标投标等方面依法给予限制。各级住房城乡建设主管部门可以将建筑市场主体"黑名单"通报有关部门,实施联合惩戒

序号	项目	内容
2	《建筑业企业资质管理规定》	企业未按照本规定要求提供企业信用档案信息的,由县级以上地方人民政府住房城乡建设主管部门或者其他有关部门给予警告,责令限期改正;逾期未改正的,可处以1000元以上1万元以下的罚款
3	《注册建造师管理规定》	注册建造师或者其聘用单位未按照要求提供注册建造师信用档案信息的,由县级以上地方人民政府建设主管部门或者其他有关部门责令限期改正;逾期未改正的,可处以1000元以上1万元以下的罚款

B17　合同的要约与承诺

★高频考点:要约

序号	项目	内容	说明
1	要约含义	《民法典》规定,要约是希望与他人订立合同的意思表示	发出要约的人称为要约人,接受要约的人称为受要约人。在国际贸易实务中,也称为发盘、发价、报价
2	要约的构成要件	(1)内容具体确定 (2)表明经受要约人承诺,要约人即受该意思表示约束	(1)所谓具体,是指要约的内容须具有足以使合同成立的主要条款。如果没有包含合同的主要条款,受要约人难以作出承诺,即使作出了承诺,也会因为双方的这种合意不具备合同的主要条款而使合同不能成立。所谓确定,是指要约的内容须明确,不能含糊不清,否则无法承诺 (2)要约须具有订立合同的意图,表明一经受要约人承诺,要约人即受该意思表示的约束。要约作为表达希望与他人订立合同的一种意思表达,其内容已经包含了可以得到履行的合同成立所需要具备的基本条件

序号	项目	内容	说明
3	要约邀请	《民法典》规定,要约邀请是希望他人向自己发出要约的表示。拍卖公告、招标公告、招股说明书、债券募集办法、基金招募说明书、商业广告和宣传、寄送的价目表等为要约邀请。商业广告和宣传的内容符合要约条件的,构成要约	要约邀请可以是向特定人发出,也可以是向不特定的人发出。要约邀请只是邀请他人向自己发出要约,只有自己承诺才成立合同。因此,要约邀请处于合同的准备阶段,没有法律约束力。在建设工程招标投标活动中,招标文件是要约邀请,对招标人不具有法律约束力;投标文件是要约,应受自己作出的与他人订立合同的意思表示的约束
4	要约的法律效力	(1)《民法典》规定,要约生效的时间适用本法第137条的规定。该法第137条规定,以对话方式作出的意思表示,相对人知道其内容时生效。以非对话方式作出的意思表示,到达相对人时生效。以非对话方式作出的采用数据电文形式的意思表示,相对人指定特定系统接收数据电文的,该数据电文进入该特定系统时生效;未指定特定系统的,相对人知道或者应当知道该数据电文进入其系统时生效。当事人对采用数据电文形式的意思表示的生效时间另有约定的,按照其约定。 (2)要约的有效期间由要约人在要约中规定。要约人如果在要约中定有存续期间,受要约人必须在此期间内承诺。要约可以撤回,按照《民法典》的规定,行为人可以撤回意思表示。撤回意思表示的通知应当在意思表示到达相对人前或者与意思表示同时到达相对人	有下列情形之一的,要约不得撤销:①要约人以确定承诺期限或者其他形式明示要约不可撤销;②受要约人有理由认为要约是不可撤销的,并已经为履行合同作了合理准备工作

★高频考点:承诺

序号	项目	内容
1	承诺含义	《民法典》规定,承诺是受要约人同意要约的意思表示。如招标人向投标人发出的中标通知书,是承诺
2	承诺的方式	承诺应当以通知的方式作出;但是,根据交易习惯或者要约表明可以通过行为作出承诺的除外。这里的行为通常是履行行为,如预付价款、工地上开始工作等
3	承诺的生效	《民法典》规定,承诺生效时合同成立,但是法律另有规定或者当事人另有约定的除外。以通知方式作出的承诺,生效的时间适用《民法典》第137条的规定。承诺不需要通知的,根据交易习惯或者要约的要求作出承诺的行为时生效
4	承诺的内容	承诺的内容应当与要约的内容一致。受要约人对要约的内容作出实质性变更的,为新要约。有关合同标的、数量、质量、价款或者报酬、履行期限、履行地点和方式、违约责任和解决争议方法等的变更,是对要约内容的实质性变更

B18 承揽合同的法律规定

★高频考点:承揽合同当事人的权利义务

序号	项目	内容	说明
1	承揽人的义务(即定作人的权利)	按照合同约定完成承揽工作的义务	承揽人应当按照合同的约定,按时、按质、按量等完成工作
		材料检验的义务	(1)应按照约定选用材料,并接受定作人检验。(2)承揽人对定作人提供的材料应当及时检验,不符合时,应及时通知定作人更换、补齐。(3)承揽人不得擅自更换定作人提供的材料,不得更换不需要修理的零部件
		通知和保密的义务	(1)承揽人发现定作人提供的图纸或者技术要求不合理的,应及时通知定作人。(2)承揽人应保守秘密。(3)未经定作人许可不得留存复制品或者技术资料

序号	项目	内容	说明
1	承揽人的义务（即定作人的权利）	接受监督检查和妥善保管工作成果等的义务	（1）承揽人在工作期间应接受定作人必要的监督检验。 （2）承揽人应当妥善保管定作人提供的材料以及完成的工作成果，保管不善造成毁损、灭失的，应承担赔偿责任
		交付符合质量要求工作成果的义务	（1）工作成果不符合质量要求的，定作人可以合理选择请求承揽人修理、重作、减少报酬、赔偿损失等。 （2）共同承揽人对定作人承担连带责任，但是当事人另有约定的除外
2	定作人的义务（即承揽人的权利）	按照约定提供材料和协助承揽人完成工作的义务	（1）应当按照约定提供材料。 （2）定作人有协助的义务
		支付报酬的义务	（1）定作人应当按照约定的期限支付报酬。对支付报酬的期限没有约定或者约定不明确的，可以协议补充；不能达成补充协议的，按照合同相关条款或者交易习惯确定。对于不能达成补充协议，也不能按照合同相关条款或者交易习惯确定的，定作人应当在承揽人交付工作成果时支付；工作成果部分交付的，定作人应当相应支付。 （2）定作人未向承揽人支付报酬或者材料费等价款的，承揽人对完成的工作成果享有留置权或者有权拒绝交付，但是当事人另有约定的除外
		依法赔偿损失的义务	（1）定作人中途变更承揽工作的要求，造成承揽人损失的，应当赔偿损失。

序号	项目	内容	说明
2	定作人的义务（即承揽人的权利）	依法赔偿损失的义务	（2）承揽人发现定作人提供的图纸或者技术要求不合理的,应当及时通知定作人。因定作人怠于答复等原因造成承揽人损失的,定作人应当赔偿损失。 （3）承揽人在完成工作过程中造成第三人损害或者自己损害的,定作人不承担侵权责任。但是,定作人对定作、指示或者选任有过错的,应当承担相应的责任
		验收工作成果的义务	承揽人完成工作向定作人交付工作成果,并提交了必要的技术资料和有关质量证明的,定作人应当验收该工作成果

★高频考点：承揽合同的解除

序号	项目	内容
1	承揽人的法定解除权	定作人不履行协助义务致使承揽工作不能完成的,承揽人可以催告定作人在合理期限内履行义务,并可以顺延履行期限;定作人逾期不履行的,承揽人可以依法解除合同
2	定作人的法定解除权	承揽人将其承揽的主要工作交由第三人完成的,应当就该第三人完成的工作成果向定作人负责;未经定作人同意的,定作人也可以解除合同
3	定作人的法定任意解除权	定作人在承揽人完成工作前可以随时解除承揽合同,造成承揽人损失的,应当赔偿损失

注：《民法典》规定,当事人协商一致,可以解除合同。当事人一方解除合同的,只限于两种情况：一是发生不可抗力致使合同目的无法实现；二是对方当事人严重违约。除此之外,当事人擅自解除合同的,应当承担违约责任。但在承揽合同中,定作人除了享有上述法定的解除权外,还享有在承揽人完成工作前随时解除合同的权利。这是由承揽合同的性质所决定。因为,承揽合同是定作人为了满足其特殊需求而订立,承揽人是根据定作人的指示进行工作,如果定作人于合同成立后,承揽人完成工作前由于种种原因不再需要承揽人完成工作的,允许定作人解除合同。但是,定作人解除合同的前提是赔偿承揽人的损失。

B19　买卖合同的法律规定

★高频考点：买卖合同的法律特征

（1）在买卖合同中，取得标的物所有权的一方称为买受人，转移标的物并取得价款的一方称为出卖人。

（2）买卖合同具有以下法律特征：

① 买卖合同是一种转移财产所有权的合同。

② 买卖合同是有偿合同。

③ 买卖合同是双务合同。

④ 买卖合同是诺成合同。

★高频考点：出卖人的主要义务

序号	项目	内容	说明
1	按照合同约定交付标的物的义务	（1）向买受人交付标的物或者交付提取标的物的单证及其他单证	出卖人应当履行向买受人交付标的物或者交付提取标的物的单证，并转移标的物所有权的义务
		（2）标的物交付的电子信息产品不是有形载体时	标的物为无需以有形载体交付的电子信息产品，当事人对交付方式约定不明确，且依照《民法典》第510条的规定仍不能确定的，买受人收到约定的电子信息产品或者权利凭证即为交付
		（3）出卖人多交标的物的，买受人可以接收或者拒绝接收多交的部分	买受人接收多交部分的，按照约定的价格支付价款；买受人拒绝接收多交部分的，应当及时通知出卖人
		（4）按照约定的时间交付标的物	约定交付期间的，出卖人可以在该交付期间内的任何时间交付。当事人没有约定标的物的交付期限或者约定不明确的，可以协议补充；不能达成补充协议的，按照合同相关条款或者交易习惯确定。对于不能达成补充协议，也不能按照合同相关条款或者交易习惯确定的，债务人可以随时履行，债权人也可以随时请求履行，但是应当给对方必要的准备时间

序号	项目	内容	说明
1	按照合同约定交付标的物的义务	(5)出卖人应当按照约定的地点交付标的物	当事人没有约定交付地点或者约定不明确,可以协议补充;不能达成补充协议的,按照合同相关条款或者交易习惯确定。对于不能达成补充协议,也不能按照合同相关条款或者交易习惯确定的,适用下列规定:①标的物需要运输的,出卖人应当将标的物交付给第一承运人以运交给买受人;②标的物不需要运输,出卖人和买受人订立合同时知道标的物在某一地点的,出卖人应当在该地点交付标的物;不知道标的物在某一地点的,应当在出卖人订立合同时的营业地交付标的物
		(6)出卖人应当按照约定的质量要求交付标的物	①出卖人提供有关标的物质量说明的,交付的标的物应当符合该说明的质量要求。当事人对标的物的质量要求没有约定或者约定不明确,可以协议补充;不能达成补充协议的,按照合同相关条款或者交易习惯确定。对于不能达成补充协议,也不能按照合同相关条款或者交易习惯确定的,按照强制性国家标准履行;没有强制性国家标准的,按照推荐性国家标准履行;没有推荐性国家标准的,按照行业标准履行;没有国家标准、行业标准的,按照通常标准或者符合合同目的的特定标准履行。②出卖人交付的标的物不符合质量要求的,应当按照当事人的约定承担违约责任。对违约责任没有约定或者约定不明确,可以协议补充;不能达成补充协议的,按照合同相关条款或者交易习惯确定。对于不能达成补充协议,也不能按照合同相关条款或者交易习惯确定的,受损害方根据标的的性质以及损失的大小,可以合理选择请求对方承担修理、重作、更换、退货、减少价款或者报酬等违约责任

序号	项目	内容	说明
1	按照合同约定交付标的物的义务	（7）出卖人应当按照约定的包装方式交付标的物	对包装方式没有约定或者约定不明确，可以协议补充；不能达成补充协议的，按照合同相关条款或者交易习惯确定。对于不能达成补充协议，也不能按照合同相关条款或者交易习惯确定的，应当按照通用的方式包装，没有通用方式的，应当采取足以保护标的物且有利于节约资源、保护生态环境的包装方式
2	转移标的物所有权的义务	转移标的物的所有权	出卖人应当履行向买受人交付标的物或者交付提取标的物的单证，并转移标的物所有权的义务
3	瑕疵担保义务	（1）权利瑕疵担保义务	①出卖人就交付的标的物负有保证第三人对该标的物不享有任何权利的义务，但是法律另有规定的除外。 ②如果出卖人对于出卖的标的物没有所有权或处分权，或者没有完全的所有权或处分权，或者其处分涉及第三人的物权、知识产权等权益，则称其标的物存在权利瑕疵，出卖人因此应当承担权利瑕疵担保责任。但是，买受人订立合同时知道或者应当知道第三人对买卖的标的物享有权利的，出卖人不承担《民法典》规定的义务。买受人有确切证据证明第三人对标的物享有权利的，可以中止支付相应的价款，但是出卖人提供适当担保的除外
		（2）标的物的瑕疵担保义务	出卖人就其所交付的标的物负担品质担保义务

注：通用解决方式为：首先，没有约定或者约定不明确，可以协议补充；其次，不能达成补充协议的，按照合同相关条款或者交易习惯确定；第三，对于不能达成补充协议，也不能按照合同相关条款或者交易习惯确定的，再按照说明解决。

★高频考点：买受人的主要义务

序号	项目	内容	说明
1	支付价款的义务	（1）买受人应当按照约定的数额和支付方式支付价款	①通用解决方式穷尽后，按照订立合同时履行地的市场价格履行；依法应当执行政府定价或者政府指导价的，按照规定履行。 ②执行政府定价或者政府指导价的，在合同约定的交付期限内政府价格调整时，依照交付时的价格计价。 ③逾期交付标的物，遇价格上涨时，按照原价格执行；价格下降时，按照新价格执行。逾期提取标的物或者逾期付款的，遇价格上涨时，按照新价格执行；价格下降时，按照原价格执行（对违约人不利的价格）
		（2）买受人应当按照约定的地点支付价款	通用解决方式穷尽后，买受人应当在出卖人的营业地支付
		（3）买受人应当按照约定的时间支付价款	通用解决方式穷尽后，买受人应当在收到标的物或者提取标的物单证的同时支付
2	受领标的物的义务	买受人应当按照约定接受买卖标的物及其有关权利和单证	①没有正当理由拒不受领，致使标的物毁损灭失的风险由买受人承担。 ②出卖人多交标的物的，买受人可以接收或者拒绝接收多交的部分。 ③买受人拒绝接收多交部分的，应及时通知出卖人。 ④买受人接收多交部分的，按照约定的价格支付价款
3	对标的物进行检验和及时通知的义务	买受人收到标的物时应当在约定的检验期限内检验	①买受人收到标的物时应当在约定的检验期限内检验。没有约定检验期限的，应当及时检验。当事人约定检验期限的，买受人应当在检验期限内将标的物的数量或者质量不符合约定的情形通知出卖人。买受人怠于通知的，视为标的物的数量或者质量符合约定。

序号	项目	内容	说明
3	对标的物进行检验和及时通知的义务	买受人收到标的物时应当在约定的检验期限内检验	②当事人没有约定检验期限的,买受人应当在发现或者应当发现标的物的数量或者质量不符合约定的合理期限内通知出卖人。买受人在合理期限内未通知或者自收到标的物之日起2年内未通知出卖人的,视为标的物的数量或者质量符合约定,但是,对标的物有质量保证期的,适用质量保证期,不适用该2年的规定。出卖人知道或者应当知道提供的标的物不符合约定的,买受人通知出卖人的时限不受上述检验期间、合理通知时间的限制。 ③当事人对检验期限未作约定,买受人签收的送货单、确认单等载明标的物数量、型号、规格的,推定买受人已经对数量和外观瑕疵进行检验,但是有相关证据足以推翻的除外

注:当事人可以在买卖合同中约定买受人未履行支付价款或者其他义务的,标的物的所有权属于出卖人。出卖人对标的物保留的所有权,未经登记,不得对抗善意第三人。

★高频考点:交付的方式

序号	交付方式	含义
1	现实交付	标的物由出卖人直接交付给买受人
2	简易交付	订立合同之前标的物已为买受人占有,合同生效即为完成交付
3	占有改定	买卖双方特别约定,合同生效后标的物仍然由出卖人继续占有,但所有权在法律上已经转移
4	指示交付	合同成立时,标的物为第三人合法占有,买受人取得了返还标的物请求权
5	拟制交付	出卖人将标的物的权利凭证(如仓单、提单)交给买受人,以代替标的物的现实交付

★高频考点：标的物毁损灭失风险的承担

序号	项目	内容
1	一般规定	（1）标的物交付之前由出卖人承担，交付之后由买受人承担。 （2）买受人违约的，自违反约定时起承担标的物毁损灭失的风险
2	出卖人出卖交由承运人运输的在途标的物	（1）自合同成立时起由买受人承担。出卖人按照约定将标的物送至买受人指定地点并交付给承运人后，标的物毁损灭失的风险由买受人承担。 （2）但在合同成立时出卖人知道或者应当知道标的物已经毁损灭失却未告知买受人的，出卖人应当承担该风险
3	对于需要运输的标的物，当事人没有约定交付地点或者约定不明确	（1）标的物交付给第一承运人后，风险由买受人承担。 （2）出卖人按照约定或者依据规定将标的物置于交付地点，买受人违反约定没有收取的，标的物毁损灭失的风险自违反约定时起由买受人承担
4	当事人对风险负担没有约定，标的物为种类物	出卖人未以装运单据、加盖标记、通知买受人等可识别的方式清楚地将标的物特定于买卖合同，买受人不负担该风险
5	出卖人按照约定未交付有关标的物的单证和资料	不影响风险的转移
6	标的物质量不符合质量要求，致使不能实现合同目的的	（1）买受人可以拒绝接受标的物或者解除合同。 （2）买受人拒绝接受标的物或者解除合同的，风险由出卖人承担

注：标的物毁损灭失的风险由买受人承担的，不影响因出卖人履行义务不符合约定，买受人请求其承担违约责任的权利。

★高频考点：孳息的归属和买卖合同的解除

序号	项目	内容
1	孳息的归属	交付之前归出卖人所有，交付之后归买受人所有。但是，当事人另有约定的除外

序号	项目	内容
2	买卖合同的解除	（1）主物不符合约定而解除合同的，效力及于从物。从物不符合约定被解除的，效力不及于主物。 （2）标的物为数物，其中一物不符合约定的，买受人可以就该物解除，但是，该物与他物分离使标的物的价值显受损害，买受人可以就数物解除合同。 （3）出卖人分批交付标的物的，出卖人对其中一批标的物不交付或者交付不符合约定，致使该批标的物不能实现合同目的的，买受人可以就该批标的物解除。 （4）出卖人不交付其中一批标的物或者交付不符合约定，致使之后其他各批标的物的交付不能实现合同目的的，买受人可以就该批以及之后其他各批标的物解除。 （5）买受人如果就其中一批标的物解除，该批标的物与其他各批标的物相互依存的，可以就已经交付和未交付的各批标的物解除。 （6）分期付款的买受人未支付到期价款的数额达到全部价款的五分之一，经催告后在合理期限内仍未支付到期价款的，出卖人可以请求买受人支付全部价款或者解除合同。出卖人解除合同的，可以向买受人请求支付该标的物的使用费

★高频考点：特殊买卖合同的规定

序号	项目	内容
1	凭样品买卖	（1）凭样品买卖的当事人应封存样品。 （2）交付的标的物应当与样品及其说明的质量相同。 （3）买受人不知道样品有隐蔽瑕疵的，即使表明相同，出卖人仍应以符合同种物的通常标准交付
2	试用买卖	（1）试用买卖的当事人可以约定标的物的试用期限。对试用期限没有约定或者约定不明确的，可以协议补充；不能达成补充协议的，按照合同相关条款或者交易习惯确定。对于不能达成补充协议，也不能按照合同相关条款或者交易习惯确定的，由出卖人确定。 （2）试用买卖的买受人在试用期内可以购买标的物，也可以拒绝购买。 （3）试用期限届满，买受人对是否购买标的物未作表示的，视为购买。 （4）试用买卖的买受人在试用期内已经支付部分价款或者对标的物实施出卖、出租、设立担保物权等行为的，视为同意购买。 （5）标的物在试用期内毁损灭失的风险由出卖人承担

序号	项目	内容
3	招标投标买卖	投标人编制标书参与竞买或竞卖,招标人根据评标报告确定中标人的特殊买卖形式
4	拍卖	以公开竞价的方式,将标的物出售给应价最高的竞买人的买卖方式
5	易货买卖	一方交付给对方的货物,即是自己取得对方货物支付的特殊对价

B20 施工现场固体废物污染环境防治的规定

★高频考点：施工现场固体废物污染环境的防治

序号	项目	内容
1	一般固体废物污染环境的防治	(1)任何单位和个人都应当采取措施,减少固体废物的产生量,促进固体废物的综合利用,降低固体废物的危害性。 (2)产生、收集、贮存、运输、利用、处置固体废物的单位和其他生产经营者,应当采取防扬散、防流失、防渗漏或者其他防止污染环境的措施,不得擅自倾倒、堆放、丢弃、遗撒固体废物。禁止任何单位或者个人向江河、湖泊、运河、渠道、水库及其最高水位线以下的滩地和岸坡以及法律法规规定的其他地点倾倒、堆放、贮存固体废物。 (3)转移固体废物出省、自治区、直辖市行政区域贮存、处置的,应当向固体废物移出地的省、自治区、直辖市人民政府生态环境主管部门提出申请。移出地的省、自治区、直辖市人民政府生态环境主管部门应当及时商经接受地的省、自治区、直辖市人民政府生态环境主管部门同意后,在规定期限内批准转移该固体废物出省、自治区、直辖市行政区域。未经批准的,不得转移。 (4)《城市建筑垃圾管理规定》规定,施工单位不得将建筑垃圾交给个人或者未经核准从事建筑垃圾运输的单位运输。处置建筑垃圾的单位在运输建筑垃圾时,应当随车携带建筑垃圾处置核准文件,按照城市人民政府有关部门规定的运输路线、时间运行,不得丢弃、遗撒建筑垃圾,不得超出核准范围承运建筑垃圾
2	危险废物污染环境防治的特别规定	(1)对危险废物的容器和包装物以及收集、贮存、运输、利用、处置危险废物的设施、场所,应当按照规定设置危险废物识别标志。从事收集、贮存、利用、处置危险废物经营活动的单位,应当按照国家有关规定申请领取许可证。

序号	项目	内容
2	危险废物污染环境防治的特别规定	（2）禁止将危险废物提供或者委托给无许可证的单位或者其他生产经营者从事收集、贮存、利用、处置活动。运输危险废物,应当采取防止污染环境的措施,并遵守国家有关危险货物运输管理的规定。禁止将危险废物与旅客在同一运输工具上载运。 （3）收集、贮存、运输、利用、处置危险废物的场所、设施、设备和容器、包装物及其他物品转作他用时,应当按照国家有关规定经过消除污染处理,方可使用。 （4）产生、收集、贮存、运输、利用、处置危险废物的单位,应当依法制定意外事故的防范措施和应急预案,并向所在地生态环境主管部门和其他负有固体废物污染环境防治监督管理职责的部门备案。生态环境主管部门和其他负有固体废物污染环境防治监督管理职责的部门应当进行检查。 （5）因发生事故或者其他突发性事件,造成危险废物严重污染环境的单位,应当立即采取有效措施消除或者减轻对环境的污染危害,及时通报可能受到污染危害的单位和居民,并向所在地生态环境主管部门和有关部门报告,接受调查处理
3	施工现场固体废物的减量化和回收再利用	（1）施工现场的固体废物主要是建筑垃圾和生活垃圾。建筑垃圾,是指建设单位、施工单位新建、改建、扩建和拆除各类建筑物、构筑物、管网等,以及居民装饰装修房屋过程中产生的弃土、弃料和其他固体废物。生活垃圾,是指在日常生活中或者为日常生活提供服务的活动中产生的固体废物,以及法律、行政法规规定视为生活垃圾的固体废物。 （2）施工单位应建立建筑垃圾分类收集与存放管理制度,实行分类收集、分类存放、分类处置。鼓励以末端处置为导向对建筑垃圾进行细化分类。严禁将危险废物和生活垃圾混入建筑垃圾。 （3）施工单位应实时统计并监控建筑垃圾产生量,及时采取针对性措施降低建筑垃圾排放量。鼓励采用现场泥沙分离、泥浆脱水预处理等工艺,减少工程渣土和工程泥浆排放。 （4）施工单位应充分利用混凝土、钢筋、模板、珍珠岩保温材料等余料,在满足质量要求的前提下,根据实际需求加工制作成各类工程材料,实行循环利用。施工现场不具备就地利用条件的,应按规定及时转运到建筑垃圾处置场所进行资源化处置和再利用。 （5）加强建筑垃圾的回收再利用,力争建筑垃圾的再利用和回收率达到30%,建筑物拆除产生的废弃物的再利用和回收率大于40%。对于碎石类、土石方类建筑垃圾,可采用地基填埋、铺路等方式提高再利用率,力争再利用率大于50%

★高频考点：建设项目固体废物污染环境的防治

(1)《固体废物污染环境防治法》规定，建设产生、贮存、利用、处置固体废物的项目，应当依法进行环境影响评价，并遵守国家有关建设项目环境保护管理的规定。

(2) 建设项目的环境影响评价文件确定需要配套建设的固体废物污染环境防治设施，应当与主体工程同时设计、同时施工、同时投入使用。

B21　受法律保护的文物范围

★高频考点：国家保护文物的范围和水下文物的保护范围

序号	项目	内容	说明
1	国家保护文物的范围	在中华人民共和国境内，下列文物受国家保护： (1) 具有历史、艺术、科学价值的古文化遗址、古墓葬、古建筑、石窟寺和石刻、壁画。 (2) 与重大历史事件、革命运动或者著名人物有关的以及具有重要纪念意义、教育意义或者史料价值的近代现代重要史迹、实物、代表性建筑。 (3) 历史上各时代珍贵的艺术品、工艺美术品。 (4) 历史上各时代重要的文献资料以及具有历史、艺术、科学价值的手稿和图书资料等。 (5) 反映历史上各时代、各民族社会制度、社会生产、社会生活的代表性实物	具有科学价值的古脊椎动物化石和古人类化石同文物一样受国家保护
2	水下文物的保护范围	水下文物是指遗存于下列水域的具有历史、艺术和科学价值的人类文化遗产： (1) 遗存于中国内水、领海内的一切起源于中国的、起源国不明的和起源于外国的文物。	以上规定内容不包括1911年以后的与重大历史事件、革命运动以及著名人物无关的水下遗存

序号	项目	内容	说明
2	水下文物的保护范围	（2）遗存于中国领海以外依照中国法律由中国管辖的其他海域内的起源于中国的和起源国不明的文物 （3）遗存于外国领海以外的其他管辖海域以及公海区域内的起源于中国的文物	以上规定内容不包括1911年以后的与重大历史事件、革命运动以及著名人物无关的水下遗存

注：1.《文物保护法》规定，古文化遗址、古墓葬、古建筑、石窟寺、石刻、壁画、近代现代重要史迹和代表性建筑等不可移动文物，根据它们的历史、艺术、科学价值，可以分别确定为全国重点文物保护单位，省级文物保护单位，市、县级文物保护单位。
2. 历史上各时代重要实物、艺术品、文献、手稿、图书资料、代表性实物等可移动文物，分为珍贵文物和一般文物；珍贵文物分为一级文物、二级文物、三级文物。

★高频考点：属于国家所有的文物范围

序号	项目	内容
1	一般规定	中华人民共和国境内地下、内水和领海中遗存的一切文物，属于国家所有。国有文物所有权受法律保护，不容侵犯
2	属于国家所有的不可移动文物范围	（1）古文化遗址、古墓葬、石窟寺属于国家所有。国家指定保护的纪念建筑物、古建筑、石刻、壁画、近代现代代表性建筑等不可移动文物，除国家另有规定的以外，属于国家所有。 （2）国有不可移动文物的所有权不因其所依附的土地所有权或者使用权的改变而改变
3	属于国家所有的可移动文物范围	属于国家所有的可移动文物的所有权不因其保管、收藏单位的终止或者变更而改变。下列可移动文物，属于国家所有： （1）中国境内出土的文物，国家另有规定的除外。 （2）国有文物收藏单位以及其他国家机关、部队和国有企业、事业组织等收藏、保管的文物。 （3）国家征集、购买的文物。 （4）公民、法人和其他组织捐赠给国家的文物。 （5）法律规定属于国家所有的其他文物

序号	项目	内容
4	属于国家所有的水下文物范围	（1）遗存于中国内水、领海内的一切起源于中国的、起源国不明的和起源于外国的文物，以及遗存于中国领海以外依照中国法律由中国管辖的其他海域内的起源于中国的和起源国不明的文物，属于国家所有，国家对其行使管辖权。 （2）遗存于外国领海以外的其他管辖海域以及公海区域内的起源于中国的文物，国家享有辨认器物物主的权利

注：《文物保护法》规定，属于集体所有和私人所有的纪念建筑物、古建筑和祖传文物以及依法取得的其他文物，其所有权受法律保护。文物的所有者必须遵守国家有关文物保护的法律、法规的规定。

B22 在文物保护单位保护范围和建设控制地带施工的规定

★高频考点：文物保护单位和历史文化名城名镇名村的保护

序号	项目	内容
1	文物保护单位的保护范围	（1）文物保护单位的保护范围，是指对文物保护单位本体及周围一定范围实施重点保护的区域。文物保护单位的保护范围，应当根据文物保护单位的类别、规模、内容以及周围环境的历史和现实情况合理划定，并在文物保护单位本体之外保持一定的安全距离，确保文物保护单位的真实性和完整性。 （2）全国重点文物保护单位和省级文物保护单位自核定公布之日起1年内，由省、自治区、直辖市人民政府划定必要的保护范围，作出标志说明，建立记录档案，设置专门机构或者指定专人负责管理。 （3）设区的市、自治州级和县级文物保护单位自核定公布之日起1年内，由核定公布该文物保护单位的人民政府划定保护范围，作出标志说明，建立记录档案，设置专门机构或者指定专人负责管理。 （4）文物保护单位的标志说明，应当包括文物保护单位的级别、名称、公布机关、公布日期、立标机关、立标日期等内容。民族自治地区的文物保护单位的标志说明，应当同时用规范汉字和当地通用的少数民族文字书写

序号	项目	内容
2	文物保护单位的建设控制地带	（1）文物保护单位的建设控制地带，是指在文物保护单位的保护范围外，为保护文物保护单位的安全、环境、历史风貌对建设项目加以限制的区域。文物保护单位的建设控制地带，应当根据文物保护单位的类别、规模、内容以及周围环境的历史和现实情况合理划定。 （2）全国重点文物保护单位的建设控制地带，经省、自治区、直辖市人民政府批准，由省、自治区、直辖市人民政府的文物行政主管部门会同城乡规划行政主管部门划定并公布。 （3）省级、设区的市、自治州级和县级文物保护单位的建设控制地带，经省、自治区、直辖市人民政府批准，由核定公布该文物保护单位的人民政府的文物行政主管部门会同城乡规划行政主管部门划定并公布
3	历史文化名城、名镇、名村的保护	（1）保存文物特别丰富并具有重大历史价值或者革命纪念意义的城市，由国务院核定公布为历史文化名城。 （2）保存文物特别丰富并具有重大历史价值或者革命纪念意义的城镇、街道、村庄，由省、自治区、直辖市人民政府核定公布为历史文化街区、村镇，并报国务院备案。 （3）具备下列条件的城市、镇、村庄，可以申报历史文化名城、名镇、名村：①保存文物特别丰富；②历史建筑集中成片；③保留着传统格局和历史风貌；④历史上曾经作为政治、经济、文化、交通中心或者军事要地，或者发生过重要历史事件，或者其传统产业、历史上建设的重大工程对本地区的发展产生过重要影响，或者能够集中反映本地区建筑的文化特色、民族特色

★高频考点：在文物保护单位保护范围和建设控制地带施工的规定

序号	项目	内容
1	承担文物保护单位的修缮、迁移、重建工程的单位应当具有相应的资质证书	（1）《文物保护法实施条例》规定，承担文物保护单位的修缮、迁移、重建工程的单位，应当同时取得文物行政主管部门发给的相应等级的文物保护工程资质证书和建设行政主管部门发给的相应等级的资质证书。其中，不涉及建筑活动的文物保护单位的修缮、迁移、重建，应当由取得文物行政主管部门发给的相应等级的文物保护工程资质证书的单位承担。 （2）申领文物保护工程资质证书，应当具备下列条件：①有取得文物博物专业技术职务的人员；②有从事文物保护工程所需的技术设备；③法律、行政法规规定的其他条件。

序号	项目	内容
1	承担文物保护单位的修缮、迁移、重建工程的单位应当具有相应的资质证书	(3)申领文物保护工程资质证书,应当向省、自治区、直辖市人民政府文物行政主管部门或者国务院文物行政主管部门提出申请。省、自治区、直辖市人民政府文物行政主管部门或国务院文物行政主管部门应当自收到申请之日起30个工作日内作出批准或者不批准的决定。决定批准的,发给相应等级的文物保护工程资质证书;决定不批准的,应当书面通知当事人并说明理由
2	在历史文化名城名镇名村保护范围内从事建设活动的相关规定	(1)《历史文化名城名镇名村保护条例》规定,在历史文化名城、名镇、名村保护范围内禁止进行下列活动:①开山、采石、开矿等破坏传统格局和历史风貌的活动;②占用保护规划确定保留的园林绿地、河湖水系、道路等;③修建生产、储存爆炸性、易燃性、放射性、毒害性、腐蚀性物品的工厂、仓库等;④在历史建筑上刻划、涂污。 (2)在历史文化名城、名镇、名村保护范围内进行下列活动,应当保护其传统格局、历史风貌和历史建筑;制订保护方案,并依照有关法律、法规的规定办理相关手续:①改变园林绿地、河湖水系等自然状态的活动;②在核心保护范围内进行影视摄制,举办大型群众性活动;③其他影响传统格局、历史风貌或者历史建筑的活动。(《历史文化名城名镇名村保护条例》第25条) (3)在历史文化街区、名镇、名村核心保护范围内,不得进行新建、扩建活动。但是,新建、扩建必要的基础设施和公共服务设施除外。 (4)在历史文化街区、名镇、名村核心保护范围内,拆除历史建筑以外的建筑物、构筑物或者其他设施的,应当经城市、县人民政府城乡规划主管部门会同级文物主管部门批准。 (5)任何单位或者个人不得损坏或者擅自迁移、拆除历史建筑
3	在文物保护单位保护范围和建设控制地带内从事建设活动的相关规定	(1)《文物保护法》规定,文物保护单位的保护范围内不得进行其他建设工程或者爆破、钻探、挖掘等作业。但是,因特殊情况需要在文物保护单位的保护范围内进行其他建设工程或者爆破、钻探、挖掘等作业的,必须保证文物保护单位的安全,并经核定公布该文物保护单位的人民政府批准,在批准前应当得上一级人民政府文物行政部门同意;在全国重点文物保护单位的保护范围内进行其他建设工程或者爆破、钻探、挖掘等作业的,必须经省、自治区、直辖市人民政府批准,在批准前应当征得国务院文物行政部门同意。 (2)在文物保护单位的建设控制地带内进行建设工程,不得破坏文物保护单位的历史风貌;工程设计方案应当根据文物保护单位的级别,经相应的文物行政部门同意后,报城乡建设规划部门批准

B23　安全生产许可证违法行为应承担的法律责任

★高频考点：安全生产许可证违法行为应承担的主要法律责任

序号	违法行为	法律责任
1	未取得安全生产许可证擅自从事施工活动应承担的法律责任	《安全生产许可证条例》规定，未取得安全生产许可证擅自进行生产的，责令停止生产，没收违法所得，并处10万元以上50万元以下的罚款；造成重大事故或者其他严重后果，构成犯罪的，依法追究刑事责任
2	安全生产许可证有效期满未办理延期手续继续从事施工活动应承担的法律责任	《安全生产许可证条例》规定，安全生产许可证有效期满未办理延期手续，继续进行生产的，责令停止生产，限期补办延期手续，没收违法所得，并处5万元以上10万元以下的罚款；逾期仍不办理延期手续，继续进行生产的，依照未取得安全生产许可证擅自进行生产的规定处罚
3	转让安全生产许可证等应承担的法律责任	《安全生产许可证条例》规定，转让安全生产许可证的，没收违法所得，处10万元以上50万元以下的罚款，并吊销其安全生产许可证；构成犯罪的，依法追究刑事责任；接受转让的，依照未取得安全生产许可证擅自进行生产的规定处罚。冒用安全生产许可证或者使用伪造的安全生产许可证的，依照未取得安全生产许可证擅自进行生产的规定处罚
4	以不正当手段取得安全生产许可证应承担的法律责任	(1)《建筑施工企业安全生产许可证管理规定》中规定，建筑施工企业隐瞒有关情况或者提供虚假材料申请安全生产许可证的，不予受理或者不予颁发安全生产许可证，并给予警告，1年内不得申请安全生产许可证。 (2)建筑施工企业以欺骗、贿赂等不正当手段取得安全生产许可证的，撤销安全生产许可证，3年内不得再次申请安全生产许可证；构成犯罪的，依法追究刑事责任
5	暂扣安全生产许可证并限期整改的规定	(1)《建筑施工企业安全生产许可证管理规定》中规定，取得安全生产许可证的建筑施工企业，发生重大安全事故的，暂扣安全生产许可证并限期整改。 (2)建筑施工企业不再具备安全生产条件的，暂扣安全生产许可证并限期整改；情节严重的，吊销安全生产许可证

B24 施工现场安全防范措施、安全费用和特种设备安全管理的规定

★高频考点：施工现场安全防范措施

序号	项目	内容
1	危险部位设置安全警示标志	(1)《安全生产法》规定，生产经营单位应当在有较大危险因素的生产经营场所和有关设施、设备上，设置明显的安全警示标志。《建设工程安全生产管理条例》进一步规定，施工单位应当在施工现场入口处、施工起重机械、临时用电设施、脚手架、出入通道口、楼梯口、电梯井口、孔洞口、桥梁口、隧道口、基坑边沿、爆破物及有害危险气体和液体存放处等危险部位，设置明显的安全警示标志。安全警示标志必须符合国家标准。 (2)安全警示标志，是指提醒人们注意的各种标牌、文字、符号以及灯光等，一般由安全色、几何图形和图形符号构成
2	不同施工阶段和暂停施工应采取的安全施工措施	(1)《建设工程安全生产管理条例》规定，施工单位应当根据不同施工阶段和周围环境及季节、气候的变化，在施工现场采取相应的安全施工措施。施工现场暂时停止施工的，施工单位应当做好现场防护，所需费用由责任方承担，或者按照合同约定执行。 (2)由于施工作业的风险性较大，在地下施工、高处施工等不同的施工阶段要采取相应安全措施，并应根据周围环境和季节、气候变化，加强季节性安全防护措施。例如，夏季要防暑降温，冬季要防寒防冻、防止煤气中毒；夜间施工应有足够的照明；雨季和冬季施工应对道路采取防滑措施；傍山沿河地区应制定防滑坡、防泥石流、防汛措施；大风、大雨期间应暂停施工；等等。 (3)在实践中造成暂时停止施工的原因很多。一般来说，除不可抗力要按合同约定执行外，其他则要分清责任，由责任方承担费用。但不论费用由谁承担，施工单位都必须做好现场防护，以防止在暂停施工期间出现施工现场的作业人员或者其他人员的伤亡事故，并为今后继续施工创造良好的作业环境

序号	项目	内容
3	施工现场临时设施的安全卫生要求	(1)《安全生产法》规定,生产经营场所和员工宿舍应当设有符合紧急疏散要求、标志明显、保持畅通的出口、疏散通道。禁止占用、锁闭、封堵生产经营场所或者员工宿舍的出口、疏散通道。 (2)《建设工程安全生产管理条例》规定,施工单位应当将施工现场的办公、生活区与作业区分开设置,并保持安全距离;办公、生活区的选址应当符合安全性要求。职工的膳食、饮水、休息场所等应当符合卫生标准。施工单位不得在尚未竣工的建筑物内设置员工集体宿舍。施工现场临时搭建的建筑物应当符合安全使用要求。施工现场使用的装配式活动房屋应当具有产品合格证。 (3)为了保障职工身体健康,对职工的膳食、饮水、休息场所等,均应符合卫生安全标准。《食品安全法》规定,学校、托幼机构、养老机构、建筑工地等集中用餐单位的食堂应当严格遵守法律、法规和食品安全标准;从供餐单位订餐的,应当从取得食品生产经营许可的企业订购,并按照要求对订购的食品进行查验
4	对施工现场周边的安全防护措施	《建设工程安全生产管理条例》规定,施工单位对因建设工程施工可能造成损害的毗邻建筑物、构筑物和地下管线等,应当采取专项防护措施。在城市市区内的建设工程,施工单位应当对施工现场实行封闭围挡
5	危险作业的施工现场安全管理	(1)《安全生产法》规定,生产经营单位进行爆破、吊装、动火、临时用电以及国务院应急管理部门会同国务院有关部门规定的其他危险作业,应当安排专门人员进行现场安全管理,确保操作规程的遵守和安全措施的落实。 (2)《危险化学品安全管理条例》还规定,进行可能危及危险化学品管道安全的施工作业,施工单位应当在开工的7日前书面通知管道所属单位,并与管道所属单位共同制定应急预案,采取相应的安全防护措施。管道所属单位应当指派专门人员到现场进行管道安全保护指导
6	安全设备、机械设备、防护用具等管理要求	(1)《安全生产法》规定,生产经营单位必须对安全设备进行经常性维护、保养,并定期检测,保证正常运转。维护、保养、检测应当作好记录,并由有关人员签字。

序号	项目	内容
6	安全设备、机械设备、防护用具等管理要求	(2)生产经营单位不得关闭、破坏直接关系生产安全的监控、报警、防护、救生设备、设施，或者篡改、隐瞒、销毁其相关数据、信息。 (3)《建设工程安全生产管理条例》规定，施工单位采购、租赁的安全防护用具、机械设备、施工机具及配件，应当具有生产(制造)许可证、产品合格证，并在进入施工现场前进行查验。施工现场的安全防护用具、机械设备、施工机具及配件必须由专人管理，定期进行检查、维修和保养，建立相应的资料档案，并按照国家有关规定及时报废。 (4)《关于进一步加强安全帽等特种劳动防护用品监督管理工作的通知》规定，安全帽、安全带及防护绝缘鞋、防护手套、自吸过滤式防毒面具等特种劳动防护用品是维护公共安全和生产安全的重要防线，是守护劳动者生命安全和职业健康的重要保障。 (5)要督促建筑施工企业……等特种劳动防护用品使用单位采购持有营业执照和出厂检验合格报告的生产厂家生产的产品；要求使用单位严格控制进场验收程序，建立特种劳动防护用品收货验收制度，并留存生产企业的产品合格证和检验检测报告，所配发的劳动防护用品安全防护性能要符合国家或行业标准，禁止质量不合格、资料不齐全或假冒伪劣产品进入现场。 (6)要督促使用单位按照国家规定，免费发放和管理特种劳动防护用品，并建立验货、保管、发放、使用、更换、报废等管理制度，及时形成管理档案；对存有疑义或发现与检测报告不符的，要将该批产品退出现场，重新购置质量达标的产品并进行见证取样送检。要落实施工总承包单位的管理责任，鼓励实行统一采购配发的管理制度
7	生物安全风险防控	(1)《中华人民共和国生物安全法》规定，有关单位和个人应当配合做好生物安全风险防控和应急处置等工作。任何单位和个人不得编造、散布虚假的生物安全信息。县级以上人民政府有关部门应当依法开展生物安全监督检查工作，被检查单位和个人应当配合，如实说明情况，提供资料，不得拒绝、阻挠。 (2)任何单位和个人发现传染病、动植物疫病的，应当及时向医疗机构、有关专业机构或者部门报告。依法应当报告的，任何单位和个人不得瞒报、谎报、缓报、漏报，不得授意他人瞒报、谎报、缓报，不得阻碍他人报告。

序号	项目	内容
7	生物安全风险防控	(3)重大新发突发传染病,是指我国境内首次出现或者已经宣布消灭再次发生,或者突然发生,造成或者可能造成公众健康和生命安全严重损害,引起社会恐慌,影响社会稳定的传染病。 (4)重大新发突发动物疫情,是指我国境内首次发生或者已经宣布消灭的动物疫病再次发生,或者发病率、死亡率较高的潜伏动物疫病突然发生并迅速传播,给养殖业生产安全造成严重威胁、危害,以及可能对公众健康和生命安全造成危害的情形。 (5)《房屋建筑和市政基础设施工程施工现场新冠肺炎疫情常态化防控工作指南》规定,建设单位是工程项目疫情常态化防控总牵头单位,负责施工现场疫情常态化防控工作指挥、协调和保障等事项。施工总承包单位负责施工现场疫情常态化防控各项工作组织实施。监理单位负责审查施工现场疫情常态化防控工作方案,开展检查并提出建议。建设、施工、监理项目负责人是本单位工程项目疫情常态化防控和质量安全的第一责任人。 (6)严格执行项目所在地人员管控要求,依托全国一体化政务服务平台及建筑工地实名制管理系统等信息化手段,核实项目人员身份及健康信息,不私招乱雇,不使用零散工和无健康信息的劳务人员,不得在项目之间无组织调配使用劳务人员,不得使用按照有关规定需要隔离观察的劳务人员。项目部应按照疫情防控要求,对参建各方聘用的所有人员进行健康管理,建立"一人一档"制度,准确掌握人员健康和流动情况。 (7)施工单位在编制施工组织设计、专项施工方案等时应增加疫情常态化防控专篇,提出优化施工作业、减少人员聚集和交叉作业等具体举措。施工现场应采取封闭式集中管理,严格进、出场实名制考勤。办公区、生活区、施工区、材料加工和存放区等区域应分离,围挡、围墙确保严密牢固,尽量实现人员在场内流动。施工现场应设置符合标准的隔离室和隔离区。现场不具备条件的,应按标准异地设置。 (8)定期对地下室、管廊、下水道、施工机械、起重机械驾驶室及操作室等密闭狭小空间及长期接触的部位进行消毒,并形成台账。施工机械等宜采取专人专用的原则,同时优化施工现场的工序、工艺,并尽可能多的使用信息化技术手段,减少人员接触、聚集和交叉作业。需要进入施工现场的车辆,应予以消毒。

序号	项目	内容
7	生物安全风险防控	(9)生活区距离工地较远的项目,尽量做到生活区到施工区封闭管理,鼓励安排专车接送人员上下班。合理安排生活区的出入口,入口要有专人负责测温、核对人员身份和健康状况等。宿舍原则上设置可开启窗户,定期通风及消毒。每间宿舍居住人员宜按人均不小于 $2m^2$ 确定,尽量减少聚集,严禁使用通铺。 (10)工地食堂应依法办理相关手续并严格执行卫生防疫规定。食品食材的采购应选择正规渠道购买,建立采购物资台账,确保可追溯。严禁生食和熟食用品混用,避免肉类生食,避免直接手触肉禽类生鲜材料。严禁在工地食堂屠宰野生动物、家禽家畜。 (11)项目部要坚持疫情常态化防控和应急处置相结合的原则,建立健全疫情常态化防控应急机制,按照项目所在地分区分级标准及时完善应急预案,明确应急处置流程,适时开展应急演练,确保责任落实到人。发生涉疫情况,应第一时间向有关部门报告、第一时间启动应急预案、第一时间采取停工措施并封闭现场。 (12)因疫情常态化防控发生的防疫费用,可计入工程造价

★高频考点:施工单位安全生产费用的提取和使用管理

序号	项目	内容
1	提取标准	(1)矿山工程为2.5%。 (2)房屋建筑工程、水利水电工程、电力工程、铁路工程、城市轨道交通工程为2.0%。 (3)市政公用工程、冶炼工程、机电安装工程、化工石油工程、港口与航道工程、公路工程、通信工程为1.5%
2	提取要求	(1)建设工程施工企业提取的安全费用列入工程造价,竞标时不得删减,列入标外管理。 (2)总包单位应将安全费用按比例直接支付分包单位并监督使用,分包单位不再重复提取
3	安全文明施工费范围	(1)环境保护费。 (2)文明施工费。 (3)安全施工费。 (4)临时设施费

序号	项目	内容
4	提取管理	(1)建设单位、设计单位在编制工程概(预)算时,应当依据工程所在地工程造价管理机构测定的相应费率,合理确定工程安全防护、文明施工措施费。依法进行工程招投标的项目,招标方或具有资质的中介机构编制招标文件时,应当按照有关规定并结合工程实际单独列出安全防护、文明施工措施项目清单。投标方应当根据现行标准规范,结合工程特点、工期进度和作业环境要求,在施工组织设计文件中制定相应的安全防护、文明施工措施,并按照招标文件要求结合自身的施工技术水平、管理水平对工程安全防护、文明施工措施项目单独报价。投标方安全防护、文明施工措施的报价,不得低于依据工程所在地工程造价管理机构测定费率计算所需费用总额的90%。 (2)建设单位与施工单位应当在施工合同中明确安全防护、文明施工措施项目总费用,以及费用预付、支付计划,使用要求、调整方式等条款。建设单位与施工单位在施工合同中对安全防护、文明施工措施费用预付、支付计划未作约定或约定不明的,合同工期在1年以内的,建设单位预付安全防护、文明施工措施项目费用不得低于该费用总额的50%;合同工期在1年以上的(含1年),预付安全防护、文明施工措施费用不得低于该费用总额的30%,其余费用应当按照施工进度支付
5	施工单位安全费用的使用管理	(1)企业提取的安全费用应当专户核算,按规定范围安排使用,不得挤占、挪用。年度结余资金结转下年度使用,当年计提安全费用不足的,超出部分按正常成本费用渠道列支。主要承担安全管理责任的集团公司经过履行内部决策程序,可以对所属企业提取的安全费用按照一定比例集中管理,统筹使用。 (2)企业应当建立健全内部安全费用管理制度,明确安全费用提取和使用的程序、职责及权限,按规定提取和使用安全费用。企业应当加强安全费用管理,编制年度安全费用提取和使用计划,纳入企业财务预算。企业年度安全费用使用计划和上一年安全费用的提取、使用情况按照管理权限报同级财政部门、安全生产监督管理部门、煤矿安全监察机构和行业主管部门备案。企业安全费用的会计处理,应当符合国家统一的会计制度的规定。企业提取的安全费用属于企业自提自用资金,其他单位和部门不得采取收取、代管等形式对其进行集中管理和使用,国家法律、法规另有规定的除外。

序号	项目	内容
5	施工单位安全费用的使用管理	(3)《建筑工程安全防护、文明施工措施费用及使用管理规定》中规定,实行工程总承包的,总承包单位依法将建筑工程分包给其他单位的,总承包单位与分包单位应当在分包合同中明确安全防护、文明施工措施费用由总承包单位统一管理。安全防护、文明施工措施由分包单位实施的,由分包单位提出专项安全防护措施及施工方案,经总承包单位批准后及时支付所需费用。 (4)工程监理单位应当对施工单位落实安全防护、文明施工措施情况进行现场监理。对施工单位已经落实的安全防护、文明施工措施,总监理工程师或者造价工程师应当及时审查并签认所发生的费用。监理单位发现施工单位未落实施工组织设计及专项施工方案中安全防护和文明施工措施的,有权责令其立即整改;对施工单位拒不整改或未按期限要求完成整改的,工程监理单位应当及时向建设单位和建设行政主管部门报告,必要时责令其暂停施工。 (5)施工单位应当确保安全防护、文明施工措施费专款专用,在财务管理中单独列出安全防护、文明施工措施项目费用清单备查。施工单位安全生产管理机构和专职安全生产管理人员负责对建筑工程安全防护、文明施工措施的组织实施进行现场监督检查,并有权向建设主管部门反映情况。 (6)工程总承包单位对建筑工程安全防护、文明施工措施费用的使用负总责。总承包单位应当按照本规定及合同约定及时向分包单位支付安全防护、文明施工措施费用。总承包单位不按本规定和合同约定支付费用,造成分包单位不能及时落实安全防护措施导致发生事故的,由总承包单位负主要责任

★高频考点：特种设备的有关规定

序号	项目	内容
1	特种设备范围	特种设备,是指对人身和财产安全有较大危险性的锅炉、压力容器(含气瓶)、压力管道、电梯、起重机械、客运索道、大型游乐设施、场(厂)内专用机动车辆,以及法律、行政法规规定适用《中华人民共和国特种设备安全法》的其他特种设备
2	特种设备安全工作原则	安全第一、预防为主、节能环保、综合治理

序号	项目	内容
3	特种设备的安装、改造和修理	（1）特种设备安装、改造、修理的施工单位应当在施工前将拟进行的特种设备安装、改造、修理情况书面告知直辖市或者设区的市级人民政府负责特种设备安全监督管理的部门。 （2）特种设备安装、改造、修理竣工后，安装、改造、修理的施工单位应当在验收后30日内将相关技术资料和文件移交特种设备使用单位。特种设备使用单位应当将其存入该特种设备的安全技术档案。 （3）锅炉、压力容器、压力管道元件等特种设备的制造过程和锅炉、压力容器、压力管道、电梯、起重机械、客运索道、大型游乐设施的安装、改造、重大修理过程，应当经特种设备检验机构按照安全技术规范的要求进行监督检验；未经监督检验或者监督检验不合格的，不得出厂或者交付使用。
4	特种设备的使用	（1）特种设备使用单位应当使用取得许可生产并经检验合格的特种设备。禁止使用国家明令淘汰和已经报废的特种设备。 （2）特种设备使用单位应当在特种设备投入使用前或者投入使用后30日内，向负责特种设备安全监督管理的部门办理使用登记，取得使用登记证书。登记标志应当置于该特种设备的显著位置。特种设备使用单位应当建立岗位责任、隐患治理、应急救援等安全管理制度，制定操作规程，保证特种设备安全运行。 （3）特种设备的使用应当具有规定的安全距离、安全防护措施。与特种设备安全相关的建筑物、附属设施，应当符合有关法律、行政法规的规定。特种设备使用单位应当对其使用的特种设备进行经常性维护保养和定期自行检查，并作出记录。特种设备使用单位应当对其使用的特种设备的安全附件、安全保护装置进行定期校验、检修，并作出记录。 （4）特种设备使用单位应当按照安全技术规范的要求，在检验合格有效期届满前1个月向特种设备检验机构提出定期检验要求。特种设备检验机构接到定期检验要求后，应当按照安全技术规范的要求及时进行安全性能检验。特种设备使用单位应当将定期检验标志置于该特种设备的显著位置。未经定期检验或者检验不合格的特种设备，不得继续使用。 （5）特种设备安全管理人员应当对特种设备使用状况进行经常性检查，发现问题应当立即处理；情况紧急时，可以决定停止使用特种设备并及时报告本单位有关责任人。特种设备作业人员在作业过程中发现事故隐患或者其他不安全因素，应当立即向特种设备安全管理人员和单位有关负责人报

序号	项目	内容
4	特种设备的使用	告;特种设备运行不正常时,特种设备作业人员应当按照操作规程采取有效措施保证安全。特种设备出现故障或者发生异常情况,特种设备使用单位应当对其进行全面检查,消除事故隐患,方可继续使用。 (6)特种设备进行改造、修理,按照规定需要变更使用登记的,应当办理变更登记,方可继续使用。特种设备存在严重事故隐患,无改造、修理价值,或者达到安全技术规范规定的其他报废条件的,特种设备使用单位应当依法履行报废义务,采取必要措施消除该特种设备的使用功能,并向原登记的负责特种设备安全监督管理的部门办理使用登记证书注销手续。以上规定报废条件以外的特种设备,达到设计使用年限可以继续使用的,应当按照安全技术规范的要求通过检验或者安全评估,并办理使用登记证书变更,方可继续使用。允许继续使用的,应当采取加强检验、检测和维护保养等措施,确保使用安全

注:特种设备使用单位应当建立特种设备安全技术档案。安全技术档案应当包括以下内容:(1)特种设备的设计文件、产品质量合格证明、安装及使用维护保养说明、监督检验证明等相关技术资料和文件;(2)特种设备的定期检验和定期自行检查记录;(3)特种设备的日常使用状况记录;(4)特种设备及其附属仪器仪表的维护保养记录;(5)特种设备的运行故障和事故记录。

B25 工伤保险和意外伤害保险的规定

★高频考点:工伤保险的规定

序号	项目	内容
1	性质	是面向全体员工的强制性保险
2	工伤保险费	用人单位应当按时缴纳工伤保险费,职工个人不缴纳工伤保险费
3	工伤认定情形	(1)在工作时间和工作场所内,因工作原因受到伤害的。 (2)工作时间前后在工作场所内,从事与工作有关的预备性或者收尾性工作受到事故伤害的。 (3)在工作时间和工作场所内,因履行工作职责受到暴力等意外伤害的。 (4)患职业病的。

序号	项目	内容
3	工伤认定情形	(5)因工外出期间,由于工作原因受到伤害或者发生事故下落不明的。 (6)在上下班途中,受到非本人主要责任的交通事故或者城市轨道交通、客运轮渡、火车事故伤害的。 (7)在工作时间和工作岗位,突发疾病死亡或者在48小时之内经抢救无效死亡的。 (8)在抢险救灾等维护国家利益、公共利益活动中受到伤害的。 (9)职工原在军队服役,因战、因公负伤致残,已取得革命伤残军人证,到用人单位后旧伤复发的(享受除一次性伤残补助金以外的工伤保险待遇)
4	不得认定为工伤的情形	(1)故意犯罪的。 (2)醉酒或者吸毒的。 (3)自残或者自杀的
5	工伤认定的程序	(1)职工发生事故伤害或者按照职业病防治法规定被诊断、鉴定为职业病,所在单位应当自事故伤害发生之日或者被诊断、鉴定为职业病之日起30日内,向统筹地区社会保险行政部门提出工伤认定申请。 (2)用人单位未按以上规定提出工伤认定申请的,工伤职工或者其近亲属、工会组织在事故伤害发生之日或者被诊断、鉴定为职业病之日起1年内,可以直接向用人单位所在地统筹地区社会保险行政部门提出工伤认定申请。 (3)社会保险行政部门应当自受理工伤认定申请之日起60日内作出工伤认定的决定,并书面通知,事实清楚、权利义务明确的工伤认定申请,应当在15日内作出工伤认定的决定
6	劳动能力鉴定	(1)劳动能力鉴定是指劳动功能障碍程度和生活自理障碍程度的等级鉴定。 (2)劳动功能障碍分为10个伤残等级,最重的为1级,最轻的为10级。 (3)生活自理障碍分为3个等级:生活完全不能自理、生活大部分不能自理和生活部分不能自理。 (4)劳动能力鉴定结论作出之日起1年后,工伤职工或者其近亲属、所在单位或者经办机构认为伤残情况发生变化的,可以申请劳动能力复查鉴定
7	工伤医疗的停工留薪期	(1)停工留薪期内,原工资福利待遇不变,由所在单位按月支付。 (2)停工留薪期一般不超过12个月。 (3)伤情严重或者情况特殊,经设区的市级劳动能力鉴定委员会确认,可以适当延长,但不得超过12个月

序号	项目	内容
8	工伤定级后的伤残待遇	(1)工伤职工评定伤残等级后,停发原待遇,享受伤残待遇。 (2)工伤职工在停工留薪期满后仍需治疗的,享受工伤医疗待遇
9	工伤职工生活护理费支付标准	(1)生活完全不能自理:统筹地区上年度职工月平均工资的50%。 (2)生活大部分不能自理:统筹地区上年度职工月平均工资的40%。 (3)生活部分不能自理:统筹地区上年度职工月平均工资的30%
10	职工因工死亡的丧葬补助金、抚恤金和一次性工亡补助金	(1)丧葬补助金为6个月的统筹地区上年度职工月平均工资。 (2)供养亲属抚恤金按照职工本人工资的一定比例发给由因工死亡职工生前提供主要生活来源、无劳动能力的亲属。标准为:配偶每月40%,其他亲属每人每月30%,孤寡老人或者孤儿每人每月在上述标准的基础上增加10%。核定的各供养亲属的抚恤金之和不应高于因工死亡职工生前的工资。 (3)一次性工亡补助金标准为上一年度全国城镇居民人均可支配收入的20倍
11	停止享受工伤保险待遇情形	(1)丧失享受待遇条件的。 (2)拒不接受劳动能力鉴定的。 (3)拒绝治疗的
12	特殊情形下单位工伤保险责任	(1)分立、合并、转让的,承继单位应承担原工伤保险责任。 (2)实行承包经营的,由职工劳动关系所在单位承担。 (3)职工被借调期间,由原用人单位承担工伤保险责任。 (4)企业破产的,在破产清算时依法拨付应当由单位支付的工伤保险待遇费用。 (5)职工被派遣出境工作,参加当地工伤保险,国内工伤保险关系中止;不能参加当地工伤保险的,国内工伤保险关系不中止。 (6)职工再次发生工伤,根据规定应享受伤残津贴的,按新认定的伤残等级享受伤残津贴待遇。 (7)职工与两个或两个以上单位建立劳动关系,工伤事故发生时,职工为之工作的单位为承担工伤保险责任的单位。 (8)劳务派遣单位派遣的职工在用工单位工作期间因工伤亡的,派遣单位为承担工伤保险责任的单位。

序号	项目	内容
12	特殊情形下单位工伤保险责任	(9)单位指派到其他单位工作的职工因工伤亡的,指派单位为承担工伤保险责任的单位。 (10)用工单位违反法律、法规规定将承包业务转包给不具备用工主体资格的组织或者自然人,该组织或者自然人聘用的职工从事承包业务时因工伤亡的,用工单位为承担工伤保险责任的单位。 (11)个人挂靠其他单位对外经营,其聘用的人员因工伤亡的,被挂靠单位为承担工伤保险责任的单位。 (12)前款第(10)、(11)项明确的承担工伤保险责任的单位承担赔偿责任或者社会保险经办机构从工伤保险基金支付工伤保险待遇后,有权向相关组织、单位和个人追偿
13	职业健康检查分类	职业健康检查机构开展职业健康检查应当与用人单位签订委托协议书,由用人单位统一组织劳动者进行职业健康检查;也可以由劳动者持单位介绍信进行职业健康检查,分类有: (1)接触粉尘类。 (2)接触化学因素类。 (3)接触物理因素类。 (4)接触生物因素类。 (5)接触放射因素类。 (6)其他类(特殊作业等)

★高频考点:建筑意外伤害保险的规定

序号	项目	内容
1	性质	(1)是法定的商业保险。 (2)投保应实行不记名和不计人数的方式
2	保险对象	施工现场从事危险作业和管理的人员
3	缴费责任	(1)施工单位支付,在工程项目开工前,办理投保手续。 (2)实行施工总承包的,由总包单位支付保险费,分包单位合理承担投保费用。 (3)业主直接发包的工程项目由承包企业直接办理
4	保险期限	(1)自建设工程开工之日起至竣工验收合格止。 (2)提前竣工的,保险责任自行终止。延长工期的,应办理保险顺延手续

B26　施工生产安全事故应急救援预案的规定

★高频考点：施工生产安全事故应急预案体系的构成

序号	项目	内容
1	综合应急预案	(1)是指生产经营单位为应对各种生产安全事故而制定的综合性工作方案，是本单位应对生产安全事故的总体工作程序、措施和应急预案体系的总纲。 (2)应当规定应急组织机构及其职责、应急预案体系、事故风险描述、预警及信息报告、应急响应、保障措施、应急预案管理等内容
2	专项应急预案	(1)是指生产经营单位为应对某一种或者多种类型生产安全事故，或者针对重要生产设施、重大危险源、重大活动防止生产安全事故而制定的专项性工作方案。 (2)应当规定应急指挥机构与职责、处置程序和措施等内容
3	现场处置方案	(1)是指生产经营单位根据不同生产安全事故类型，针对具体场所、装置或者设施所制定的应急处置措施。 (2)应当规定应急工作职责、应急处置措施和注意事项等内容

注：生产经营单位应当在编制应急预案的基础上，针对工作场所、岗位的特点，编制简明、实用、有效的应急处置卡。应急处置卡应当规定重点岗位、人员的应急处置程序和措施，以及相关联络人员和联系方式，便于从业人员携带。

★高频考点：施工生产安全事故应急预案的管理

序号	项目	内容
1	施工生产安全事故应急预案修订的情形	(1)制定预案所依据的法律、法规、规章、标准发生重大变化。 (2)应急指挥机构及其职责发生调整。 (3)安全生产面临的风险发生重大变化。 (4)重要应急资源发生重大变化。 (5)在预案演练或者应急救援中发现需要修订预案的重大问题。 (6)其他应当修订的情形

序号	项目	内容
2	施工生产安全事故应急预案的演练	建筑施工单位应当至少每半年组织1次生产安全事故应急救援预案演练,并将演练情况报送所在地县级以上地方人民政府负有安全生产监督管理职责的部门。县级以上地方人民政府负有安全生产监督管理职责的部门应当对本行政区域内以上规定的重点生产经营单位的生产安全事故应急救援预案演练进行抽查;发现演练不符合要求的,应当责令限期改正
3	应急救援队伍与应急值班制度	(1)建筑施工单位应当建立应急救援队伍;其中,小型企业或者微型企业等规模较小的生产经营单位,可以不建立应急救援队伍,但应当指定兼职的应急救援人员,并且可以与邻近的应急救援队伍签订应急救援协议。 (2)应急救援队伍的应急救援人员应当具备必要的专业知识、技能、身体素质和心理素质。应急救援队伍建立单位或者兼职应急救援人员所在单位应当按照国家有关规定对应急救援人员进行培训;应急救援人员经培训合格后,方可参加应急救援工作。应急救援队伍应当配备必要的应急救援装备和物资,并定期组织训练。 (3)建筑施工单位应当根据本单位可能发生的生产安全事故的特点和危害,配备必要的灭火、排水、通风以及危险物品稀释、掩埋、收集等应急救援器材、设备和物资,并进行经常性维护、保养,保证正常运转。 (4)建筑施工单位、应急救援队伍应当建立应急值班制度,配备应急值班人员
4	应急救援的组织实施	(1)发生生产安全事故后,生产经营单位应当立即启动生产安全事故应急救援预案,采取下列一项或者多项应急救援措施,并按照国家有关规定报告事故情况:①迅速控制危险源,组织抢救遇险人员;②根据事故危害程度,组织现场人员撤离或者采取可能的应急措施后撤离;③及时通知可能受到事故影响的单位和人员;④采取必要措施,防止事故危害扩大和次生、衍生灾害发生;⑤根据需要请求邻近的应急救援队伍参加救援,并向参加救援的应急救援队伍提供相关技术资料、信息和处置方法;⑥维护事故现场秩序,保护事故现场和相关证据;⑦法律、法规规定的其他应急救援措施。 (2)应急救援队伍接到有关人民政府及其部门的救援命令或者签有应急救援协议的生产经营单位的救援请求后,应当立即参加生产安全事故应急救援。应急救援队伍根据救援命令参加生产安全事故应急救援所耗费用,由事故责任单位承担;事故责任单位无力承担的,由有关人民政府协调解决。

序号	项目	内容
4	应急救援的组织实施	(3)参加生产安全事故现场应急救援的单位和个人应当服从现场指挥部的统一指挥。在生产安全事故应急救援过程中,发现可能直接危及应急救援人员生命安全的紧急情况时,现场指挥部或者统一指挥应急救援的人民政府应当立即采取相应措施消除隐患,降低或者化解风险,必要时可以暂时撤离应急救援人员。 (4)有关人民政府及其部门根据生产安全事故应急救援需要依法调用和征用的财产,在使用完毕或者应急救援结束后,应当及时归还。财产被调用、征用或者调用、征用后毁损、灭失的,有关人民政府及其部门应当按照国家有关规定给予补偿。 (5)县级以上地方人民政府应当按照国家有关规定,对在生产安全事故应急救援中伤亡的人员及时给予救治和抚恤;符合烈士评定条件的,按照国家有关规定评定为烈士
5	施工总分包单位的职责分工	实行施工总承包的,由总承包单位统一组织编制建设工程生产安全事故应急救援预案,工程总承包单位和分包单位按照应急救援预案,各自建立应急救援组织或者配备应急救援人员,配备救援器材、设备,并定期组织演练

B27 建设单位相关的安全责任

★高频考点:建设单位相关的安全责任

序号	项目	内容
1	依法办理有关批准手续	(1)需要临时占用规划批准范围以外场地的。 (2)可能损坏道路、管线、电力、邮电通信等公共设施的。 (3)需要临时停水、停电、中断道路交通的。 (4)需要进行爆破作业的。 (5)法律、法规规定需要办理报批手续的其他情形
2	向施工单位提供真实、准确和完整的有关资料	向施工单位提供施工现场及毗邻区域内供水、排水、供电、供气、供热、通信、广播电视等地下管线资料,气象和水文观测资料,相邻建筑物和构筑物、地下工程的有关资料,并保证资料的真实、准确、完整

序号	项目	内容
3	不得提出违法要求和随意压缩合同工期	在符合有关法律、法规和强制性标准的规定,并编制了赶工技术措施等前提下,建设单位与施工单位就提前工期的技术措施费和提前工期奖励等协商一致后,是可以对合同工期进行适当调整的
4	确定建设工程安全作业环境及安全施工措施所需费用	建设单位在编制工程概算时,应当确定建设工程安全作业环境及安全施工措施所需费用
5	不得要求购买、租赁和使用不符合安全施工要求的用具设备	建设单位不得采用明示或者暗示的方式,违法向施工单位提出不符合安全施工的要求
6	申领施工许可证应当提供有关安全施工措施的资料	建设工程有关安全施工措施资料,一般包括:中标通知书,工程施工合同,施工现场总平面布置图,临时设施规划方案和已搭建情况,施工现场安全防护设施搭设(设置)计划、施工进度计划、安全措施费用计划、专项安全施工组织设计(方案、措施),拟进入施工现场使用的施工起重机械设备(塔式起重机、物料提升机、外用电梯)的型号、数量,工程项目负责人、安全管理人员及特种作业人员持证上岗情况,建设单位安全监督人员名册、工程监理单位人员名册,等
7	装修工程规定	建筑主体和承重结构变动的装修工程,建设单位委托原设计单位或其他有相应资质的设计单位提出设计方案;没有设计方案的,不得施工
8	拆除工程的规定	应将拆除工程发包给具有相应资质等级的施工单位。在拆除工程施工 15 日前,将下列资料报送工程所在地的县级以上政府建设行政主管部门备案: (1)施工单位资质等级证明。 (2)拟拆除建筑物、构筑物及可能危及毗邻建筑的说明。 (3)拆除施工组织方案。 (4)堆放、清除废弃物的措施

B28 机械设备等单位相关的安全责任

★高频考点：提供和出租机械设备、施工机具及配件单位的安全责任

序号	项目	内容
1	提供机械设备和配件单位的安全责任	《建设工程安全生产管理条例》规定，为建设工程提供机械设备和配件的单位，应当按照安全施工的要求配备齐全有效的保险、限位等安全设施和装置
2	出租机械设备和施工机具及配件单位的安全责任	（1）《建设工程安全生产管理条例》规定，出租的机械设备和施工机具及配件，应当具有生产（制造）许可证、产品合格证。出租单位应当对出租的机械设备和施工机具及配件的安全性能进行检测，在签订租赁协议时，应当出具检测合格证明。禁止出租检测不合格的机械设备和施工机具及配件。 （2）《建筑起重机械安全监督管理规定》规定，出租单位应当在签订的建筑起重机械租赁合同中，明确租赁双方的安全责任，并出具建筑起重机械特种设备制造许可证、产品合格证、制造监督检验证明、备案证明和自检合格证明，提交安装使用说明书。有下列情形之一的建筑起重机械，不得出租、使用：①属国家明令淘汰或者禁止使用的；②超过安全技术标准或者制造厂家规定的使用年限的；③经检验达不到安全技术标准规定的；④没有完整安全技术档案的；⑤没有齐全有效的安全保护装置的。建筑起重机械有以上第①、②、③项情形之一的，出租单位或者自购建筑起重机械的使用单位应当予以报废，并向原备案机关办理注销手续

★高频考点：施工起重机械和自升式架设设施安装、拆卸单位的安全责任

序号	项目	内容
1	安装、拆卸必须具备相应的资质	《建设工程安全生产管理条例》规定，在施工现场安装、拆卸施工起重机械和整体提升脚手架、模板等自升式架设设施，必须由具有相应资质的单位承担
2	编制安装、拆卸方案和现场监督	（1）《建设工程安全生产管理条例》规定，安装、拆卸施工起重机械和整体提升脚手架、模板等自升式架设设施，应当编制拆装方案、制定安全施工措施，并由专业技术人员现场监督。

序号	项目	内容
2	编制安装、拆卸方案和现场监督	(2)《建筑起重机械安全监督管理规定》进一步规定,建筑起重机械使用单位和安装单位应当在签订的建筑起重机械安装、拆卸合同中明确双方的安全生产责任。实行施工总承包的,施工总承包单位应当与安装单位签订建筑起重机械安装、拆卸工程安全协议书。 (3)安装单位应当按照建筑起重机械安装、拆卸工程专项施工方案及安全操作规程组织安装、拆卸作业。安装单位的专业技术人员、专职安全生产管理人员应当进行现场监督,技术负责人应当定期巡查
3	出具自检合格证明、进行安全使用说明、办理验收手续的责任	(1)《建设工程安全生产管理条例》规定,施工起重机械和整体提升脚手架、模板等自升式架设设施安装完毕后,安装单位应当自检,出具自检合格证明,并向施工单位进行安全使用说明,办理验收手续并签字。 (2)《建筑起重机械安全监督管理规定》进一步规定,建筑起重机械安装完毕后,安装单位应当按照安全技术标准及安装使用说明书的有关要求对建筑起重机械进行自检、调试和试运转。自检合格的,应当出具自检合格证明,并向使用单位进行安全使用说明。 (3)建筑起重机械安装完毕后,使用单位应当组织出租、安装、监理等有关单位进行验收,或者委托具有相应资质的检验检测机构进行验收。建筑起重机械经验收合格后方可投入使用,未经验收或者验收不合格的不得使用。实行施工总承包的,由施工总承包单位组织验收
4	依法对施工起重机械和自升式架设设施进行检测	《建设工程安全生产管理条例》规定,施工起重机械和整体提升脚手架、模板等自升式架设设施的使用达到国家规定的检验检测期限的,必须经具有专业资质的检验检测机构检测。经检测不合格的,不得继续使用

注:安装单位应当履行下列安全职责:(1)按照安全技术标准及建筑起重机械性能要求,编制建筑起重机械安装、拆卸工程专项施工方案,并由本单位技术负责人签字;(2)按照安全技术标准及安装使用说明书等检查建筑起重机械及现场施工条件;(3)组织安全施工技术交底并签字确认;(4)制定建筑起重机械安装、拆卸工程生产安全事故应急救援预案;(5)将建筑起重机械安装、拆卸工程专项施工方案,安装、拆卸人员名单,安装、拆卸时间等材料报施工总承包单位和监理单位审核后,告知工程所在地县级以上地方人民政府建设主管部门。

B29 勘察、设计单位相关的质量责任和义务

★高频考点：勘察设计单位的质量责任

序号	项目	内容
1	依法承揽勘察、设计业务	(1)依法取得相应等级的资质证书，并在资质等级许可范围内承揽工程。 (2)禁止超越资质等级许可范围或以其他单位的名义承揽工程。 (3)禁止允许其他单位或个人以本单位的名义承揽工程。 (4)不得转包或者违法分包所承揽的工程
2	勘察设计单位必须执行强制性标准	必须按照工程建设强制性标准进行勘察、设计，并对质量负责
3	勘察设计单位的工作成果要求	(1)勘察单位提供的勘察成果必须真实、准确。 (2)设计单位应根据勘察成果文件进行建设工程设计。设计文件注明工程合理使用年限
4	设计单位依法规范设计对建筑材料等的选用	(1)设计文件中选用的建筑材料、建筑构配件和设备，应当注明规格、型号、性能等技术指标，质量要求符合标准。 (2)除有特殊要求的,设计单位不得指定生产厂、供应商
5	设计单位依法对设计文件进行技术交底	设计单位应就审查合格的施工图设计文件向施工单位作出详细说明
6	设计单位依法参与建设工程质量事故分析	设计单位应参与工程质量事故分析，并对因设计造成的质量事故，提出技术处理方案
7	勘察、设计单位质量违法行为应承担的法律责任	《建筑工程五方责任主体项目负责人质量终身责任追究暂行办法》规定,发生本办法第6条所列情形之一的,对勘察单位项目负责人、设计单位项目负责人按以下方式进行责任追究：

序号	项目	内容
7	勘察、设计单位质量违法行为应承担的法律责任	(1)项目负责人为注册建筑师、勘察设计注册工程师的,责令停止执业1年;造成重大质量事故的,吊销执业资格证书,5年以内不予注册;情节特别恶劣的,终身不予注册。 (2)构成犯罪的,移送司法机关依法追究刑事责任。 (3)处单位罚款数额5%以上10%以下的罚款。 (4)向社会公布曝光

注:《建筑法》规定,建筑设计单位不按照建筑工程质量、安全标准进行设计的,责令改正,处以罚款;造成工程质量事故的,责令停业整顿,降低资质等级或者吊销资质证书,没收违法所得,并处罚款;造成损失的,承担赔偿责任;构成犯罪的,依法追究刑事责任。

B30 工程监理单位相关的质量责任和义务

★高频考点:工程监理单位质量责任的规定

序号	项目	内容
1	依法承担工程监理业务	(1)《建筑法》规定,工程监理单位应当在其资质等级许可的监理范围内,承担工程监理业务。工程监理单位不得转让工程监理业务。 (2)《建设工程质量管理条例》规定,工程监理单位应当依法取得相应等级的资质证书,并在其资质等级许可的范围内承担工程监理业务。禁止工程监理单位超越本单位资质等级许可的范围或者以其他工程监理单位的名义承担工程监理业务。禁止工程监理单位允许其他单位或者个人以本单位的名义承担工程监理业务。工程监理单位不得转让工程监理业务
2	对有隶属关系或其他利害关系的回避	与被监理工程的施工承包单位以及建筑材料、建筑构配件和设备供应单位不得有隶属关系或利害关系
3	监理工作的依据	(1)法律、法规。 (2)有关技术标准。 (3)设计文件。 (4)建设工程承包合同

序号	项目	内容
4	监理责任	(1)违约责任:不按照监理合同约定履行监理义务,给建设单位或其他单位造成损失的,应当承担相应的赔偿责任。 (2)违法责任:违法监理,或者降低工程质量标准,造成质量事故的
5	工程监理的职责和权限	(1)未经监理工程师签字,建筑材料、建筑构配件和设备不得在工程上使用或者安装,施工单位不得进行下一道工序的施工。 (2)未经总监理工程师签字,建设单位不拨付工程款,不进行竣工验收
6	工程监理的形式	采取旁站、巡视和平行检验等形式
7	工程监理单位质量违法行为应承担的法律责任	《建筑工程五方责任主体项目负责人质量终身责任追究暂行办法》规定,发生本办法第6条所列情形之一的,对监理单位总监理工程师按以下方式进行责任追究: (1)责令停止注册监理工程师执业1年;造成重大质量事故的,吊销执业资格证书,5年以内不予注册;情节特别恶劣的,终身不予注册。 (2)构成犯罪的,移送司法机关依法追究刑事责任。 (3)处单位罚款数额5%以上10%以下的罚款。 (4)向社会公布曝光

B31 民事诉讼证据的种类、保全和应用

★高频考点:证据的种类

序号	项目	内容	说明
1	书证	书证,是指以所载文字、符号、图案等方式所表达的思想内容来证明案件事实的书面材料或者其他物品。书证一般表现为各种书面形式文件或纸面文字材料(但非纸类材料亦可成为书证载体),如合同文件、各种信函、会议纪要、电报、传真、电子邮件、图纸、图表等	(1)在民事诉讼和仲裁过程中,应当遵循"优先提供原件或者原物"原则。《民事诉讼法》规定,"书证应当提交原件。物证应当提交原物。提交原件或者原物确有困难的,可以提交复制品、照片、副本、节录本"。

序号	项目	内容	说明
2	物证	物证,则是指能够证明案件事实的物品及其痕迹,凡是以其存在的外形、重量、规格、损坏程度等物体的内部或者外部特征来证明待证事实的一部分或者全部的物品及痕迹,均属于物证范畴	(2)最高人民法院《关于民事诉讼证据的若干规定》(法释〔2019〕19号,以下简称《民事诉讼证据规定》)规定,如需自己保存证据原件、原物或者提供原件、原物确有困难的,可以提供经人民法院核对无异的复制件或者复制品
3	视听资料	视听资料,包括录音资料和影像资料,是指利用录音、录像等技术手段反映的声音、图像以及电子计算机储存的数据证明案件事实的证据。在实践中,常见的视听资料包括录像带、录音带、胶卷、电话录音、雷达扫描资料以及储存于软盘、硬盘或光盘中的电脑数据等	当事人以视听资料作为证据的,应当提供存储该视听资料的原始载体
4	证人证言	证人,是指了解案件情况并向法院、仲裁机构或当事人提供证词的人。证人就案件情况所作的陈述即为证人证言	(1)凡是知道案件情况的单位和个人,都有义务出庭作证。有关单位的负责人应当支持证人作证。(2)不能正确表达意思的人,不能作为证人;待证事实与其年龄、智力状况或者精神健康状况相适应的无民事行为能力人和限制民事行为能力人,可以作为证人
5	当事人陈述	当事人陈述,是指当事人在诉讼或仲裁中,就本案的事实向法院或仲裁机构所作的陈述。《民事诉讼法》规定,人民法院对当事人的陈述,应当结合本案的其他证据,审查确定能否作为认定事实的根据	在诉讼过程中,一方当事人陈述的于己不利的事实,或者对于不利的事实明确表示承认的,另一方当事人无需举证证明;一方当事人对于另一方当事人主张的于己不利的事实既不承认也不否认,经审判人员说明并询问后,其仍然不明确表示肯定或者否定的,视为对该事实的承认

147

序号	项目	内容	说明
6	鉴定意见	(1)针对有关的专业问题,由法院或仲裁机构委托具有相应资格的专业鉴定机构进行鉴定,并出具相应鉴定意见,是法院或仲裁机构据以查明案件事实、进行裁判的重要手段之一。 (2)当事人申请鉴定,应当注意在举证期限内提出。对需要鉴定的事项负有举证责任的当事人,在人民法院指定的期限内无正当理由不提出鉴定申请或者不预交鉴定费用或者拒不提供相关材料,致使对案件争议的事实无法通过鉴定结论予以认定的,应当对该事实承担举证不能的法律后果。当事人申请鉴定经人民法院同意后,由双方当事人协商确定有鉴定资格的鉴定机构、鉴定人员,协商不成的,由人民法院指定。 (3)一方当事人自行委托有关部门作出的鉴定结论,另一方当事人有证据足以反驳并申请重新鉴定的,人民法院应予准许	当事人对人民法院委托的鉴定部门作出的鉴定结论有异议申请重新鉴定,提出证据证明存在下列情形之一的,人民法院应予准许: (1)鉴定机构或者鉴定人员不具备相关的鉴定资格。 (2)鉴定程序严重违法的。 (3)鉴定结论明显依据不足的。 (4)经过质证认定不能作为证据使用的其他情形。 注:对有缺陷的鉴定结论,可以通过补充鉴定、重新质证或者补充质证等方法解决的,不予重新鉴定
7	勘验笔录	勘验笔录,是指人民法院为了查明案件的事实,指派勘验人员对与案件争议有关的现场、物品或物体进行查验、拍照、测量,并将查验的情况与结果制成的笔录	勘验物证或者现场,勘验人必须出示人民法院的证件,并邀请当地基层组织或者当事人所在单位派人参加。当事人或者当事人的成年家属应当到场,拒不到场的,不影响勘验的进行。勘验人应当将勘验情况和结果制作笔录,由勘验人、当事人和被邀参加人签名或者盖章

序号	项目	内容	说明
8	电子数据	"电子证据",是指与案件事实有关的下列信息、电子文件:网页、博客、微博客等网络平台发布的信息;手机短信、电子邮件、即时通信、通讯群组等网络应用服务的通信信息;用户注册信息、身份认证信息、电子交易记录、通信记录、登录日志等信息;文档、图片、音频、视频、数字证书、计算机程序等电子文件;其他以数字化形式存储、处理、传输的能够证明案件事实的信息	当事人以电子数据作为证据的,应当提供原件。电子数据的制作者制作的与原件一致的副本,或者直接来源于电子数据的打印件或其他可以显示、识别的输出介质,视为电子数据的原件

★高频考点:证据的调查收集和保全

序号	项目	内容
1	法院调查收集证据的申请与实施	当事人应当在合理期限内完成举证,因客观原因不能自行收集的证据,可申请人民法院调查收集,并应当在举证期限届满前提交书面申请
2	申请法院责令对方当事人提交书证	当事人可以申请人民法院责令对方当事人提交书证。有下列情形,控制书证的当事人应当提交书证:控制书证的当事人在诉讼中曾经引用过的书证;为对方当事人的利益制作的书证;对方当事人依照法律规定有权查阅、获取的书证;账簿、记账原始凭证;人民法院认为应当提交书证的其他情形
3	证据保全的申请与实施	(1)所谓证据保全,是指在证据可能灭失或以后难以取得的情况下,法院根据申请人的申请或依职权,对证据加以固定和保护的制度。 (2)当事人或者利害关系人可以依法申请证据保全并应当在举证期限届满前向人民法院提出。当事人或者利害关系人申请采取查封、扣押等限制保全标的物使用、流通等保全措施,或者保全可能对证据持有人造成损失的,人民法院应当责令申请人提供相应的担保。 (3)人民法院可以采取查封、扣押、录音、录像、复制、鉴定、勘验等方法进行证据保全,并制作笔录

★高频考点：证据的应用

序号	项目	内容
1	举证时限	（1）当事人对自己提出的主张应当及时提供证据。人民法院根据当事人的主张和案件审理情况，确定当事人应当提供的证据及其期限。当事人在该期限内提供证据确有困难的，可以向人民法院申请延长期限，人民法院根据当事人的申请适当延长。当事人逾期提供证据的，人民法院应当责令其说明理由；拒不说明理由或者理由不成立的，人民法院根据不同情形可以不予采纳该证据，或者采纳该证据但予以训诫、罚款。 （2）人民法院指定举证期限，第一审普通程序案件不得少于15日，当事人提供新的证据的第二审案件不得少于10日。适用简易程序审理的案件不得超过15日，小额诉讼案件的举证期限一般不得超过7日
2	证据交换	（1）是指在诉讼答辩期届满后开庭审理前，在法院的主持下，当事人之间相互明示其持有证据的过程。 （2）人民法院通过组织证据交换进行审理前准备的，证据交换之日举证期限届满。证据交换的时间可以由当事人协商一致并经人民法院认可，也可以由人民法院指定。当事人申请延期举证经人民法院准许的，证据交换日相应顺延
3	质证	（1）是指当事人在法庭的主持下，围绕证据的真实性、合法性、关联性，针对证据证明力有无以及证明力大小，进行质疑、说明与辩驳的过程。 （2）证据应当在法庭上出示，由当事人质证。对涉及国家秘密、商业秘密和个人隐私的证据应当保密，需要在法庭出示的，不得在公开开庭时出示。未经质证的证据，不能作为认定案件事实的依据
4	认证	（1）认证，即证据的审核认定，是指法院对经过质证或当事人在证据交换中认可的各种证据材料作出审查判断，确认其能否作为认定案件事实的根据。 （2）以下证据不能单独作为认定案件事实的依据：①当事人的陈述；②无民事行为能力人或者限制民事行为能力人所作的与其年龄、智力状况或者精神健康状况不相当的证言；③与一方当事人或者其代理人有利害关系的证人陈述的证言；④存有疑点的视听资料、电子数据；⑤无法与原件、原物核对的复制件、复制品。

序号	项目	内容
4	认证	（3）电子数据存在下列情形的,人民法院可以确认其真实性,但有足以反驳的相反证据的除外:由当事人提交或者保管的于己不利的电子数据;由记录和保存电子数据的中立第三方平台提供或者确认的;在正常业务活动中形成的;以档案管理方式保管的;以当事人约定的方式保存、传输、提取的。电子数据的内容经公证机关公证的,人民法院应当确认其真实性,但有相反证据足以推翻的除外。 （4）一方当事人控制证据无正当理由拒不提交,对待证事实负有举证责任的当事人主张该证据的内容不利于控制人的,人民法院可以认定该主张成立。 （5）人民法院认定证人证言,可以通过对证人的智力状况、品德、知识、经验、法律意识和专业技能等的综合分析作出判断

B32 仲裁协议及其效力

★高频考点：仲裁基本制度

序号	项目	内容
1	协议仲裁制度	（1）当事人申请仲裁、仲裁委员会受理仲裁以及仲裁庭对仲裁案件的审理和裁决,都要以当事人依法订立的仲裁协议为前提。 （2）没有仲裁协议,一方申请仲裁的,仲裁委员会不予受理
2	排除法院管辖制度	（1）有效的仲裁协议可以排除法院对案件的司法管辖权。 （2）没有仲裁协议或者仲裁协议无效时,法院才可以受理当事人的起诉
3	一裁终局制度	（1）裁决作出后,当事人就同一纠纷再申请仲裁或者向人民法院起诉的,仲裁委员会或者人民法院不予受理。 （2）裁决被人民法院依法撤销或不予执行的,当事人就该纠纷可以根据双方重新达成的仲裁协议申请仲裁,也可以向人民法院起诉

★高频考点:仲裁协议

序号	项目	内容
1	仲裁协议的形式	(1)仲裁协议应当采用书面形式,口头无效。 (2)包括合同中订立的仲裁条款和以书面形式在纠纷发生前或发生后达成的请求仲裁协议。 (3)其他书面形式的仲裁协议,包括以合同书、信件和数据电文(包括电报、电传、传真、电子数据交换和电子邮件)等形式达成的请求仲裁的协议。 (4)能够有形地表现所载内容,并可以随时调取查用的数据电文,视为符合法律、法规要求的书面形式;可靠的电子签名与手写签名或者盖章具有同等的法律效力
2	仲裁协议的内容	(1)请求仲裁的意思表示。 (2)仲裁事项。 (3)选定的仲裁委员会
3	仲裁协议约定不明时的处理	(1)仲裁协议约定的仲裁机构名称不准确,但能够确定具体的仲裁机构的,应认定选定了仲裁机构。 (2)仲裁协议约定两个以上仲裁机构的,当事人不能就仲裁机构选择达成一致的,仲裁协议无效。 (3)仲裁协议约定由某地的仲裁机构仲裁且该地仅有一个仲裁机构的,该仲裁机构视为约定的仲裁机构。该地有两个以上仲裁机构的,当事人可以协议选择其中的一个仲裁机构申请仲裁;当事人不能就仲裁机构选择达成一致的,仲裁协议无效
4	仲裁协议的效力	(1)对当事人的法律效力:仲裁协议一经有效成立,即对当事人产生法律约束力。发生纠纷后,当事人只能向仲裁协议中所约定的仲裁机构申请仲裁,而不能就该纠纷向法院提起诉讼。 (2)对法院的约束力:有效的仲裁协议排除人民法院对仲裁协议约定争议事项的司法管辖权。《仲裁法》规定,当事人达成仲裁协议,一方向人民法院起诉未声明有仲裁协议,人民法院受理后,另一方在首次开庭前提交仲裁协议的,人民法院应当驳回起诉,但仲裁协议无效的除外。 (3)对仲裁机构的法律效力:仲裁协议是仲裁委员会受理仲裁案件的基础,是仲裁庭审理和裁决案件的依据。没有有效的仲裁协议,仲裁委员会就不能获得仲裁案件的管辖权。同时,仲裁委员会只能对当事人在仲裁协议中约定的争议事项进行仲裁,对超出仲裁协议约定范围的其他争议无权仲裁。 (4)仲裁协议的独立性:仲裁协议独立存在,合同的变更、解除、终止或者无效,以及合同成立后未生效、被撤销等,均不影响仲裁协议的效力。当事人在订立合同时就争议解决达成仲裁协议的,合同未成立也不影响仲裁协议的效力

序号	项目	内容
5	仲裁协议效力的确认	（1）当事人对仲裁协议效力有异议的，应当在仲裁庭首次开庭前提出。当事人既可以请求仲裁委员会作出决定，也可以请求人民法院裁定。一方请求仲裁委员会作出决定，另一方请求人民法院作出裁定的，由人民法院裁定。 （2）当事人向人民法院申请确认仲裁协议效力的案件，由仲裁协议约定的仲裁机构所在地、仲裁协议签订地、申请人住所地、被申请人住所地的中级人民法院或者专门人民法院管辖

B33 行政复议的申请、受理和决定的有关规定

★高频考点：行政复议的范围和受理

序号	项目	内容
1	行政复议申请	（1）公民、法人或者其他组织认为具体行政行为侵犯其合法权益的，可以自知道该具体行政行为之日起60日内提出行政复议申请；但法律规定的申请期限超过60日的除外。因不可抗力或者其他正当理由耽误法定申请期限的，申请期限自障碍消除之日起继续计算。 （2）依法申请行政复议的公民、法人或者其他组织是申请人。作出具体行政行为的行政机关是被申请人。申请人可以委托代理人代为参加行政复议。申请人申请行政复议，可以书面申请，也可以口头申请。 （3）对于行政复议，应当按照《行政复议法》的规定向有权受理的行政机关申请，如"对县级以上地方各级人民政府工作部门的具体行政行为不服的，由申请人选择，可以向该部门的本级人民政府申请行政复议，也可以向上一级主管部门申请行政复议"。 （4）申请行政复议，凡行政复议机关已经依法受理的，或者法律、法规规定应当先向行政复议机关申请行政复议、对行政复议决定不服再向人民法院提起行政诉讼的，在法定行政复议期限内不得向人民法院提起行政诉讼。公民、法人或者其他组织向人民法院提起行政诉讼，人民法院已经依法受理的，不得申请行政复议

序号	项目	内容
2	行政复议受理	(1)行政复议机关收到行政复议申请后,应当在5日内进行审查,依法决定是否受理,并书面告知申请人;对符合行政复议申请条件,但不属于本机关受理范围的,应当告知申请人向有关行政复议机关提出。 (2)在行政复议期间,行政机关不停止执行该具体行政行为,但有下列情形之一的,可以停止执行:①被申请人认为需要停止执行的;②行政复议机关认为需要停止执行的;③申请人申请停止执行,行政复议机关认为其要求合理,决定停止执行的;④法律规定停止执行的
3	行政复议决定	(1)行政复议原则上采取书面审查的办法,但申请人提出要求或者行政复议机关负责法制工作的机构认为有必要时,可以向有关组织和人员调查情况,听取申请人、被申请人和第三人的意见。行政复议决定作出前,申请人要求撤回行政复议申请的,经说明理由,可以撤回;撤回行政复议申请的,行政复议终止。 (2)行政复议机关应当在受理行政复议申请之日起60日内作出行政复议决定。 (3)申请人在申请行政复议时可以一并提出行政赔偿请求,行政复议机关对符合国家赔偿法有关规定应当给予赔偿的,在决定撤销、变更具体行政行为或者确认具体行政行为违法时,应同时决定被申请人依法给予赔偿

C 级 知 识 点

(熟悉考点)

C1　物权的法律特征和主要种类

★**高频考点：物权的种类**

（1）所有权：包括占有权、使用权、收益权、处分权（是所有人的最基本的权利，是所有权内容的核心）。

（2）用益物权：包括土地承包经营权、建设用地使用权、居住权、宅基地使用权和地役权。

（3）担保物权：包括抵押权、质权和留置权。

注：物权具有以下特征：物权是支配权、绝对权、财产权，物权具有排他性。要搞清楚不同物权的表现，不要混淆。

★**高频考点：物权的法律特征和主要种类**

序号	项目	内容
1	物权概念	（1）物权，是指权利人依法对特定的物享有直接支配和排他的权利，包括所有权、用益物权和担保物权。 （2）所有民事主体都能够成为物权权利人，包括法人、法人以外的其他组织、自然人。物权的客体一般是物，包括不动产和动产。不动产，是指土地以及房屋、林木等地上定着物。动产是指不动产以外的物
2	物权的法律特征	（1）物权是支配权。物权是权利人直接支配的权利，即物权人可以依自己的意志就标的物直接行使权利，无须他人的意思或义务人的行为介入。 （2）物权是绝对权。物权的权利人可以对抗一切不特定的人。物权的权利人是特定的，义务人是不特定的，且义务内容是不作为，即只要不侵犯物权人行使权利就履行义务。 （3）物权是财产权。物权是一种具有物质内容的、直接体现为财产利益的权利。财产利益包括对物的利用、物的归属和就物的价值设立的担保。 （4）物权具有排他性。物权人有权排除他人对于他行使物权的干涉。而且同一物上不许有内容不相容的物权并存，即"一物一权"
3	物权的种类	物权包括所有权、用益物权和担保物权。 （1）所有权。包括占有权、使用权、收益权、处分权。处分权是所有人的最基本的权利，是所有权内容的核心。 （2）用益物权。用益物权是权利人对他人所有的不动产或者动产，依法享有占有、使用和收益的权利。用益物权包括土地承包经营权、建设用地使用权、居住权、宅基地使用权和

序号	项目	内容
3	物权的种类	地役权。国家所有或者国家所有由集体使用以及法律规定属于集体所有的自然资源,组织、个人依法可以占有、使用和收益。此时,组织或者个人就成为用益物权人。因不动产或者动产被征收、征用,致使用益物权消灭或者影响用益物权行使的,用益物权人有权获得相应补偿。 (3)担保物权。担保物权是权利人在债务人不履行到期债务或者发生当事人约定的实现担保物权的情形,依法享有就担保财产优先受偿的权利。债权人在借贷、买卖等民事活动中,为保障实现其债权,需要担保的,可以依照《民法典》和其他法律的规定设立担保物权

C2 物权的设立、变更、转让、消灭和保护

★高频考点:物权的设立、变更、转让、消灭

序号	对比项目	不动产物权	动产物权
1	设立	经依法登记,发生效力;未经登记,不发生效力,但是法律另有规定的除外。不动产物权的设立、变更、转让和消灭,依照法律规定应当登记的,自记载于不动产登记簿时发生效力。依法属于国家所有的自然资源,所有权可以不登记。不动产登记,由不动产所在地的登记机构办理	(1)动产物权以占有和交付为公示手段。 (2)动产物权的设立和转让,应当依法律规定交付。 (3)动产物权的设立和转让,自交付时发生效力。 (4)船舶、航空器和机动车等物权的设立、变更、转让和消灭,未经登记,不得对抗善意第三人
2	变更		
3	转让		
4	消灭		

注:1. 物权的保护,是指通过法律规定的方法和程序保障物权人在法律许可的范围内对其财产行使占有、使用、收益、处分权利的制度。物权受到侵害的,权利人可以通过和解、调解、仲裁、诉讼等途径解决。
2. 因物权的归属、内容发生争议的,利害关系人可以请求确认权利。无权占有不动产或者动产的,权利人可以请求返还原物。妨害物权或者可能妨害物权的,权利人可以请求排除妨害或者消除危险。造成不动产或者动产毁损的,权利人可以请求修理、重作、更换或者恢复原状。侵害物权,造成权利人损害的,权利人可以请求损害赔偿,也可以请求承担其他民事责任。对于物权保护方式,可以单独适用,也可以根据权利被侵害的情形合并适用。
3. 侵害物权,除承担民事责任外,违反行政管理规定的,依法承担行政责任;构成犯罪的,依法追究刑事责任。

C3　债的基本法律关系

★高频考点：债的含义和内容

序号	项目	内容
1	债的含义	(1)债权是因合同、侵权行为、无因管理、不当得利以及法律的其他规定,权利人请求特定义务人为或者不为一定行为的权利。 (2)债具有相对性:债权人只能向特定的人主张自己的权利,债务人也只需向享有该项权利的特定人履行义务
2	债的内容	(1)债权是请求特定人为特定行为作为或不作为的权利。 (2)债权是相对权

注：债权相对性体现在：(1)债权主体的相对性；(2)债权内容的相对性；(3)债权责任的相对性。

C4　建设工程保证担保的方式和责任

★高频考点：保证相关知识

序号	项目	内容
1	概念	在建设工程活动中,保证是最为常用的一种担保方式。所谓保证,是指保证人和债权人约定,当债务人不履行债务时,保证人按照约定履行债务或者承担责任的行为。具有代为清偿债务能力的法人、其他组织或者公民,可以作保证人。但在建设工程活动中,由于担保的标的额较大,保证人往往是银行,也有信用较高的其他担保人,如担保公司。银行出具的保证通常称为保函,其他保证人出具的书面保证一般称为保证书
2	保证合同	(1)保证合同是为保障债权的实现,保证人和债权人约定,当债务人不履行到期债务或者发生当事人约定的情形时,保证人履行债务或者承担责任的合同。保证合同是主债权债务合同的从合同。主债权债务合同无效的,保证合同无效,但是法律另有规定的除外。保证合同被确认无效后,债务人、保证人、债权人有过错的,应当根据其过错各自承担相应的民事责任。 (2)保证合同的内容一般包括被保证的主债权的种类、数额,债务人履行债务的期限,保证的方式、范围和期间等条款

序号	项目	内容
3	保证的方式	（1）保证的方式有两种：一般保证；连带责任保证。 （2）当事人在保证合同中约定，债务人不能履行债务时，由保证人承担保证责任的，为一般保证。一般保证的保证人在主合同纠纷未经审判或者仲裁，并就债务人财产依法强制执行仍不能履行债务前，有权拒绝向债权人承担保证责任，但是有下列情形之一的除外：①债务人下落不明，且无财产可供执行；②人民法院已经受理债务人破产案件；③债权人有证据证明债务人的财产不足以履行全部债务或者丧失履行债务能力；④保证人书面表示放弃本款规定的权利。 （3）当事人在保证合同中约定保证人和债务人对债务承担连带责任的，为连带责任保证。连带责任保证的债务人不履行到期债务或者发生当事人约定的情形时，债权人可以请求债务人履行债务，也可以请求保证人在其保证范围内承担保证责任。 （4）当事人在保证合同中对保证方式没有约定或者约定不明确的，按照一般保证承担保证责任
4	保证人资格	机关法人不得为保证人，但是经国务院批准为使用外国政府或者国际经济组织贷款进行转贷的除外。以公益为目的的非营利法人、非法人组织不得为保证人
5	保证责任	（1）保证合同生效后，保证人就应当在合同约定的保证范围和保证期间承担保证责任。 （2）保证担保的范围包括主债权及利息、违约金、损害赔偿金和实现债权的费用。保证合同另有约定的，按照约定。 （3）保证期间，债权人转让全部或者部分债权，未通知保证人的，该转让对保证人不发生效力。保证人与债权人约定禁止债权转让，债权人未经保证人书面同意转让债权的，保证人对受让人不再承担保证责任。债权人未经保证人书面同意，允许债务人转移全部或者部分债务，保证人对未经其同意转移的债务不再承担保证责任，但是债权人和保证人另有约定的除外。第三人加入债务的，保证人的保证责任不受影响。债权人和债务人未经保证人书面同意，协商变更主债权债务合同内容，减轻债务的，保证人仍对变更后的债务承担保证责任，加重债务的，保证人对加重的部分不承担保证责任。债权人和债务人变更主债权债务合同的履行期限，未经保证人书面同意的，保证期间不受影响。 （4）债权人与保证人可以约定保证期间，但是约定的保证期间早于主债务履行期限或者与主债务履行期限同时届满的，视为没有约定；没有约定或者约定不明确的，保证期间为主债务履行期限届满之日起 6 个月。债权人与债务人对主债务履行期限没有约定或者约定不明确的，保证期间自债权人请求债务人履行债务的宽限期届满之日起计算

★高频考点：建设工程施工常用的担保种类

序号	种类	内容
1	施工投标保证金	(1)投标保证金是指投标人按照招标文件的要求向招标人出具的，以一定金额表示的投标责任担保。其实质是为了避免因投标人在投标有效期内随意撤销投标或中标后不能提交履约保证金和签署合同等行为而给招标人造成损失。 (2)投标保证金除现金外，可以是银行出具的银行保函、保兑支票、银行汇票或现金支票
2	施工合同履约保证金	(1)《招标投标法》规定，招标文件要求中标人提交履约保证金的，中标人应当提供。 (2)施工合同履约保证金，是为了保证施工合同的顺利履行而要求承包人提供的担保。施工合同履约保证金多为提供第三人的信用担保(保证)，一般是由银行或者担保公司向招标人出具履约保函或者保证书
3	工程款支付担保	(1)《工程建设项目施工招标投标办法》规定，招标人要求中标人提供履约保证金或其他形式履约担保的，招标人应当同时向中标人提供工程款支付担保。 (2)工程款支付担保，是发包人向承包人提交的、保证按照合同约定支付工程款的担保，通常采用由银行出具保函的方式
4	预付款担保	(1)《建设工程施工合同(示范文本)》中提出，发包人要求承包人提供预付款担保的，承包人应在发包人支付预付款 7 天前提供预付款担保，专用合同条款另有约定除外。 (2)预付款担保可采用银行保函、担保公司担保等形式，具体由合同当事人在专用合同条款中约定。 (3)在预付款完全扣回之前，承包人应保证预付款担保持续有效。发包人在工程款中逐期扣回预付款后，预付款担保额度应相应减少，但剩余的预付款担保金额不得低于未被扣回的预付款金额

C5 其他相关税收的规定

★高频考点：其他相关税收的规定

序号	税种	规定	免缴情形	说明
1	城市维护建设税	在中华人民共和国境内缴纳增值税、消费税的单位和个人，为城市维护建设税的纳税人	对进口货物或者境外单位和个人向境内销售劳务、服务、无形资产缴纳的增值税、消费税税额，不征收城市维护建设税	(1)纳税人所在地在市区的，税率为7%。(2)纳税人所在地在县城、镇的，税率为5%。(3)纳税人所在地不在市区、县城或镇的，税率为1%。城市维护建设税的纳税义务发生时间与增值税、消费税的纳税义务发生时间一致，分别与增值税、消费税同时缴纳
2	教育费附加	凡缴纳消费税、增值税、营业税的单位和个人，除按照规定缴纳农村教育事业费附加的单位外，都应当缴纳教育费附加	—	教育费附加，以各单位和个人实际缴纳的增值税、营业税、消费税的税额为计征依据，教育费附加率为3%，分别与增值税、营业税、消费税同时缴纳
3	城镇土地使用税	在城市、县城、建制镇、工矿区范围内使用土地的单位和个人，为城镇土地使用税的纳税人	(1)国家机关、人民团体、军队自用的土地。(2)由国家财政部门拨付事业经费的单位自用的土地。(3)宗教寺庙、公园、名胜古迹自用的土地。	(1)经省级人民政府批准，经济落后地区土地使用税的适用税额标准可以适当降低，但降低额不得超过规定最低税额的30%。

序号	税种	规定	免缴情形	说明
3	城镇土地使用税	在城市、县城、建制镇、工矿区范围内使用土地的单位和个人,为城镇土地使用税的纳税人	(4)市政街道、广场、绿化地带等公共用地。(5)直接用于农、林、牧、渔业的生产用地。(6)经批准开山填海整治的土地和改造的废弃土地,从使用的月份起免缴土地使用税5年至10年。(7)由财政部另行规定免税的能源、交通、水利设施用地和其他用地	(2)经济发达地区土地使用税的适用税额标准可以适当提高,但须报经财政部批准。(3)土地使用税按年计算、分期缴纳。缴纳期限由省、自治区、直辖市人民政府确定
4	房产税	(1)房产税在城市、县城、建制镇和工矿区征收。(2)房产税由产权所有人缴纳。产权属于全民所有的,由经营管理的单位缴纳。产权出典的,由承典人缴纳。产权所有人、承典人不在房产所在地的,或者产权未确定及租典纠纷未解决的,由房产代管人或者使用人缴纳	(1)国家机关、人民团体、军队自用的房产。(2)由国家财政部门拨付事业经费的单位自用的房产。(3)宗教寺庙、公园、名胜古迹自用的房产。(4)个人所有非营业用的房产。(5)经财政部批准免税的其他房产。(6)除《房产税暂行条例》规定外,纳税人纳税确有困难的,可由省、自治区、直辖市人民政府确定,定期减征或者免征房产税	(1)房产税依照房产原值一次减除10%至30%后的余值计算缴纳。具体减除幅度,由省、自治区、直辖市人民政府规定。没有房产原值作为依据的,由房产所在地税务机关参考同类房产核定。(2)房产出租的,以房产租金收入为房产税的计税依据。(3)房产税的税率,依照房产余值计算缴纳的,税率为1.2%;依照房产租金收入计算缴纳的,税率为12%

序号	税种	规定	免缴情形	说明
5	车船税	规定的车辆、船舶（以下简称车船）的所有人或者管理人，为车船税的纳税人	（1）捕捞、养殖渔船。 （2）军队、武装警察部队专用的车船。 （3）警用车船。 （4）悬挂应急救援专用号牌的国家综合性消防救援车辆和国家综合性消防救援专用船舶。 （5）依照法律规定应当予以免税的外国驻华使领馆、国际组织驻华代表机构及其有关人员的车船	从事机动车第三者责任强制保险业务的保险机构为机动车车船税的扣缴义务人，应当在收取保险费时依法代收车船税，并出具代收税款凭证
6	印花税	2021年6月公布的《中华人民共和国印花税法》规定，在中华人民共和国境内书立应税凭证、进行证券交易的单位和个人，为印花税的纳税人，应当依照本法规定缴纳印花税。在中华人民共和国境外书立在境内使用的应税凭证的单位和个人，应当依照本法规定缴纳印花税。应税凭证，是指本法所附《印花税税目税率表》列明的合同、产权转移书据和营业账簿	下列凭证免征印花税：①应税凭证的副本或者抄本；……⑤无息或者贴息借款合同、国际金融组织向中国提供优惠贷款书立的借款合同；⑥财产所有权人将财产赠与政府、学校、社会福利机构、慈善组织书立的产权转移书据；……⑧个人与电子商务经营者订立的电子订单	印花税的计税依据如下： （1）应税合同的计税依据，为合同所列的金额，不包括列明的增值税税款。 （2）应税产权转移书据的计税依据，为产权转移书据所列的金额，不包括列明的增值税税款。 （3）应税营业账簿的计税依据，为账簿记载的实收资本（股本）、资本公积合计金额。 （4）证券交易的计税依据，为成交金额

序号	税种	规定	免缴情形	说明
7	车辆购置税	在中华人民共和国境内购置汽车、有轨电车、汽车挂车、排气量超过150毫升的摩托车（以下统称应税车辆）的单位和个人，为车辆购置税的纳税人	（1）依照法律规定应当予以免税的外国驻华使馆、领事馆和国际组织驻华机构及其有关人员自用的车辆。（2）中国人民解放军和中国人民武装警察部队列入装备订货计划的车辆。（3）悬挂应急救援专用号牌的国家综合性消防救援车辆。（4）设有固定装置的非运输专用作业车辆。（5）城市公交企业购置的公共汽电车辆	（1）车辆购置税实行一次性征收。购置已征车辆购置税的车辆，不再征收车辆购置税。（2）车辆购置税的税率为10%。车辆购置税的应纳税额按照应税车辆的计税价格乘以税率计算
8	契税	在中华人民共和国境内转移土地、房屋权属，承受的单位和个人为契税的纳税人，应当依照本法规定缴纳契税。本法所称转移土地、房屋权属，是指下列行为：①土地使用权出让；②土地使用权转让，包括出售、赠与、互换；③房屋买卖、赠与、互换。其中土地使用权转让，不包括土地承包经营权和土	（1）国家机关、事业单位、社会团体、军事单位承受土地、房屋权属用于办公、教学、医疗、科研、军事设施。（2）非营利性的学校、医疗机构、社会福利机构承受土地、房屋权属用于办公、教学、医疗、科研、养老、救助。（3）承受荒山、荒地、荒滩土地使用权用于农、林、牧、渔业生产。	契税税率为3%～5%。契税的应纳税额按照计税依据乘以具体适用税率计算

序号	税种	规定	免缴情形	说明
8	契税	地经营权的转移。以作价投资（入股）、偿还债务、划转、奖励等方式转移土地、房屋权属的,应当依照本法规定征收契税	（4）婚姻关系存续期间夫妻之间变更土地、房屋权属。（5）法定继承人通过继承承受土地、房屋权属。（6）依照法律规定应当予以免税的外国驻华使馆、领事馆和国际组织驻华代表机构承受土地、房屋权属	契税税率为3%～5%。契税的应纳税额按照计税依据乘以具体适用税率计算

C6　建设工程民事责任的种类及承担方式

★高频考点：民事责任承担方式

序号	承担方式	说明
1	停止侵害	指侵害人终止其正在进行或者延续的损害他人合法权益的行为
2	排除妨碍	指侵害人排除由其行为引起的妨碍他人权利正常行使和利益实现的客观事实状态
3	消除危险	指侵害人消除由其行为或者物件引起的现实存在的某种有可能对他人的合法权益造成损害的紧急事实状态
4	返还财产	指侵害人将其非法占有或者获得的财产转移给所有人或者权利人
5	恢复原状	指使受害人的财产恢复到受侵害之前的状态

序号	承担方式	说明
6	修理、重作、更换	(1)修理:指使受损害的财产或者不符合合同约定质量的标的物具有应当具备的功能、质量。 (2)重作:指重新加工、制作标的物。 (3)更换:指以符合质量要求的标的物替代已交付的质量不符合要求的标的物
7	继续履行	法律强制违约方按合同约定继续履行合同义务
8	赔偿损失	指行为人因违反民事义务致人损害,应以财产赔偿受害人所受的损失
9	支付违约金	指按照当事人的约定或者法律规定,一方当事人违约的,应向另一方支付的金钱
10	消除影响、恢复名誉	(1)消除影响:指加害人在其不良影响所及范围内消除对受害人不利后果的民事责任。 (2)恢复名誉:指加害人在其侵权后果所及范围内使害人的名誉恢复到未曾受损害的状态
11	赔礼道歉	指加害人以口头或者书面的方式向受害人承认过错、表示歉意

注:建设工程民事责任的主要承担方式有:返还财产、修理、赔偿损失、支付违约金。

C7 建造师考试、注册和继续教育的规定

★**高频考点:注册建造师注册类型、有效期及相关规定**

序号	注册类型	有效期限	相关规定
1	初始注册	3年	注册证书和执业印章是注册建造师的执业凭证,由注册建造师本人保管、使用
2	延续注册	3年	延续注册的,注册证书与执业印章有效期也为3年
3	变更注册	延续原注册有效期(即剩余年限)	变更注册申报不及时影响建造师执业、工程项目出现损失的,由注册建造师所在聘用企业承担责任,并作为不良行为记入企业信用档案

序号	注册类型	有效期限	相关规定
4	增项注册	各是3年	(1)多专业注册的注册建造师,其中一个专业注册期满仍需以该专业继续执业和以其他专业执业的,应当及时办理续期注册。 (2)各专业独立适用3年有效期,如其中之一未及时延续注册,将导致实效

注:一级建造师执业资格认定实行承诺制。申请人和其聘用企业对申报信息真实性和有效性进行承诺,并承担相应法律责任。

★高频考点:不予注册和注册证书、执业印章失效及注销

序号	项目	内容
1	不予注册	(1)不具有完全民事行为能力的。 (2)申请在两个或者两个以上单位注册的。 (3)未达到注册建造师继续教育要求的。 (4)受到刑事处罚,刑事处罚尚未执行完毕。 (5)因执业活动受到刑事处罚,自刑事处罚执行完毕之日起至申请注册之日止不满5年的。 (6)因前项规定以外的原因受到刑事处罚,自处罚决定之日起至申请注册之日止不满3年的。 (7)被吊销注册证书,自处罚决定之日起至申请注册之日止不满2年的。 (8)在申请注册之日前3年内担任项目经理期间,所负责项目发生过重大质量和安全事故的。 (9)申请人的聘用单位不符合注册单位要求的。 (10)年龄超过65周岁的
2	失效	(1)聘用单位破产的。 (2)聘用单位被吊销营业执照的。 (3)聘用单位被吊销或者撤回资质证书的。 (4)已与聘用单位解除聘用合同关系的。 (5)注册有效期满且未延续注册的。 (6)年龄超过65周岁的。 (7)死亡或不具有完全民事行为能力的
3	注销	(1)有以上规定的注册证书和执业印章失效情形发生的。 (2)依法被撤销注册的。 (3)依法被吊销注册证书的。 (4)受到刑事处罚的

C8 建造师的受聘单位和执业岗位范围

★高频考点:建造师的受聘单位和执业岗位规定

序号	项目	内容
1	受聘单位	(1)在施工单位担任建设工程施工项目的项目经理。 (2)在勘察、设计、监理、招标代理、造价咨询等单位或具有多项上述资质的单位执业
2	执业岗位范围	(1)担任建设工程项目施工的项目经理,承担大、中、小型工程施工项目负责人。 (2)从事其他施工活动的管理工作
3	不得担任两个及以上项目负责人的规定	不得同时担任两个及以上建设工程施工项目负责人,除外情形: (1)同一工程相邻分段发包或分期施工的。 (2)合同约定的工程验收合格的。 (3)因非承包原因致使工程项目停工超过120天(含),经建设单位同意的
4	担任施工项目负责人更换的规定	注册建造师担任施工项目负责人期间原则上不得更换。发生下列情形之一的,应当办理书面交接手续后更换施工项目负责人: (1)发包方与注册建造师受聘企业已解除承包合同的。 (2)发包方同意更换的。 (3)因不可抗力
5	担任施工项目负责人变更注册单位的规定	在其承建的建设工程项目竣工验收或移交项目手续办结前,除上述规定的情形外,不得变更注册至另一企业

注:《注册建造师执业管理办法(试行)》规定,一级注册建造师可在全国范围内以一级注册建造师名义执业。工程所在地各级建设主管部门和有关部门不得增设或者变相设置跨地区承揽工程项目执业准入条件。

C9 禁止串通投标和其他不正当竞争行为的规定

★高频考点：串通投标及不正当竞争行为

(1) 投标人相互串通投标
　① 投标人之间协商投标报价等投标文件的实质性内容
　② 投标人之间约定中标
　③ 投标人之间约定部分投标人放弃投标或者中标
　④ 属于同一集团、协会、商会组织成员的投标人按照该组织要求协同投标
　⑤ 投标人之间为谋取中标或者排斥特定投标人而采取的其他联合行动
　⑥ 不同投标人的投标文件由同一单位或者个人编制
　⑦ 不同投标人委托同一单位或者个人办理投标事宜
　⑧ 不同投标人的投标文件载明的项目管理成员为同一人
　⑨ 不同投标人的投标文件异常一致或者投标报价呈规律性差异
　⑩ 不同投标人的投标文件相互混装
　⑪ 不同投标人的投标保证金从同一单位或者个人的账户转出

(2) 招标人与投标人串通投标
　① 招标人在开标前开启投标文件并将有关信息泄露给其他投标人
　② 招标人直接或者间接向投标人泄露标底、评标委员会成员等信息
　③ 招标人明示或者暗示投标人压低或者抬高投标报价
　④ 招标人授意投标人撤换、修改投标文件
　⑤ 招标人明示或者暗示投标人为特定投标人中标提供方便
　⑥ 招标人与投标人为谋求特定投标人中标而采取的其他串通行为

(3) 投标人以行贿手段谋取中标：账外暗中给予对方单位或者个人的个别成本

(4) 投标人不得以低于成本的报价竞标：成本为投标人的个别成本

(5) 投标人不得以他人名义投标或者以其他方式弄虚作假骗取中标
　① 使用伪造、变造的许可证件
　② 提供虚假的财务状况或者业绩
　③ 提供虚假的项目负责人或者主要技术人员简历、劳动关系证明
　④ 提供虚假的信用状况

C10　中标的法定要求和招标投标投诉处理

★高频考点：中标的法定要求

序号	项目	内容
1	公示中标候选人	(1)依法必须进行招标的项目,招标人应当自收到评标报告之日起3日内公示中标候选人,公示期不得少于3日。 (2)投标人或者其他利害关系人对依法必须进行招标的项目的评标结果有异议的,应当在中标候选人公示期间提出。招标人应当自收到异议之日起3日内作出答复;作出答复前,应当暂停招标投标活动
2	确定中标人	(1)《招标投标法》规定,招标人根据评标委员会提出的书面评标报告和推荐的中标候选人确定中标人。招标人也可以授权评标委员会直接确定中标人。中标人的投标应当符合下列条件之一:①能够最大限度地满足招标文件中规定的各项综合评价标准;②能够满足招标文件的实质性要求,并且经评审的投标价格最低,但是投标价格低于成本的除外。在确定中标人前,招标人不得与投标人就投标价格、投标方案等实质性内容进行谈判。 (2)国务院办公厅《关于促进建筑业持续健康发展的意见》中规定,对采用常规通用技术标准的政府投资工程,在原则上实行最低价中标的同时,有效发挥履约担保的作用,防止恶意低价中标,确保工程投资不超预算。 (3)《招标投标法实施条例》规定,国有资金占控股或者主导地位的依法必须进行招标的项目,招标人应当确定排名第一的中标候选人为中标人。排名第一的中标候选人放弃中标、因不可抗力不能履行合同、不按照招标文件要求提交履约保证金,或者被查实存在影响中标结果的违法行为等情形,不符合中标条件的,招标人可以按照评标委员会提出的中标候选人名单排序依次确定其他中标候选人为中标人,也可以重新招标。 (4)中标候选人的经营、财务状况发生较大变化或者存在违法行为,招标人认为可能影响其履约能力的,应当在发出中标通知书前由原评标委员会按照招标文件规定的标准和方法审查确认
3	中标通知书	中标人确定后,招标人应当向中标人发出中标通知书,并同时将中标结果通知所有未中标的投标人。中标通知书对招标人和中标人具有法律效力。中标通知书发出后,招标人改变中标结果的,或者中标人放弃中标项目的,应当依法承担法律责任

序号	项目	内容
4	报告招标投标情况	依法必须进行招标的项目,招标人应当自确定中标人之日起15日内,向有关行政监督部门提交招标投标情况的书面报告
5	履约保证金	(1)《招标投标法》规定,招标文件要求中标人提交履约保证金的,中标人应当提交。《招标投标法实施条例》进一步规定,履约保证金不得超过中标合同金额的10%。中标人应当按照合同约定履行义务,完成中标项目。 (2)国务院办公厅《关于促进建筑业持续健康发展的意见》还规定,引导承包企业以银行保函或担保公司保函的形式,向建设单位提供履约担保

★**高频考点:招标投标投诉与处理**

序号	项目	内容
1	投诉的规定	(1)《招标投标法实施条例》规定,投标人或者其他利害关系人认为招标投标活动不符合法律、行政法规规定的,可以自知道或者应当知道之日起10日内向有关行政监督部门投诉。投诉应当有明确的请求和必要的证明材料。 (2)对资格预审文件、招标文件、开标以及对依法必须进行招标项目的评标结果有异议的,应当依法先向招标人提出异议,其异议答复期间不计算在以上规定的期限内
2	投诉处理的规定	(1)《招标投标法实施条例》规定,投诉人就同一事项向两个以上有权受理的行政监督部门投诉的,由最先收到投诉的行政监督部门负责处理。行政监督部门应当自收到投诉之日起3个工作日内决定是否受理投诉,并自受理投诉之日起30个工作日内作出书面处理决定;需要检验、检测、鉴定、专家评审的,所需时间不计算在内。投诉人捏造事实、伪造材料或者以非法手段取得证明材料进行投诉的,行政监督部门应当予以驳回。 (2)行政监督部门处理投诉,有权查阅、复制有关文件、资料,调查有关情况,相关单位和人员应当予以配合。必要时,行政监督部门可以责令暂停招标投标活动。行政监督部门的工作人员对监督检查过程中知悉的国家秘密、商业秘密,应当依法予以保密

C11　无效合同和效力待定合同的规定

★高频考点：无效合同相关规定

序号	项目	内容
1	无效合同的特征	(1)具有违法性。 (2)具有不可履行性。 (3)自订立之时就不具有法律效力
2	有效的民事法律行为	(1)行为人具有相应的民事行为能力。 (2)意思表示真实。 (3)不违反法律、行政法规的强制性规定,不违背公序良俗
3	无效的免责条款	(1)造成对方人身损害的。 (2)因故意或者重大过失造成对方财产损失的
4	建设工程无效施工合同的主要情形	建设工程施工合同具有下列情形之一的,应当依据《民法典》第153条第1款的规定,认定无效： (1)承包人未取得建筑业企业资质或者超越资质等级的。 (2)没有资质的实际施工人借用有资质的建筑施工企业名义的。 (3)建设工程必须进行招标而未招标或者中标无效的。 注：承包人因转包、违法分包建设工程与他人签订的建设工程施工合同,应当依据《民法典》第153条第1款及第791条第2款、第3款的规定,认定无效
5	无效合同的法律后果	(1)无效的或者被撤销的民事法律行为自始没有法律约束力。民事法律行为部分无效,不影响其他部分效力的,其他部分仍然有效。 (2)合同不生效、无效、被撤销或者终止的,不影响合同中有关解决争议方法的条款的效力。 (3)民事法律行为无效、被撤销或者确定不发生效力后,行为人因该行为取得的财产,应当予以返还;不能返还或者没有必要返还的,应当折价补偿。有过错的一方应当赔偿对方由此所受到的损失;双方都有过错的,应当各自承担相应的责任
6	无效施工合同的工程款结算	(1)建设工程施工合同无效,但是建设工程经验收合格的,可以参照合同关于工程价款的约定折价补偿承包人。 (2)建设工程施工合同无效,且建设工程经验收不合格的,按照以下情形处理：①修复后的建设工程经验收合格的,发包人可以请求承包人承担修复费用;②修复后的建设工程经验收不合格的,承包人无权请求参照合同关于工程价款的约定折价补偿。发包人对因建设工程不合格造成的损失有过错的,应当承担相应的责任

★高频考点：效力待定合同

序号	类型	规定
1	限制行为能力人订立的合同	(1)限制民事行为能力人实施的纯获利益的民事法律行为或者与其年龄、智力、精神健康状况相适应的民事法律行为有效；实施的其他民事法律行为经法定代理人同意或者追认后有效。 (2)相对人可以催告法定代理人自收到通知之日起30日内予以追认。法定代理人未作表示的，视为拒绝追认。民事法律行为被追认前，善意相对人有撤销的权利。撤销应当以通知的方式作出
2	无权代理人订立的合同	(1)行为人没有代理权、超越代理权或者代理权终止后，仍然实施代理行为，未经被代理人追认的，对被代理人不发生效力。 (2)相对人可以催告被代理人自收到通知之日起30日内予以追认。被代理人未作表示的，视为拒绝追认。行为人实施的行为被追认前，善意相对人有撤销的权利。撤销应当以通知的方式作出。 (3)行为人实施的行为未被追认的，善意相对人有权请求行为人履行债务或者就其受到的损害请求行为人赔偿。但是，赔偿的范围不得超过被代理人追认时相对人所能获得的利益。 (4)相对人知道或者应当知道行为人无权代理的，相对人和行为人按照各自的过错承担责任。无权代理人以被代理人的名义订立合同，被代理人已经开始履行合同义务或者接受相对人履行的，视为对合同的追认

C12 合法用工方式与违法用工模式的规定

★高频考点：劳务派遣的有关规定

序号	项目	内容
1	劳务派遣当事人	劳务派遣单位、劳动者和用工单位
2	劳务派遣的劳动合同	(1)劳务派遣的劳动合同由劳务派遣单位与劳动者签订。 (2)劳务派遣单位应当与被派遣劳动者订立2年以上的固定期限劳动合同，按月支付劳动报酬。 (3)被派遣劳动者在无工作期间，劳务派遣单位应当按照所在地人民政府规定的最低工资标准，向其按月支付报酬

序号	项目	内容
3	劳务派遣协议	(1)劳务派遣单位派遣劳动者应当与接受以劳务派遣形式用工的单位(用工单位)订立劳务派遣协议。 (2)用工单位应当根据工作岗位的实际需要与劳务派遣单位确定派遣期限,不得将连续用工期限分割订立数个短期劳务派遣协议
4	劳务派遣岗位	(1)劳务派遣用工是补充形式,只能在临时性、辅助性或者替代性的工作岗位上实施。 (2)临时性工作岗位是指存续时间不超过6个月的岗位。 (3)辅助性工作岗位是指为主营业务岗位提供服务的非主营业务岗位。 (4)替代性工作岗位是指用工单位的劳动者因脱产学习、休假等原因无法工作的一定期间内,可以由其他劳动者替代工作的岗位
5	劳务用工单位应当履行的义务	(1)执行国家劳动标准,提供相应的劳动条件和劳动保护。 (2)告知被派遣劳动者的工作要求和劳动报酬。 (3)支付加班费、绩效奖金,提供与工作岗位相关的福利待遇。 (4)对在岗被派遣劳动者进行工作岗位所必需的培训。 (5)连续用工的,实行正常的工资调整机制。 注:用工单位不得将被派遣劳动者再派遣到其他用人单位
6	用工单位对被派遣劳动者权利保障规定	(1)《劳务派遣暂行规定》规定,用工单位应当按照《劳动合同法》第62条规定,向被派遣劳动者提供与工作岗位相关的福利待遇,不得歧视被派遣劳动者。 (2)被派遣劳动者在用工单位因工作遭受事故伤害的,劳务派遣单位应当依法申请工伤认定,用工单位应当协助工伤认定的调查核实工作。劳务派遣单位承担工伤保险责任,但可以与用工单位约定补偿办法。 (3)被派遣劳动者在申请进行职业病诊断、鉴定时,用工单位应当负责处理职业病诊断、鉴定事宜,并如实提供职业病诊断、鉴定所需的劳动者职业史和职业危害接触史、工作场所职业病危害因素检测结果等资料,劳务派遣单位应当提供被派遣劳动者职业病诊断、鉴定所需的其他材料
7	用工单位可以将被派遣劳动者退回劳务派遣单位的情形	(1)用工单位有《劳动合同法》第40条第3项、第41条规定情形的。 (2)用工单位被依法宣告破产、吊销营业执照、责令关闭、撤销、决定提前解散或者经营期限届满不再继续经营的。 (3)劳务派遣协议期满终止的。

序号	项目	内容
7	用工单位可以将被派遣劳动者退回劳务派遣单位的情形	注：被派遣劳动者退回后在无工作期间，劳务派遣单位应当按照不低于所在地人民政府规定的最低工资标准，向其按月支付报酬。被派遣劳动者有《劳动合同法》第42条规定情形的，在派遣期限届满前，用工单位不得依据上述第(1)项规定将被派遣劳动者退回劳务派遣单位；派遣期限届满的，应当延续至相应情形消失时方可退回

C13 租赁合同的法律规定

★高频考点：定期与不定期租赁合同的规定

序号	项目	内容
1	租赁期限	(1)租赁合同可以约定租赁期限，但期限不得超过20年。超过20年的，超过部分无效。 (2)租赁期限届满，当事人可续订租赁合同，但租赁期限自续订之日起不得超过20年。 (3)当事人未依照法律、行政法规规定办理租赁合同登记备案手续的，不影响合同的效力。租赁期限6个月以上的，应采用书面形式。当事人未采用书面形式，无法确定租赁期限的，视为不定期租赁
2	不定期租赁的情形	(1)当事人没有约定租赁期限。 (2)定期租赁合同期限届满，承租人继续使用租赁物，出租人没有提出异议的，租赁合同继续有效，租赁期限为不定期。租赁期限届满，房屋承租人享有以同等条件优先承租的权利。 (3)当事人对租赁期限没有约定或者约定不明确，可以协议补充；不能达成补充协议的，按照合同相关条款或者交易习惯确定。对于不能达成补充协议，也不能按照合同相关条款或者交易习惯确定的，视为不定期租赁。当事人可以随时解除合同，但应当在合理期限之前通知对方

★高频考点：租赁合同当事人的权利义务

序号	项目	内容	说明
1	出租人的义务	（1）交付出租物	按约定交付并在租赁期限内保持租赁物符合约定的用途
		（2）维修租赁物	①除当事人另有约定的外，出租人应当履行租赁物的维修义务。②出租人未履行维修义务的，承租人可自行维修，费用由出租人负担。③因维修影响使用时，相应减少租金或者延长租期。因承租人的过错致使租赁物需要维修的，出租人不承担以上规定的维修义务
		（3）权利瑕疵担保	租赁期间，第三人主张权利致使承租人不能使用、收益的，可以要求减少租金或不支付租金
		（4）物的瑕疵担保	①担保租赁物质量完好，不存在影响承租人正常使用的瑕疵。②承租人在签订合同时知悉某瑕疵存在，则不予担保。③在租赁物危及承租人的安全或者健康的，即使承租人订合同时明知质量不合格，承租人仍可随时解除合同
		（5）保证承租人优先购买权	①出租人出卖租赁房屋的，应在出卖之前的合理期限内通知承租人，承租人可以同等条件优先购买；但是，房屋按份共有人行使优先购买权或者出租人将房屋出卖给近亲属的除外。出租人履行通知义务后，承租人在15日内未明确表示购买的，视为承租人放弃优先购买权。②租赁物在承租人按照租赁合同占有期限内发生所有权变动的，不影响租赁合同的效力
		（6）保证共同居住人继续承租	承租人在房屋期限内死亡的，与其生前共同居住的人或者共同经营人可以按照原租赁合同租赁该房屋

序号	项目	内容	说明
2	承租人的义务	（1）支付租金	①承租人应当按照约定的期限支付租金。 ②对支付租金的期限没有约定或者约定不明确，可以协议补充；不能达成补充协议的，按照合同相关条款或者交易习惯确定。 ③对于不能达成补充协议，也不能按照合同相关条款或者交易习惯确定的，租赁期限不满1年的，应当在租赁期限届满时支付；租赁期限1年以上的，应当在每届满1年时支付，剩余期限不满1年的，应当在租赁期限届满时支付。 ④承租人无正当理由未支付或者迟延支付租金的，出租人可以请求承租人在合理期限内支付；承租人逾期不支付的，出租人可以解除合同
		（2）按照约定使用租赁物	①承租人应当按照约定的方法使用租赁物。 ②对租赁物的使用方法没有约定或者约定不明确，可以协议补充；不能达成补充协议的，按照合同相关条款或者交易习惯确定。 ③对于不能达成补充协议，也不能按照合同相关条款或者交易习惯确定的，应当根据租赁物的性质使用。 ④承租人按照约定的方法或者根据租赁物的性质使用租赁物，致使租赁物受到损耗的，不承担赔偿责任。 ⑤承租人未按照约定的方法或者未根据租赁物的性质使用租赁物，致使租赁物受到损失的，出租人可以解除合同并请求赔偿损失
		（3）妥善保管租赁物	①承租人因保管不善造成租赁物毁损、灭失的，应承担损害赔偿责任。 ②承租人经出租人同意，可对租赁物进行改善或增设他物。 ③未经出租人同意，进行改善或者增设他物的，可以请求承租人恢复原状或赔偿损失

序号	项目	内容	说明
2	承租人的义务	(4)有关事项通知	租赁期间遇到租赁物需要维修、第三人主张权利及其他涉及租赁物的相关事项,承租人应当及时通知出租人
		(5)返还租赁物	租赁期限届满,承租人返还的租赁物应当符合按照约定或者租赁物的性质使用后的状态
		(6)损失赔偿	①承租人经出租人同意,可以将租赁物转租给第三人。原租赁合同继续有效,第三人造成租赁物损失的,承租人应当赔偿损失。 ②承租人未经出租人同意转租的,出租人可以解除合同

注:1. 出租人知道或者应当知道承租人转租,但是在6个月内未提出异议的,视为出租人同意转租。
2. 在租赁期限内因占有、使用租赁物获得的收益,归承租人所有,但当事人另有约定的除外。
3. 因不可归责于承租人的事由,致使租赁物部分或者全部毁损、灭失的,承租人可以请求减少租金或者不支付租金;因租赁物部分或者全部毁损、灭失,致使不能实现合同目的的,承租人可以解除合同。

C14 融资租赁合同的法律规定

★**高频考点:融资租赁合同当事人的权利义务**

序号	项目	内容	说明
1	出租人的义务	(1)向出卖人支付价金	出租人根据承租人对出卖人、租赁物的选择订立的买卖合同,出卖人应当按照约定向承租人交付标的物,承租人享有与受领标的物有关的买受人的权利
		(2)保证承租人对租赁物占有和使用	出租人把租赁物的所有权转让给第三人时,融资租赁合同对第三人仍然有效
		(3)协助承租人索赔	承租人行使索赔权利的,出租人应当协助

序号	项目	内容	说明
1	出租人的义务	（4）尊重承租人选择权	①未经承租人同意，出租人不得变更与承租人有关的合同内容。 ②租赁物不符合约定或者不符合使用目的的，出租人不承担责任。但是，承租人依赖出租人的技能确定租赁物或者出租人干预选择租赁物的除外
2	出卖人的义务	（1）向承租人交付标的物	《民法典》规定，出卖人违反向承租人交付标的物的义务，有下列情形之一的，承租人可以拒绝受领出卖人向其交付的标的物： ①标的物严重不符合约定。 ②未按照约定交付标的物，经承租人或者出租人催告后在合理期限内仍未交付。承租人拒绝受领标的物的，应当及时通知出租人
		（2）标的物的瑕疵担保	出卖人应向承租人履行标的物的瑕疵担保义务
3	承租人的义务	（1）支付租金	①承租人应当按照约定支付租金。 ②承租人经催告后在合理期限内仍不支付租金的，出租人可以请求支付全部租金；也可以解除合同，收回租赁物。 ③当事人约定租赁期限届满租赁物归承租人所有，承租人已经支付大部分租金，但无力支付剩余租金，出租人因此解除合同收回租赁物，收回的租赁物的价值超过承租人欠付的租金以及其他费用的，承租人可以请求相应返还。 ④当事人约定租赁期限届满租赁物归出租人所有，因租赁物毁损、灭失或者附合、混合于他物致使承租人不能返还的，出租人有权请求承租人给予合理补偿
		（2）妥善保管和使用租赁物	①承租人应当履行占有租赁物期间的维修义务。 ②承租人占有租赁物期间，租赁物造成第三人身损害或者财产损失的，出租人不承担责任

序号	项目	内容	说明
3	承租人的义务	（3）租赁期限届满返还租赁物	①出租人对租赁物享有的所有权,未经登记,不得对抗善意第三人。 ②出租人和承租人可以约定租赁期限届满租赁物的归属;对租赁物的归属没有约定或者约定不明确,可以协议补充;不能达成补充协议的,按照合同相关条款或者交易习惯确定。对于不能达成补充协议,也不能按照合同相关条款或者交易习惯确定的,租赁物的所有权归出租人

注：1. 承租人占有租赁物期间,租赁物毁损、灭失的,出租人有权请求承租人继续支付租金,但是法律另有规定或者当事人另有约定的除外。融资租赁合同因租赁物交付承租人后意外毁损、灭失等不可归责于当事人的原因解除的,出租人可以请求承租人按照租赁物折旧情况给予补偿。

2. 承租人未经出租人同意,将租赁物转让、抵押、质押、投资入股或者以其他方式处分的,出租人可以解除融资租赁合同。

C15 运输合同的法律规定

★**高频考点：货运合同的法律特征**

（1）货运合同是双务、有偿合同。

（2）货运合同的标的是运输行为。

（3）货运合同是诺成合同。

（4）货运合同当事人的特殊性。

★**高频考点：货运合同当事人的权利义务**

序号	项目	内容	表现	说明
1	承运人的权利义务	权利	（1）求偿权	托运人申报不实或遗漏重要情况,造成承运人损失的,托运人应当承担赔偿责任
			（2）特殊情况下的拒运权	托运人违反包装规定的,承运人可拒绝运输
			（3）留置权	托运人或者收货人不支付运费、保管费或者其他费用的,承运人对相应的运输货物享有留置权,另有约定除外

序号	项目	内容	表现	说明
1	承运人的权利义务	义务	（1）运送货物	应当将货物按照约定的或者通常的运输路线,运输到约定地点
			（2）及时通知提领货物	货物到达后,承运人知道收货人的,应及时通知收货人
			（3）按指示运输	交付收货人货物之前,托运人可以要求承运人中止运输、返还货物、变更到达地或者将货物交给其他收货人,但需要支付承运人的损失
			（4）货物毁损灭失的赔偿	①承运人对运输过程中货物的毁损、灭失承担赔偿责任,因不可抗力、货物本身的自然性质或合理损耗以及托运人、收货人的过错造成的,不承担赔偿责任。②两个以上承运人以同一运输方式联运的,与托运人订立合同的承运人应当对全程运输承担责任
			（5）因不可抗力灭失货物不得请求支付运费	货物因不可抗力灭失,未收运费的,承运人不得请求支付运费;已经收取运费的,托运人可以请求返还。法律另有规定的,依照其规定
2	托运人的权利义务	权利	（1）有条件的拒绝支付运费权	承运人未按约定路线或通常路线运输增加费用的,托运人或收货人可以拒绝支付增加的费用
			（2）任意变更解除权	承运人将货物交付收货人之前,托运人可要求承运人中止运输、返还货物、变更到达地或者将货物交给其他收货人
		义务	（1）支付运费	如果托运人或者收货人不支付运费、保管费或者其他费用的,承运人享有留置权,但当事人另有约定的除外

序号	项目	内容	表现	说明
2	托运人的权利义务	义务	(2)妥善包装	①托运人应当按照约定的方式包装货物。对包装方式没有约定或者约定不明确的,可以协议补充;不能达成补充协议的,按照合同相关条款或者交易习惯确定。②托运人托运易燃、易爆、有毒、有腐蚀性、有放射性等危险物品的,应当按照国家有关危险物品运输的规定对危险物品妥善包装,做出危险物品标志和标签,并将有关危险物品的名称、性质和防范措施的书面材料提交承运人。托运人违反以上规定的,承运人可以拒绝运输,也可以采取相应措施以避免损失的发生,因此产生的费用由托运人承担
			(3)告知真实情况	托运人申报不实或者遗漏重要情况,托运人应当承担赔偿责任
			(4)办理有关手续	需要办理审批、检验等手续的,托运人应将有关文件提交承运人
3	收货人的权利义务	权利	拒绝支付额外费用	承运人未按照约定路线或者通常路线运输增加运输费用的,托运人或收货人可拒绝支付增加的费用
		义务	(1)及时提货	收货人逾期提货的,应向承运人支付保管费
			(2)验收	穷尽通用解决方式后,应在合理期限内检验货物。约定的期限未提出异议的,视为已按规定交付的初步证据
			(3)支付托运人未付或者少付运费及其他费用	运输中发生的其他费用,应由收货人支付的,收货人也必须支付

★高频考点:多式联运合同

(1) 所谓多式联运,是指由两种及其以上的交通工具相互衔接、转运而共同完成的运输过程。多式联运经营人负责履行或者组织履行多式联运合同,对全程运输享有承运人的权利,承担承运人的义务。

(2) 多式联运经营人收到托运人交付的货物时,应当签发多式联运单据。按照托运人的要求,多式联运单据可以是可转让单据,也可以是不可转让单据。

(3) 多式联运经营人可以与参加多式联运的各区段承运人就多式联运合同的各区段运输约定相互之间的责任,但该约定不影响多式联运经营人对全程运输承担的义务。因托运人托运货物时的过错造成多式联运经营人损失的,即使托运人已经转让多式联运单据,托运人仍然应当承担赔偿责任。

C16　申请领取安全生产许可证的条件

★高频考点:安全生产许可证的取得条件

序号	类别	条件
1	制度	有安全生产责任制、安全生产规章制度和操作规程
2	资金	保证所需资金投入
3	人员	(1)设置安全生产管理机构,配备专职安全生产管理人员。 (2)主要负责人、项目负责人、专职安全生产管理人员经建设等主管部门考核合格。 (3)特种作业人员经业务主管部门考核合格,持有特种作业操作资格证书。 (4)管理和作业人员每年进行至少一次安全教育培训并考核合格。 (5)参加工伤保险,为施工现场从事危险作业的人员办理意外伤害保险,为从业人员交纳保险费
4	环境	现场的办公、生活区及作业场所和安全防护用具、机械设备、施工机具及配件符合安全生产要求

序号	类别	条件
5	特殊规定	(1)有职业危害防治措施,并为作业人员配备符合标准的安全防护用具和防护服装。 (2)对危险性较大的分部分项工程及易发生重大事故的部位、环节的预防、监控措施和应急预案。 (3)有生产安全事故应急救援预案、组织或人员,配备必要的应急救援器材、设备

C17 施工单位的安全生产责任

★高频考点:施工单位的安全生产管理职责

序号	项目	内容
1	施工单位主要负责人对安全生产工作全面负责	(1)《安全生产法》规定,生产经营单位的主要负责人是本单位安全生产第一责任人,对本单位的安全生产工作全面负责。其他负责人对职责范围内的安全生产工作负责。 (2)生产经营单位的主要负责人对本单位安全生产工作负有下列职责:①建立健全并落实本单位全员安全生产责任制,加强安全生产标准化建设;②组织制定并实施本单位安全生产规章制度和操作规程;③组织制定并实施本单位安全生产教育和培训计划;④保证本单位安全生产投入的有效实施;⑤组织建立并落实安全风险分级管控和隐患排查治理双重预防工作机制,督促、检查本单位的安全生产工作,及时消除生产安全事故隐患;⑥组织制定并实施本单位的生产安全事故应急救援预案;⑦及时、如实报告生产安全事故。 (3)生产经营单位可以设置专职安全生产分管负责人,协助本单位主要负责人履行安全生产管理职责。 (4)《关于加强安全生产监管执法的通知》(国办发〔2015〕20号)规定,国有大中型企业和规模以上企业要建立安全生产委员会,主任由董事长或总经理担任,董事长、党委书记、总经理对安全生产工作均负有领导责任,企业领导班子成员和管理人员实行安全生产"一岗双责"。 (5)《建筑施工企业主要负责人、项目负责人和专职安全生产管理人员安全生产管理规定》规定,主要负责人应当与项目负责人签订安全生产责任书,确定项目安全生产考核目标、奖惩措施,以及企业为项目提供的安全管理和技术保障措施。工程项目实行总承包的,总承包企业应当与分包企业签订安全生产协议,明确双方安全生产责任。

序号	项目	内容
1	施工单位主要负责人对安全生产工作全面负责	(6)《建筑施工企业主要负责人、项目负责人和专职安全生产管理人员安全生产管理规定实施意见》规定,企业主要负责人包括法定代表人、总经理(总裁)、分管安全生产的副总经理(副总裁)、分管生产经营的副总经理(副总裁)、技术负责人、安全总监等
2	施工单位安全生产管理机构和专职安全生产管理人员的职责	(1)《安全生产法》规定,矿山、金属冶炼、建筑施工、运输单位和危险物品的生产、经营、储存、装卸单位,应当设置安全生产管理机构或者配备专职安全生产管理人员。 (2)生产经营单位的安全生产管理机构以及安全生产管理人员履行下列职责:①组织或者参与拟订本单位安全生产规章制度、操作规程和生产安全事故应急救援预案;②组织或者参与本单位安全生产教育和培训,如实记录安全生产教育和培训情况;③组织开展危险源辨识和评估,督促落实本单位重大危险源的安全管理措施;④组织或者参与本单位应急救援演练;⑤检查本单位的安全生产状况,及时排查生产安全事故隐患,提出改进安全生产管理的建议;⑥制止和纠正违章指挥、强令冒险作业、违反操作规程的行为;⑦督促落实本单位安全生产整改措施。 (3)生产经营单位作出涉及安全生产的经营决策,应当听取安全生产管理机构以及安全生产管理人员的意见。生产经营单位不得因安全生产管理人员依法履行职责而降低其工资、福利等待遇或者解除与其订立的劳动合同。 (4)生产经营单位的安全生产管理人员应当根据本单位的生产经营特点,对安全生产状况进行经常性检查;对检查中发现的安全问题,应当立即处理;不能处理的,应当及时报告本单位有关负责人,有关负责人应当及时处理。检查及处理情况应当如实记录在案。生产经营单位的安全生产管理人员在检查中发现重大事故隐患,依照以上规定向本单位有关负责人报告,有关负责人不及时处理的,安全生产管理人员可以向主管的负有安全生产监督管理职责的部门报告,接到报告的部门应当依法及时处理。 (5)《建设工程安全生产管理条例》规定,专职安全生产管理人员负责对安全生产进行现场监督检查。发现安全事故隐患,应当及时向项目负责人和安全生产管理机构报告;对违章指挥、违章操作的,应当立即制止。

序号	项目	内容
2	施工单位安全生产管理机构和专职安全生产管理人员的职责	(6)《建筑施工企业安全生产管理机构设置及专职安全生产管理人员配备办法》规定,建筑施工企业应当依法设置安全生产管理机构,在企业主要负责人的领导下开展本企业的安全生产管理工作。建筑施工企业安全生产管理机构具有以下职责:①宣传和贯彻国家有关安全生产法律法规和标准;②编制并适时更新安全生产管理制度并监督实施;③组织或参与企业生产安全事故应急救援预案的编制及演练;④组织开展安全教育培训与交流;⑤协调配备项目专职安全生产管理人员;⑥制订企业安全生产检查计划并组织实施;⑦监督在建项目安全生产费用的使用;⑧参与危险性较大工程安全专项施工方案专家论证会;⑨通报在建项目违规违章查处情况;⑩组织开展安全生产评优评先表彰工作;⑪建立企业在建项目安全生产管理档案;⑫考核评价分包企业安全生产业绩及项目安全生产管理情况;⑬参加生产安全事故的调查和处理工作;⑭企业明确的其他安全生产管理职责。 (7)建筑施工企业安全生产管理机构专职安全生产管理人员在施工现场检查过程中具有以下职责:①查阅在建项目安全生产有关资料、核实有关情况;②检查危险性较大工程安全专项施工方案落实情况;③监督项目专职安全生产管理人员履责情况;④监督作业人员安全防护用品的配备及使用情况;⑤对发现的安全生产违章违规行为或安全隐患,有权当场予以纠正或作出处理决定;⑥对不符合安全生产条件的设施、设备、器材,有权当场作出查封的处理决定;⑦对施工现场存在的重大安全隐患有权越级报告或直接向建设主管部门报告;⑧企业明确的其他安全生产管理职责。 (8)建筑施工企业应当实行建设工程项目专职安全生产管理人员委派制度。建设工程项目的专职安全生产管理人员应当定期将项目安全生产管理情况报告企业安全生产管理机构。 (9)项目专职安全生产管理人员具有以下主要职责:①负责施工现场安全生产日常检查并做好检查记录;②现场监督危险性较大工程安全专项施工方案实施情况;③对作业人员违规违章行为有权予以纠正或查处;④对施工现场存在的安全隐患有权责令立即整改;⑤对于发现的重大安全隐患,有权向企业安全生产管理机构报告;⑥依法报告生产安全事故情况

序号	项目	内容
3	建设工程项目安全生产领导小组的职责	(1)建筑施工企业应当在建设工程项目组建安全生产领导小组。建设工程实行施工总承包的,安全生产领导小组由总承包企业、专业承包企业和劳务分包企业项目经理、技术负责人和专职安全生产管理人员组成。 (2)安全生产领导小组的主要职责:①贯彻落实国家有关安全生产法律法规和标准;②组织制定项目安全生产管理制度并监督实施;③编制项目生产安全事故应急救援预案并组织演练;④保证项目安全生产费用的有效使用;⑤组织编制危险性较大工程安全专项施工方案;⑥开展项目安全教育培训;⑦组织实施项目安全检查和隐患排查;⑧建立项目安全生产管理档案;⑨及时、如实报告安全生产事故
4	专职安全生产管理人员的配备要求	(1)建筑施工企业安全生产管理机构专职安全生产管理人员的配备应满足下列要求,并应根据企业经营规模、设备管理和生产需要予以增加:①建筑施工总承包资质序列企业:特级资质不少于6人;一级资质不少于4人;二级和二级以下资质企业不少于3人。②建筑施工专业承包资质序列企业:一级资质不少于3人;二级和二级以下资质企业不少于2人。③建筑施工劳务分包资质序列企业:不少于2人。④建筑施工企业的分公司、区域公司等较大的分支机构应依据实际生产情况配备不少于2人的专职安全生产管理人员。 (2)总承包单位配备项目专职安全生产管理人员应当满足下列要求:1)建筑工程、装修工程按照建筑面积配备:①1万平方米以下的工程不少于1人;②1万平方米~5万平方米的工程不少于2人;③5万平方米及以上的工程不少于3人,且按专业配备专职安全生产管理人员。2)土木工程、线路管道、设备安装工程按照工程合同价配备:①5000万元以下的工程不少于1人;②5000万元~1亿元的工程不少于2人;③1亿元及以上的工程不少于3人,且按专业配备专职安全生产管理人员。 (3)分包单位配备项目专职安全生产管理人员应当满足下列要求:①专业承包单位应当配置至少1人,并根据所承担的分部分项工程的工程量和施工危险程度增加。②劳务分包单位施工人员在50人以下的,应当配备1名专职安全生产管理人员;50人~200人的,应当配备2名专职安全生产管理人员;200人及以上的,应当配备3名及以上专职安全生产管理人员,并根据所承担的分部分项工程施工危险实际情况增加,不得少于工程施工人员总人数的5‰。

序号	项目	内容
4	专职安全生产管理人员的配备要求	(4)采用新技术、新工艺、新材料或致害因素多、施工作业难度大的工程项目,项目专职安全生产管理人员的数量应当根据施工实际情况,在以上规定的配备标准上增加。 (5)施工作业班组可以设置兼职安全巡查员,对本班组的作业场所进行安全监督检查。建筑施工企业应当定期对兼职安全巡查员进行安全教育培训

★高频考点：施工单位负责人施工现场带班制度和生产安全事故隐患排查治理制度

序号	项目	内容
1	施工单位负责人施工现场带班制度	(1)《建筑施工企业负责人及项目负责人施工现场带班暂行办法》规定,企业负责人带班检查是指由建筑施工企业负责人带队实施对工程项目质量安全生产状况及项目负责人带班生产情况的检查。建筑施工企业负责人,是指企业的法定代表人、总经理、主管质量安全和生产工作的副总经理、总工程师和副总工程师。 (2)建筑施工企业负责人要定期带班检查,每月检查时间不少于其工作日的25%。建筑施工企业负责人带班检查时,应认真做好检查记录,并分别在企业和工程项目存档备查。工程项目进行超过一定规模的危险性较大的分部分项工程施工时,建筑施工企业负责人应到施工现场进行带班检查。工程项目出现险情或发现重大隐患时,建筑施工企业负责人应到施工现场带班检查,督促工程项目进行整改,及时消除险情和隐患。 (3)对于有分公司(非独立法人)的企业集团,集团负责人因故不能到现场的,可书面委托工程所在地的分公司负责人对施工现场进行带班检查
2	生产安全事故隐患排查治理制度	(1)生产经营单位应当建立安全风险分级管控制度,按照安全风险分级采取相应的管控措施。 (2)对重大安全隐患治理实行逐级挂牌督办、公告制度。 (3)重大隐患是指在房屋建筑和市政工程施工过程中,存在的危害程度较大、可能导致群死群伤或造成重大经济损失的生产安全隐患

C18　施工单位安全生产教育培训的规定

★高频考点：施工单位"安管人员"和特种作业人员的培训考核

序号	项目	内容
1	安管人员培训考核要求	(1)《安全生产法》规定，生产经营单位的主要负责人和安全生产管理人员必须具备与本单位所从事的生产经营活动相应的安全生产知识和管理能力。……建筑施工、运输单位的主要负责人和安全生产管理人员，应当由主管的负有安全生产监督管理职责的部门对其安全生产知识和管理能力考核合格。考核不得收费。 (2)《建设工程安全生产管理条例》则规定，施工单位的主要负责人、项目负责人、专职安全生产管理人员应当经建设行政主管部门或者其他部门考核合格后方可任职。 (3)《建筑施工企业主要负责人、项目负责人和专职安全生产管理人员安全生产管理规定》还规定，企业主要负责人、项目负责人和专职安全生产管理人员合称为"安管人员"。"安管人员"应当通过其受聘企业，向企业工商注册地的省、自治区、直辖市人民政府住房城乡建设主管部门申请安全生产考核，并取得安全生产考核合格证书。安全生产考核合格证书有效期为3年，证书在全国范围内有效。 (4)建筑施工企业应当建立安全生产教育培训制度，制定年度培训计划，每年对"安管人员"进行培训和考核，考核不合格的，不得上岗。 (5)《建筑施工企业主要负责人、项目负责人和专职安全生产管理人员安全生产管理规定实施意见》中规定，专职安全生产管理人员分为机械、土建、综合三类。机械类专职安全生产管理人员可以从事起重机械、土石方机械、桩工机械等安全生产管理工作。土建类专职安全生产管理人员可以从事除起重机械、土石方机械、桩工机械等安全生产管理工作以外的安全生产管理工作。综合类专职安全生产管理人员可以从事全部安全生产管理工作
2	特种作业人员的培训考核	(1)国务院《关于坚持科学发展安全发展促进安全生产形势持续稳定好转的意见》(国发〔2011〕40号)规定，企业主要负责人、安全管理人员、特种作业人员一律经严格考核，持证上岗。 (2)国务院安委会《关于进一步加强安全培训工作的决定》进一步指出，严格落实"三项岗位"人员持证上岗制度。企业新任用或者招录"三项岗位"人员，要组织其参加安全培训，经考试合格持证后上岗。对发生人员死亡事故负有责任的企业主要负责人、实际控制人和安全管理人员，要重新参加安全培训考试。

序号	项目	内容
2	特种作业人员的培训考核	(3)"三项岗位"人员中的企业主要负责人、安全管理人员已涵盖在"安管人员"之中。对于特种作业人员,因其从事直接对本人或他人及其周围设施安全有着重大危害因素的作业,必须经专门的安全作业培训,并取得特种作业操作资格证书后,方可上岗作业。 (4)《安全生产法》规定,生产经营单位的特种作业人员必须按照国家有关规定经专门的安全作业培训,取得相应资格,方可上岗作业。《建设工程安全生产管理条例》进一步规定,垂直运输机械作业人员、安装拆卸工、爆破作业人员、起重信号工、登高架设作业人员等特种作业人员,必须按照国家有关规定经过专门的安全作业培训,并取得特种作业操作资格证书后,方可上岗作业。 (5)《建筑施工特种作业人员管理规定》(建质〔2008〕75号)规定,建筑施工特种作业包括:①建筑电工;②建筑架子工;③建筑起重信号司索工;④建筑起重机械司机;⑤建筑起重机械安装拆卸工;⑥高处作业吊篮安装拆卸工;⑦经省级以上人民政府建设主管部门认定的其他特种作业

C19 编制安全技术措施、专项施工方案和安全技术交底的规定

★高频考点:编制安全技术措施和施工现场临时用电方案

序号	项目	内容
1	编制用电组织设计	施工现场临时用电设备在5台及以上或设备总容量在50kW及以上者
2	制定安全用电和电气防火措施	施工现场临时用电设备在5台以下或设备总容量在50kW以下者

★高频考点:编制安全专项施工方案

序号	项目	内容
1	专项施工方案编制主体	(1)施工单位应当在危大工程施工前组织工程技术人员编制专项施工方案。实行施工总承包的,专项施工方案应当由施工总承包单位组织编制。危大工程实行分包的,专项施工方案可以由相关专业分包单位组织编制。

序号	项目	内容
1	专项施工方案编制主体	(2)专项施工方案应当由施工单位技术负责人审核签字、加盖单位公章,并由总监理工程师审查签字、加盖执业印章后方可实施。危大工程实行分包并由分包单位编制专项施工方案的,专项施工方案应当由总承包单位技术负责人及分包单位技术负责人共同审核签字并加盖单位公章
2	专项施工方案编制范围	(1)基坑支护与降水工程。 (2)土方开挖工程。 (3)模板工程。 (4)起重吊装工程。 (5)脚手架工程。 (6)拆除、爆破工程。 (7)国务院建设行政主管部门或者其他有关部门规定的其他危险性较大的工程
3	组织专家进行论证、审查的专项施工方案	(1)涉及深基坑、地下暗挖工程、高大模板工程。 (2)对于超过一定规模的危大工程,施工单位应当组织召开专家论证会对专项施工方案进行论证。实行施工总承包的,由施工总承包单位组织召开专家论证会。专家论证前专项施工方案应当通过施工单位审核和总监理工程师审查。 (3)专家论证会后,应当形成论证报告,对专项施工方案提出通过、修改后通过或者不通过的一致意见。专家对论证报告负责并签字确认。专项施工方案经论证不通过的,施工单位修改后应当按照本规定的要求重新组织专家论证
4	危大工程安全管理的前期保障	(1)建设单位应当依法提供真实、准确、完整的工程地质、水文地质和工程周边环境等资料。建设单位应当组织勘察、设计等单位在施工招标文件中列出危大工程清单,要求施工单位在投标时补充完善危大工程清单并明确相应的安全管理措施。建设单位应当按照施工合同约定及时支付危大工程施工技术措施费以及相应的安全防护文明施工措施费,保障危大工程施工安全。 (2)勘察单位应当根据工程实际及工程周边环境资料,在勘察文件中说明地质条件可能造成的工程风险。设计单位应当在设计文件中注明涉及危大工程的重点部位和环节,提出保障工程周边环境安全和工程施工安全的意见,必要时进行专项设计
5	安全专项施工方案的实施	(1)施工单位应当在施工现场显著位置公告危大工程名称、施工时间和具体责任人员,并在危险区域设置安全警示标志。

序号	项目	内容
5	安全专项施工方案的实施	(2)施工单位应当严格按照专项施工方案组织施工,不得擅自修改专项施工方案。因规划调整、设计变更等原因确需调整的,修改后的专项施工方案应当按照规定重新审核和论证。涉及资金或者工期调整的,建设单位应当按照约定予以调整。 (3)施工单位应当对危大工程施工作业人员进行登记,项目负责人应当在施工现场履职。项目专职安全生产管理人员应当对专项施工方案实施情况进行现场监督,对未按照专项施工方案施工的,应当要求立即整改,并及时报告项目负责人,项目负责人应当及时组织限期整改。施工单位应当按照规定对危大工程进行施工监测和安全巡视,发现危及人身安全的紧急情况,应当立即组织作业人员撤离危险区域。 (4)监理单位应当结合危大工程专项施工方案编制监理实施细则,并对危大工程施工实施专项巡视检查。监理单位发现施工单位未按照专项施工方案施工的,应当要求其进行整改;情节严重的,应当要求其暂停施工,并及时报告建设单位。施工单位拒不整改或者不停止施工的,监理单位应当及时报告建设单位和工程所在地住房城乡建设主管部门。 (5)对于按照规定需要进行第三方监测的危大工程,建设单位应当委托具有相应勘察资质的单位进行监测。监测单位应当编制监测方案。监测方案由监测单位技术负责人审核签字并加盖单位公章,报送监理单位后方可实施。监测单位应当按照监测方案开展监测,及时向建设单位报送监测成果,并对监测成果负责;发现异常时,及时向建设、设计、施工、监理单位报告,建设单位应当立即组织相关单位采取处置措施。 (6)对于按照规定需要验收的危大工程,施工单位、监理单位应当组织相关人员进行验收。验收合格的,经施工单位项目技术负责人及总监理工程师签字确认后,方可进入下一道工序。危大工程验收合格后,施工单位应当在施工现场明显位置设置验收标识牌,公示验收时间及责任人员。 (7)危大工程发生险情或者事故时,施工单位应当立即采取应急处置措施,并报告工程所在地住房城乡建设主管部门。建设、勘察、设计、监理等单位应当配合施工单位开展应急抢险工作。危大工程应急抢险结束后,建设单位应当组织勘察、设计、施工、监理等单位制定工程恢复方案,并对应急抢险工作进行后评估。 (8)施工、监理单位应当建立危大工程安全管理档案。施工单位应当将专项施工方案及审核、专家论证、交底、现场检查、验收及整改等相关资料纳入档案管理。监理单位应当将监理实施细则、专项施工方案审查、专项巡视检查、验收及整改等相关资料纳入档案管理

★高频考点：安全施工技术交底

（1）《建设工程安全生产管理条例》规定，建设工程施工前，施工单位负责项目管理的技术人员应当对有关安全施工的技术要求向施工作业班组、作业人员作出详细说明，并由双方签字确认。

（2）《危险性较大的分部分项工程安全管理规定》中规定，专项施工方案实施前，编制人员或者项目技术负责人应当向施工现场管理人员进行方案交底。施工现场管理人员应当向作业人员进行安全技术交底，并由双方和项目专职安全生产管理人员共同签字确认。

（3）安全技术交底，通常有施工工种安全技术交底、分部分项工程施工安全技术交底、大型特殊工程单项安全技术交底、设备安装工程技术交底以及采用新工艺、新技术、新材料施工的安全技术交底等。

C20 施工生产安全事故报告及采取相应措施的规定

★高频考点：生产安全事故分类、处理、调查及法律责任

分类	监管部门的报告	事故报告内容	事故调查的管辖	事故调查报告的内容
特别重大事故	立即报告国务院	（1）事故发生单位概况。 （2）事故发生的时间、地点以及事故现场情况。 （3）事故的简要经过。	国务院或者国务院授权有关部门组织事故调查组	（1）事故发生单位概况。 （2）事故发生经过和事故救援情况。 （3）事故造成的人员伤亡和直接经济损失。
重大事故			分别由事故发生地省级人民政府、设区的市级人民政府、县级人民政府负责调查。可以直接调查，也可以授权或者委托有关部门组织事故调查组进行调查	
较大事故	逐级上报至国务院建设主管部门			

分类	监管部门的报告	事故报告内容	事故调查的管辖	事故调查报告的内容
一般事故	逐级上报至省级建设主管部门	（4）事故已经造成或者可能造成的伤亡人数（包括下落不明的人数）和初步估计的直接经济损失。（5）已经采取的措施。（6）其他应当报告的情况	分别由事故发生地省级人民政府、设区的市级人民政府、县级人民政府负责调查。可以直接调查，也可以授权或者委托有关部门组织事故调查组进行调查	（4）事故发生的原因和事故性质。（5）事故责任的认定和对事故责任者的处理建议。（6）事故防范和整改措施

注：1. 事故单位报告的要求：（1）事故发生后，现场人员应立即向本单位负责人报告，单位负责人接到报告后，应当于1小时内向事故发生地县级以上监管部门报告；（2）情况紧急时，可以直接向事故发生地县级监管部门报告；（3）实行施工总承包的建设工程，由总承包单位负责上报事故。

2. 监管部门报告的要求：（1）必要时，建设主管部门可以越级上报事故情况；（2）建设主管部门接到事故报告后，应通知生产监督部门、公安机关、劳动保障行政主管部门、工会和人民检察院。每级上报的时间不得超过2小时；（3）事故报告后出现新情况，以及事故发生之日起30日内伤亡人数发生变化的，应当及时补报。

3. 确因特殊情况需要移动事故现场物件的，须同时满足以下条件：（1）抢救人员、防止事故扩大以及疏通交通的需要；（2）经事故单位负责人或者组织事故调查的安全生产监督管理部门和负有安全生产监督管理职责的有关部门同意；（3）做出标志，绘制现场简图，拍摄现场照片，对被移动物件贴上标签，并做出书面记录；（4）尽量使现场少受破坏。

4. 事故调查组履行下列职责：（1）查明事故发生的经过、原因、人员伤亡情况及直接经济损失；（2）认定事故的性质和事故责任；（3）提出对事故责任者的处理建议；（4）总结事故教训，提出防范和整改措施；（5）提交事故调查报告。

★高频考点：施工生产安全事故的处理

序号	项目	内容
1	事故处理时限和落实批复	（1）《生产安全事故报告和调查处理条例》规定，重大事故、较大事故、一般事故，负责事故调查的人民政府应当自收到事故调查报告之日起15日内做出批复；特别重大事故，30日内做出批复，特殊情况下，批复时间可以适当延长，但延长的时间最长不超过30日。 （2）有关机关应当按照人民政府的批复，依照法律、行政法规规定的权限和程序，对事故发生单位和有关人员进行行政处罚，对负有事故责任的国家工作人员进行处分。事故发生单位应当按照负责事故调查的人民政府的批复，对本单位负有事故责任的人员进行处理。 （3）负有事故责任的人员涉嫌犯罪的，依法追究刑事责任
2	事故发生单位的防范和整改措施	事故发生单位应当认真吸取事故教训，落实防范和整改措施，防止事故再次发生。防范和整改措施的落实情况应当接受工会和职工的监督
3	处理结果的公布和监督落实	（1）事故处理的情况由负责事故调查的人民政府或者其授权的有关部门、机构向社会公布，依法应当保密的除外。 （2）《安全生产法》规定，负责事故调查处理的国务院有关部门和地方人民政府应当在批复事故调查报告后1年内，组织有关部门对事故整改和防范措施落实情况进行评估，并及时向社会公开评估结果；对不履行职责导致事故整改和防范措施没有落实的有关单位和人员，应当按照有关规定追究责任

C21　政府主管部门安全监督管理的相关规定

★高频考点：政府部门安全监督管理的相关规定

序号	项目	内容
1	安全生产行政执法工作职权	《安全生产法》规定，应急管理部门和其他负有安全生产监督管理职责的部门依法开展安全生产行政执法工作，对生产经营单位执行有关安全生产的法律、法规和国家标准或者行业标准的情况进行监督检查，行使以下职权： （1）进入生产经营单位进行检查，调阅有关资料，向有关单位和人员了解情况。

序号	项目	内容
1	安全生产行政执法工作职权	(2)对检查中发现的安全生产违法行为,当场予以纠正或者要求限期改正;对依法应当给予行政处罚的行为,依照本法和其他有关法律、行政法规的规定作出行政处罚决定。 (3)对检查中发现的事故隐患,应当责令立即排除;重大事故隐患排除前或者排除过程中无法保证安全的,应当责令从危险区域内撤出作业人员,责令暂时停产停业或者停止使用相关设施、设备;重大事故隐患排除后,经审查同意,方可恢复生产经营和使用。 (4)对有根据认为不符合保障安全生产的国家标准或者行业标准的设施、设备、器材以及违法生产、储存、使用、经营、运输的危险物品予以查封或者扣押,对违法生产、储存、使用、经营危险物品的作业场所予以查封,并依法作出处理决定。监督检查不得影响被检查单位的正常生产经营活动
2	安全生产行政执法工作的执法要求	(1)安全生产监督检查人员执行监督检查任务时,必须出示有效的行政执法证件;对涉及被检查单位的技术秘密和业务秘密,应当为其保密。 (2)负有安全生产监督管理职责的部门在监督检查中,应当互相配合,实行联合检查;确需分别进行检查的,应当互通情况,发现存在的安全问题应当由其他有关部门进行处理的,应当及时移送其他有关部门并形成记录备查,接受移送的部门应当及时进行处理
3	安全生产行政执法工作的具体措施	(1)负有安全生产监督管理职责的部门依法对存在重大事故隐患的生产经营单位作出停产停业、停止施工、停止使用相关设施或者设备的决定,生产经营单位应当依法执行,及时消除事故隐患。生产经营单位拒不执行,有发生生产安全事故的现实危险的,在保证安全的前提下,经本部门主要负责人批准,负有安全生产监督管理职责的部门可以采取通知有关单位停止供电、停止供应民用爆炸物品等措施,强制生产经营单位履行决定。通知应当采用书面形式,有关单位应当予以配合。 (2)负有安全生产监督管理职责的部门依照前款规定采取停止供电措施,除有危及生产安全的紧急情形外,应当提前24小时通知生产经营单位。生产经营单位依法履行行政决定、采取相应措施消除事故隐患的,负有安全生产监督管理职责的部门应当及时解除以上规定的措施

序号	项目	内容
4	组织制定特大事故应急救援预案和重大生产安全事故抢救	(1)《安全生产法》规定,县级以上地方各级人民政府应当组织有关部门制定本行政区域内生产安全事故应急救援预案,建立应急救援体系。 (2)有关地方人民政府和负有安全生产监督管理职责的部门的负责人接到生产安全事故报告后,应当按照生产安全事故应急救援预案的要求立即赶到事故现场,组织事故抢救
5	建立安全生产的举报制度、相关信息系统和淘汰严重危及施工安全的工艺设备材料	(1)《安全生产法》规定,负有安全生产监督管理职责的部门应当建立举报制度,公开举报电话、信箱或者电子邮件地址等网络举报平台,受理有关安全生产的举报;受理的举报事项经调查核实后,应当形成书面材料;需要落实整改措施的,报经有关负责人签字并督促落实。对不属于本部门职责,需要由其他有关部门进行调查处理的,转交其他有关部门处理。涉及人员死亡的举报事项,应当由县级以上人民政府组织核查处理。 (2)任何单位或者个人对事故隐患或者安全生产违法行为,均有权向负有安全生产监督管理职责的部门报告或者举报。 (3)负有安全生产监督管理职责的部门应当建立安全生产违法行为信息库,如实记录生产经营单位及其有关从业人员的安全生产违法行为信息;对违法行为情节严重的生产经营单位及其有关从业人员,应当及时向社会公告,并通报行业主管部门、投资主管部门、自然资源主管部门、生态环境主管部门、证券监督管理机构以及有关金融机构。有关部门和机构应当对存在失信行为的生产经营单位及其有关从业人员采取加大执法检查频次、暂停项目审批、上调有关保险费率、行业或者职业禁入等联合惩戒措施,并向社会公示。 (4)《建设工程安全生产管理条例》规定,国家对严重危及施工安全的工艺、设备、材料实行淘汰制度。具体目录由国务院建设行政主管部门会同国务院其他有关部门制定并公布。 (5)县级以上人民政府建设行政主管部门和其他有关部门应当及时受理对建设工程生产安全事故及安全事故隐患的检举、控告和投诉

★高频考点：特种设备安全监督检查

（1）《特种设备安全法》还规定，负责特种设备安全监督管理的部门在依法履行监督检查职责时，可以行使下列职权：①进入现场进行检查，向特种设备生产、经营、使用单位和检验、检测机构的主要负责人和其他有关人员调查、了解有关情况；②根据举报或者取得的涉嫌违法证据，查阅、复制特种设备生产、经营、使用单位和检验、检测机构的有关合同、发票、账簿以及其他有关资料；③对有证据表明不符合安全技术规范要求或者存在严重事故隐患的特种设备实施查封、扣押；④对流入市场的达到报废条件或者已经报废的特种设备实施查封、扣押；⑤对违反本法规定的行为作出行政处罚决定。

（2）负责特种设备安全监督管理的部门在依法履行职责过程中，发现违反本法规定和安全技术规范要求的行为或者特种设备存在事故隐患时，应当以书面形式发出特种设备安全监察指令，责令有关单位及时采取措施予以改正或者消除事故隐患。紧急情况下要求有关单位采取紧急处置措施的，应当随后补发特种设备安全监察指令。

（3）负责特种设备安全监督管理的部门在依法履行职责过程中，发现重大违法行为或者特种设备存在严重事故隐患时，应当责令有关单位立即停止违法行为、采取措施消除事故隐患，并及时向上级负责特种设备安全监督管理的部门报告。接到报告的负责特种设备安全监督管理的部门应当采取必要措施，及时予以处理。

（4）负责特种设备安全监督管理的部门实施安全监督检查时，应当有2名以上特种设备安全监察人员参加，并出示有效的特种设备安全行政执法证件。负责特种设备安全监督管理的部门对特种设备生产、经营、使用单位和检验、检测机构实施监督检查，应当对每次监督检查的内容、发现的问题及处理情况作出记录，并由参加监督检查的特种设备安全监察人员和被检查单位的有关负责人签字后归档。被检查单位的有关负责人拒绝签字的，特种设备安全监察人员应当将情况记录在案。负责特种设备安全监督管理的部门及其工作人员不得推荐或者监制、监销特种设备；对履行职责过程中知悉的商业秘密负有保密义务。

C22　对施工质量负责和总分包单位的质量责任

★高频考点：施工单位的质量责任

序号	项目	内容
1	施工单位对施工质量负责	(1)《建筑法》规定,建筑施工企业对工程的施工质量负责。 (2)《建设工程质量管理条例》规定,施工单位对建设工程的施工质量负责。施工单位应当建立质量责任制,确定工程项目的项目经理、技术负责人和施工管理负责人。 (3)《建设工程抗震管理条例》规定,工程总承包单位、施工单位及工程监理单位应当建立建设工程质量责任制度,加强对建设工程抗震设防措施施工质量的管理。国家鼓励工程总承包单位、施工单位采用信息化手段采集、留存隐蔽工程施工质量信息。施工单位应当按照抗震设防强制性标准进行施工。 (4)对施工质量负责是施工单位法定的质量责任。施工单位的质量责任制,是其质量保证体系的一个重要组成部分,也是施工质量目标得以实现的重要保证。建立质量责任制,主要包括制定质量目标计划,建立考核标准,并层层分解落实到具体的责任单位和责任人,特别是工程项目的项目经理、技术负责人和施工管理负责人。 (5)《建筑工程五方责任主体项目负责人质量终身责任追究暂行办法》规定,施工单位项目经理应当按照经审查合格的施工图设计文件和施工技术标准进行施工,对因施工导致的工程质量事故或质量问题承担责任
2	总分包单位的质量责任	(1)《建筑法》规定,建筑工程实行总承包的,工程质量由工程总承包单位负责,总承包单位将建筑工程分包给其他单位的,应当对分包工程的质量与分包单位承担连带责任。分包单位应当接受总承包单位的质量管理。 (2)《建设工程质量管理条例》规定,建设工程实行总承包的,总承包单位应当对全部建设工程质量负责;建设工程勘察、设计、施工、设备采购的一项或者多项实行总承包的,总承包单位应当对其承包的建设工程或者采购的设备的质量负责。总承包单位依法将建设工程分包给其他单位的,分包单位应当按照分包合同的约定对其分包工程的质量向总承包单位负责,总承包单位与分包单位对分包工程的质量承担连带责任。 (3)《建设工程抗震管理条例》规定,实行施工总承包的,隔震减震装置属于建设工程主体结构的施工,应当由总承包单位自行完成

C23　按照工程设计图纸和施工技术标准施工的规定

★高频考点：按图施工要求

序号	项目	内容
1	按图施工，遵守标准	(1)工程设计图纸是施工单位的施工依据。按工程设计图纸施工，是保证工程实现设计意图的前提，也是明确划分设计、施工单位质量责任的前提，按图施工、不擅自修改设计，是施工单位保证工程质量的最基本要求。 (2)施工技术标准是工程建设过程中规范施工行为的技术依据。施工单位只有按照施工技术标准，特别是强制性标准的要求施工，才能保证工程的施工质量。 (3)从法律的层面来看，工程设计图纸和施工技术标准都属于工程合同文件的组成部分，如果施工单位不按照工程设计图纸和施工技术标准施工，则属于违约行为，应该对建设单位承担违约责任
2	防止设计文件和图纸出现差错	施工单位在施工过程中发现设计文件和图纸有差错的，有义务及时向建设单位或监理单位提出意见和建议，以免造成不必要的损失和质量问题。这也是其履行施工合同应尽的基本义务

C24　规划、消防、节能、环保等验收的规定

★高频考点：规划、消防、节能、环保验收的规定

序号	项目	内容
1	一般规定	建设单位应自建设工程竣工验收合格之日起15日内，将建设工程竣工验收报告和规划、公安消防、环保等部门出具的认可文件或者准许使用文件报建设行政主管等部门备案
2	规划验收	建设单位应在竣工验收后6个月内向城乡规划主管部门报送有关竣工验收资料提出竣工规划验收申请，验收合格的出具规划认可文件或核发建设工程竣工规划验收合格证

序号	项目	内容
3	消防验收	(1)国务院住房和城乡建设主管部门规定应当申请消防验收的建设工程竣工,建设单位应当向住房和城乡建设主管部门申请消防验收。 (2)上述规定以外的其他建设工程,建设单位在验收后应当报住房和城乡建设主管部门备案,住房和城乡建设主管部门应当进行抽查。依法应当进行消防验收的建设工程,未经消防验收或者消防验收不合格的,禁止投入使用;其他建设工程经依法抽查不合格的,应当停止使用
4	节能验收	(1)《中华人民共和国节约能源法》规定,国家实行固定资产投资项目节能评估和审查制度。不符合强制性节能标准的项目,建设单位不得开工建设;已经建成的,不得投入生产、使用。政府投资项目不符合强制性节能标准的,依法负责项目审批的机关不得批准建设。 (2)《民用建筑节能条例》规定,建设单位组织竣工验收,应当对民用建筑是否符合民用建筑节能强制性标准进行查验;对不符合民用建筑节能强制性标准的,不得出具竣工验收合格报告。 (3)建筑节能工程施工质量的验收,主要应按照国家标准《建筑节能工程施工质量验收规范》(GB 50411)以及《建筑工程施工质量验收统一标准》(GB 50300)、各专业工程施工质量验收规范等执行。单位工程竣工验收应在建筑节能分部工程验收合格后进行。 (4)建筑节能工程为单位建筑工程的一个分部工程,并按规定划分为分项工程和检验批。建筑节能工程应按照分项工程进行验收
5	环保验收	(1)编制环境影响报告书、环境影响报告表的建设项目竣工后,建设单位应当按照国务院环境保护行政主管部门规定的标准和程序,对配套建设的环境保护设施进行验收,编制验收报告。 (2)建设单位在环境保护设施验收过程中,应当如实查验、监测、记载建设项目环境保护设施的建设和调试情况,不得弄虚作假。 (3)除按照国家规定需要保密的情形外,建设单位应当依法向社会公开验收报告。 (4)分期建设、分期投入生产或者使用的建设项目,其相应的环境保护设施应当分期验收。 (5)编制环境影响报告书、环境影响报告表的建设项目,其配套建设的环境保护设施经验收合格,方可投入生产或者使用;未经验收或者验收不合格的,不得投入生产或者使用

★高频考点：节能验收的具体规定

序号	项目	内容
1	建筑节能分部工程进行质量验收的条件	建筑节能分部工程的质量验收，应在检验批、分项工程全部合格的基础上，进行建筑围护结构的外墙节能构造实体检验，严寒、寒冷和夏热冬冷地区的外窗气密性现场检测，以及系统节能性能检测和系统联合试运转与调试，确认建筑节能工程质量达到验收的条件后方可进行。
2	建筑节能分部工程验收的组织	建筑节能工程验收的程序和组织应遵守《建筑工程施工质量验收统一标准》(GB 50300)的要求，并符合下列规定： (1)节能工程的检验批验收和隐蔽工程验收应由监理工程师主持，施工单位相关专业的质量检查员与施工员参加。 (2)节能分项工程验收应由监理工程师主持，施工单位项目技术负责人和相关专业的质量检查员、施工员参加；必要时可邀请设计单位相关专业的人员参加。 (3)节能分部工程验收应由总监理工程师(建设单位项目负责人)主持，施工单位项目经理、项目技术负责人和相关专业的质量检查员、施工员参加；施工单位的质量或技术负责人应参加，设计单位节能设计人员应参加
3	建筑节能工程验收的程序	(1)施工单位自检评定。建筑节能分部工程施工完成后，施工单位对节能工程质量进行检查，确认符合节能设计文件要求后，填写《建筑节能分部工程质量验收表》，并由项目经理和施工单位负责人签字。 (2)监理单位进行节能工程质量评估。监理单位收到《建筑节能分部工程质量验收表》后，应全面审查施工单位的节能工程验收资料且整理监理资料，对节能各分项工程进行质量评估，监理工程师及项目总监在《建筑节能分部工程质量验收表》中签字确认验收结论。 (3)建筑节能分部工程验收。①由监理单位总监理工程师(建设单位项目负责人)主持验收会议，组织施工单位的相关人员、设计单位节能设计人员对节能工程质量进行检查验收。验收各方对工程质量进行检查，提出整改意见。②建筑节能质量监督管理部门的验收监督人员到施工现场对节能工程验收的组织形式、验收程序、执行验收标准等情况进行现场监督，发现有违反规定程序、执行标准或评定结果不准确的，应要求有关单位改正或停止验收。对未达到国家验收标准合格要求的质量问题，签发监督文书。 (4)施工单位按验收意见进行整改。施工单位按照验收各方提出的整改意见进行整改；整改完毕后，建设、监理、设计、施工单位对节能工程的整改结果进行确认。对建筑节能工程存在有重要的整改内容的项目，质量监督人员参加复查。

序号	项目	内容
3	建筑节能工程验收的程序	(5)节能工程验收结论。符合建筑节能工程质量验收规范的工程为验收合格,即通过节能分部工程质量验收。对节能工程验收不合格工程,按《建筑节能工程施工质量验收规范》和其他验收规范的要求整改完后,重新验收。 (6)验收资料归档。建筑节能工程施工质量验收合格后,相应的建筑节能分部工程验收资料应作为建设工程竣工验收资料中的重要组成部分归档
4	监理单位不得组织节能工程验收的情形	工程项目存在以下问题之一的,监理单位不得组织节能工程验收: (1)未完成建筑节能工程设计内容的。 (2)隐蔽验收记录等技术档案和施工管理资料不完整的。 (3)工程使用的主要建筑材料、建筑构配件和设备未提供进场检验报告的,未提供相关的节能性能检测报告的。 (4)工程存在违反强制性标准的质量问题而未整改完毕的。 (5)对监督机构发出的责令整改内容未整改完毕的。 (6)存在其他违反法律、法规行为而未处理完毕的
5	重新组织建筑节能工程验收	工程项目验收存在以下问题之一的,应重新组织建筑节能工程验收: (1)验收组织机构不符合法规及规范要求的。 (2)参加验收人员不具备相应资格的。 (3)参加验收各方主体验收意见不一致的。 (4)验收程序和执行标准不符合要求的。 (5)各方提出的问题未整改完毕的
6	建筑工程节能验收违法行为应承担的法律责任	《民用建筑节能条例》规定,建设单位对不符合民用建筑节能强制性标准的民用建筑项目出具竣工验收合格报告的,由县级以上地方人民政府建设主管部门责令改正,处民用建筑项目合同价款2%以上4%以下的罚款;造成损失的,依法承担赔偿责任

注:建筑节能工程验收重点是检查建筑节能工程效果是否满足设计及规范要求,监理和施工单位应加强和重视节能验收工作,对验收中发现的工程实物质量问题及时解决。单位工程在办理竣工备案时应提交建筑节能相关资料,不符合要求的不予备案。

C25 建设工程纠纷的主要种类

★高频考点：建设工程民事纠纷

序号	项目	内容
1	含义	平等主体之间发生的以民事权利义务法律关系为内容的争议
2	民事纠纷类别	(1)财产关系方面的民事纠纷：合同纠纷、损害赔偿纠纷。 (2)人身关系方面的民事纠纷：名誉权纠纷、继承权纠纷等
3	民事纠纷特点	(1)民事纠纷主体之间的法律地位平等。 (2)民事纠纷的内容是对民事权利义务的争议。 (3)民事纠纷的可处分性
4	建设工程合同纠纷	工程咨询合同纠纷、工程总承包合同纠纷、工程勘察合同纠纷、工程设计合同纠纷、工程施工合同纠纷、工程监理合同纠纷、工程分包合同纠纷、材料设备采购合同纠纷等
5	建设工程侵权纠纷	施工单位在施工中未采取相应防范措施造成第三方损害而产生的侵权纠纷，未经许可使用他方的专利、工法等而造成的知识产权侵权纠纷等

★高频考点：建设工程行政纠纷

序号	项目	内容
1	含义	(1)在建设工程活动中行政机关之间或行政机关同行政相对人之间因为行政行为而引起的纠纷。 (2)在各种行政纠纷中，既有因行政机关超越职权、滥用职权、行政不作为、违反法定程序、事实认定错误、适用法律错误等所引起的纠纷，也有公民、法人或其他组织逃避、非法抗拒监督管理或误解法律等而产生的纠纷，还有行政协议纠纷中行政机关行使行政优益权的行政行为纠纷，以及行政机关不依法履行、未按照约定履行行政协议义务的违约纠纷

序号	项目	内容
2	行政机关的行政行为特征（除行政协议外）	（1）行政行为是执行法律的行为。任何行政行为均须有法律根据，具有从属法律性，没有法律的明确规定或授权，行政机关不得作出任何行政行为。 （2）行政行为具有一定的裁量性。这是由立法技术本身的局限性和行政管理的广泛性、复杂性等所决定的。 （3）行政机关在实施行政行为时具有单方意志性，不必与行政相对人协商或征得其同意，便可依法自主做出。 （4）行政行为是以国家强制力保障实施的，带有强制性。行政相对人必须服从并配合行政行为，否则行政机关将予以制裁或强制执行。 （5）行政行为以无偿为原则，以有偿为例外。只有当特定行政相对人承担了特别公共负担，或者分享了特殊公共利益时，方可为有偿的
3	建设工程领域易引发行政纠纷的具体行政行为	（1）行政许可，即行政机关根据公民、法人或者其他组织的申请，经依法审查，准予其从事特定活动的行政管理行为，如施工许可、专业人员执业资格注册、企业资质等级核准、安全生产许可等。行政许可易引发的行政纠纷通常是行政机关的行政不作为、违反法定程序等。 （2）行政处罚，是指行政机关依法对违反行政管理秩序的公民、法人或者其他组织，以减损权益或者增加义务的方式予以惩戒的行为。常见的行政处罚为警告、通报批评、罚款、没收违法所得、没收非法财物；暂扣许可证件、降低资质等级、吊销资质证书；限制开展生产经营活动、责令停产停业、责令关闭、限制从业等。行政处罚易导致的行政纠纷，通常是行政处罚超越职权、滥用职权、违反法定程序、事实认定错误、适用法律错误等。 （3）行政强制，包括行政强制措施和行政强制执行。行政强制措施是指行政机关在行政管理过程中，为制止违法行为、防止证据损毁、避免危害发生、控制危险扩大等情形，依法对公民的人身自由实施暂时性限制，或者对公民、法人或者其他组织的财物实施暂时性控制的行政行为。行政强制执行是指行政机关或

序号	项目	内容
3	建设工程领域易引发行政纠纷的具体行政行为	者行政机关申请人民法院,对不履行行政决定的公民、法人或者其他组织,依法强制履行义务的行政行为。行政强制易导致的行政纠纷,通常是行政强制超越职权、滥用职权、违反法定程序、事实认定错误、适用法律错误等。 (4)行政裁决,即行政机关或法定授权的组织,依照法律授权,对平等主体之间发生的与行政管理活动密切相关的、特定的民事纠纷(争议)进行审查,并作出裁决的具体行政行为,如对特定的侵权纠纷、损害赔偿纠纷、权属纠纷、国有资产产权纠纷以及劳动工资、经济补偿纠纷等的裁决。行政裁决易引发的行政纠纷,通常是行政裁决违反法定程序、事实认定错误、适用法律错误等

C26 民事诉讼的法院管辖

★高频考点:地域管辖

序号	分类	说明
1	一般地域管辖	一般地域管辖,是以当事人与法院的隶属关系来确定诉讼管辖,通常实行"原告就被告"原则,即以被告住所地作为确定管辖的标准。根据《民事诉讼法》规定: (1)对公民提起的民事诉讼,由被告住所地人民法院管辖;被告住所地与经常居住地不一致的,由经常居住地人民法院管辖。其中,公民的住所地是指该公民的户籍所在地。经常居住地是指公民离开住所至起诉时已连续居住满1年的地方,但公民住院就医的地方除外。 (2)对法人或者其他组织提起的民事诉讼,由被告住所地人民法院管辖。被告住所地是指法人或者其他组织的主要办事机构所在地;主要办事机构所在地不能确定的,其注册地或者登记地为住所地。 (3)同一诉讼的几个被告住所地、经常居住地在两个以上人民法院辖区的,原告可以向任何一个被告住所地或经常居住地人民法院起诉

序号	分类	说明
2	特殊地域管辖	(1)特殊地域管辖,是指以诉讼标的所在地或引起民事法律关系发生、变更、消灭的法律事实所在地为标准确定的管辖。 (2)《民事诉讼法》规定,因合同纠纷提起的诉讼,由被告住所地或者合同履行地人民法院管辖。《民事诉讼法解释》规定,合同约定履行地点的,以约定的履行地点为合同履行地。合同对履行地点没有约定或者约定不明确,争议标的为给付货币的,接收货币一方所在地为合同履行地;交付不动产的,不动产所在地为合同履行地;其他标的,履行义务一方所在地为合同履行地。即时结清的合同,交易行为地为合同履行地。合同没有实际履行,当事人双方住所地都不在合同约定的履行地的,由被告住所地人民法院管辖
3	专属管辖	(1)专属管辖,是指法律规定某些特殊类型的案件专门由特定的法院管辖。专属管辖是排他性管辖,排除了诉讼当事人协议选择管辖法院的权利。专属管辖与一般地域管辖和特殊地域的关系是:凡法律规定为专属管辖的诉讼,均适用专属管辖。 (2)《民事诉讼法》中规定,因不动产纠纷提起的诉讼,由不动产所在地人民法院管辖,如房屋买卖纠纷、土地使用权转让纠纷等。 (3)《民事诉讼法解释》规定,建设工程施工合同纠纷按照不动产纠纷确定管辖。不动产已登记的,以不动产登记簿记载的所在地为不动产所在地;不动产未登记的,以不动产实际所在地为不动产所在地
4	协议管辖	(1)合同当事人在纠纷发生前后,在法律允许的范围内,以书面形式约定案件的管辖法院。 (2)协议管辖适用于合同纠纷或者其他财产权益纠纷,其他财产权益纠纷包括因物权、知识产权中的财产权而产生的民事纠纷管辖。 (3)《民事诉讼法》规定,合同或者其他财产权益纠纷的当事人可以书面协议选择被告住所地、合同履行地、合同签订地、原告住所地、标的物所在地等与争议有实际联系的地点的人民法院管辖,但不得违反本法对级别管辖和专属管辖的规定。"与争议有实际联系的地点",还包括侵犯物权或者知识产权等财产权益的行为实施地、侵权结果发生地等

注:地域管辖是指按照各法院的辖区和民事案件的隶属关系,划分同级法院受理第一审民事案件的分工和权限。地域管辖实际上是以法院与当事人、诉讼标的以及法律事实之间的隶属关系和关联关系来确定的。

★高频考点：其他管辖知识

序号	类别	概念	说明
1	移送管辖	移送管辖是指已受理案件的人民法院发现本院没有管辖权而将案件移送给有管辖权的法院	受移送的人民法院认为受移送的案件依照规定不属于本院管辖的,应当报请上级人民法院指定管辖,不得再自行移送
2	指定管辖	是指有管辖权的法院由于特殊原因不能行使管辖权,以及人民法院之间因管辖权发生争议不能协商解决,申请或共同报请上级人民法院指定案件管辖法院	人民法院之间因管辖权发生争议,由争议双方协商解决;协商解决不了的,报请他们的共同上级人民法院指定管辖
3	管辖权异议	是指当事人向受诉法院提出的该法院对案件无管辖权的主张	(1)人民法院受理案件后,当事人对管辖权有异议的,应当在提交答辩状期间提出。异议成立的,裁定将案件移交有管辖权的人民法院;异议不成立的,裁定驳回。 (2)管辖异议一般包括:就地域管辖权提出异议;就级别管辖权提出异议;仲裁协议或仲裁条款有效的,为排除法院管辖而提出异议等。另外,当事人未提出管辖权异议并应诉答辩的,视为受诉人民法院有管辖权,但违反级别管辖和专属管辖规定的除外。 (3)对人民法院就级别管辖异议作出的裁定,当事人不服的可以向上一级法院提起上诉

★高频考点：管辖权转移

(1)管辖权转移是指上级人民法院有权审理下级人民法院管辖的第一审民事案件;确有必要将本院管辖的第一审民事案件交下级人民法院审理的,应当报请其上级人民法院批准。

（2）下级人民法院对它所管辖的第一审民事案件，认为需要由上级人民法院审理的，可以报请上级人民法院审理。

（3）管辖权转移不同于移送管辖：①移送管辖是没有管辖权的法院把案件移送给有管辖权的法院审理，而管辖权转移是有管辖权的法院把案件转移给原来没有管辖权的法院审理；②移送管辖可能在上下级法院之间或者在同级法院间发生，而管辖权转移仅限于上下级法院之间。

C27 民事诉讼当事人和代理人的规定

★高频考点：民事诉讼当事人和代理人的规定

序号	项目	内容
1	民事诉讼中的当事人	（1）是指因民事权利和义务发生争议，以自己的名义进行诉讼，请求人民法院进行裁判的公民、法人或其他组织。 （2）狭义的民事诉讼当事人包括原告和被告。 （3）广义的民事诉讼当事人包括原告、被告、共同诉讼人和第三人
2	原告和被告	（1）原告，是指维护自己的权益或自己所管理的他人权益，以自己名义起诉，从而引起民事诉讼程序的当事人。 （2）被告，是指原告诉称与其存在民事权益争议而由法院通知应诉的当事人。 （3）《民事诉讼法》规定，公民、法人和其他组织可以作为民事诉讼的当事人。法人由其法定代表人进行诉讼。其他组织由其主要负责人进行诉讼。 （4）《民事诉讼法》规定，对污染环境、侵害众多消费者合法权益等损害社会公共利益的行为，法律规定的机关（如人民检察院）和有关组织可以向人民法院提起诉讼
3	共同诉讼人	共同诉讼人，是指当事人一方或双方为2人以上（含2人），诉讼标的是共同的，或者诉讼标的是同一种类、人民法院认为可以合并审理并经当事人同意，一同在人民法院进行诉讼的人
4	第三人	第三人，是指对他人争议的诉讼标的有独立的请求权，或者虽无独立的请求权，但案件处理结果与其有法律上的利害关系，而参加到原告、被告已经开始的诉讼中进行诉讼的人

序号	项目	内容
5	诉讼代理人	（1）诉讼代理人，是指根据法律规定或当事人委托，代理当事人进行民事诉讼活动的人。 （2）诉讼代理人通常可分为法定诉讼代理人、委托诉讼代理人和指定诉讼代理人。 （3）在建设工程领域，最常见的是委托诉讼代理人。 （4）《民事诉讼法》规定，当事人、法定代理人可以委托1～2人作为诉讼代理人。下列人员可以被委托为诉讼代理人：①律师、基层法律服务工作者；②当事人的近亲属或者工作人员；③当事人所在社区、单位以及有关社会团体推荐的公民。 （5）委托他人代为诉讼的，必须向人民法院提交由委托人签名或盖章的授权委托书，授权委托书必须记明委托事项和权限

★高频考点：**委托代理权图示**

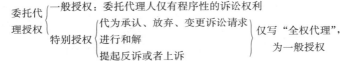

注：（1）委托权限分为一般授权与特别授权；（2）一般授权，委托代理人仅有程序性的诉讼权利；（3）特别授权可以行使实体性的诉讼权利，即代为承认、放弃、变更诉讼请求，进行和解，提起反诉或者上诉；（4）若授权委托书仅写"全权代理"而无具体授权的情形，视为诉讼代理人没有获得特别授权，无权行使实体性诉讼权利。

C28　民事诉讼时效的规定

★高频考点：**诉讼时效基础知识**

序号	项目	内容
1	诉讼时效的概念	（1）诉讼时效，是指权利人在法定期间内不行使权利，该期间届满后，义务人可以提出不履行义务抗辩的法律制度。 （2）超过诉讼时效期间，在法律上发生的效力是权利人的胜诉权消灭。超过诉讼时效期间权利人行使权利的，如果符合《民事诉讼法》规定的起诉条件，法院仍然应当受理。如果法院经受理后查明无中止、中断、延长事由的，判决驳回诉讼请求。

序号	项目	内容
1	诉讼时效的概念	(3)《民法典》规定,人民法院不得主动适用诉讼时效的规定。当事人对诉讼时效利益的预先放弃无效。诉讼时效期间届满后,义务人同意履行的,不得以诉讼时效期间届满为由抗辩;义务人已经自愿履行的,不得请求返还
2	不适用于诉讼时效的情形	当事人可以对债权请求权提出诉讼时效抗辩,但对下列债权请求权提出诉讼时效抗辩的,法院不予支持: (1)支付存款本金及利息请求权。 (2)兑付国债、金融债券以及向不特定对象发行的企业债券本息请求权。 (3)基于投资关系产生的缴付出资请求权。 (4)其他依法不适用诉讼时效规定的债权请求权

★**高频考点:诉讼时效期间的种类**

序号	项目	内容
1	普通诉讼时效	向人民法院请求保护民事权利的诉讼时效期间为3年
2	特殊诉讼时效	因国际货物买卖合同和技术进出口合同争议的时效期间为4年,就海上货物运输向承运人要求赔偿的请求权,时效期间为1年
3	权利的最长保护期限	诉讼时效期间自权利人知道或应当知道权利受到损害以及义务人之日起计算。但是,从权利被侵害之日起超过20年的,法院不予保护;有特殊情况的,人民法院可以根据权利人的申请决定延长

注:《民法典》诉讼时效期间自权利人知道或者应当知道权利受到损害以及义务人之日起计算。当事人约定同一债务分期履行的,诉讼时效期间自最后一期履行期限届满之日起计算。

★**高频考点:诉讼时效中止和中断**

序号	项目	内容	说明
1	诉讼时效中止	(1)诉讼时效中止,即诉讼时效期间暂时停止计算。在导致诉讼时效中止的原因消除后,也就是权利人开始可以行使请求权时起,诉讼时效期间继续计算。	诉讼时效中止,应当同时满足两个条件:

序号	项目	内容	说明
1	诉讼时效中止	(2)在诉讼时效期间的最后6个月内，因下列障碍，不能行使请求权的，诉讼时效中止： ①不可抗力。 ②无民事行为能力人或者限制民事行为能力人没有法定代理人，或者法定代理人死亡、丧失民事行为能力、丧失代理权。 ③继承开始后未确定继承人或者遗产管理人。 ④权利人被义务人或者其他人控制。 ⑤其他导致权利人不能行使请求权的障碍。 (3)自中止时效的原因消除之日起满6个月，诉讼时效期间届满	(1)权利人由于不可抗力等其他障碍，不能行使请求权。 (2)导致权利人不能行使请求权的事由发生在诉讼时效期间的最后6个月内
2	诉讼时效中断	有下列情形之一的，诉讼时效中断： (1)权利人向义务人提出履行请求。 (2)义务人同意履行义务。 (3)权利人提起诉讼或者申请仲裁。 (4)与提起诉讼或者申请仲裁具有同等效力的其他情形	从中断、有关程序终结时起，诉讼时效期间重新计算

C29　民事诉讼的执行

★高频考点：执行有关规定

序号	项目	内容
1	执行根据	(1)人民法院民事、行政判决、裁定、调解书，民事制裁决定、支付令，以及刑事附带民事判决、裁定、调解书，刑事裁判涉财产部分。 (2)依法应由人民法院执行的行政处罚决定、行政处理决定。 (3)我国仲裁机构作出的仲裁裁决和调解书，人民法院依据《中华人民共和国仲裁法》有关规定作出的财产保全和证据保全裁定。 (4)公证机关依法赋予强制执行效力的债权文书。 (5)经人民法院裁定承认其效力的外国法院作出的判决、裁定，以及国外仲裁机构作出的仲裁裁决。 (6)法律规定由人民法院执行的其他法律文书

序号	项目	内容
2	执行案件的管辖	（1）发生法律效力的民事判决、裁定，以及刑事判决、裁定中的财产部分，由第一审人民法院或者与第一审人民法院同级的被执行的财产所在地人民法院执行。法律规定由人民法院执行的其他法律文书，由被执行人住所地或者被执行的财产所在地人民法院执行。 （2）申请执行人向被执行的财产所在地人民法院申请执行的，应当提供该人民法院辖区有可供执行财产的证明材料。 （3）人民法院受理执行申请后，当事人对管辖权有异议的，应当自收到执行通知书之日起10日内提出

★高频考点：执行程序

序号	项目	内容
1	当事人申请执行	（1）人民法院作出的判决、裁定等法律文书，当事人必须履行。如果无故不履行，另一方当事人可向有管辖权的人民法院申请强制执行。申请强制执行应提交申请强制执行书，并附作为执行根据的法律文书。申请强制执行，还须遵守申请执行期限。申请执行的期间为2年。申请执行时效的中止、中断，适用法律有关诉讼时效中止、中断的规定。这里的期间，从法律文书规定履行期间的最后1日起计算；法律文书规定分期履行的，从规定的每次履行期间的最后1日起计算；法律文书未规定履行期间的，从法律文书生效之日起计算。 （2）人民法院自收到申请执行书之日起超过6个月未执行的，申请执行人可以向上一级人民法院申请执行。上一级人民法院经审查，可以责令原人民法院在一定期限内执行，也可以决定由本院执行或者指令其他人民法院执行。 （3）有下列情形之一的，上一级人民法院可以根据申请执行人的申请，责令执行法院限期执行或者变更执行法院：①债权人申请执行时被执行人有可供执行的财产，执行法院自收到申请执行书之日起超过6个月对该财产未执行完结的；②执行过程中发现被执行人可供执行的财产，执行法院自发现财产之日起超过6个月对该财产未执行完结的；③对法律文书确定的行为义务的执行，执行法院自收到申请执行书之日起超过6个月未依法采取相应执行措施的；④其他有条件执行超过6个月未执行的

序号	项目	内容
2	执行立案	(1)执行案件统一由人民法院立案机构进行审查立案,人民法庭经授权执行自审案件的,可以自行审查立案,法律、司法解释规定可以移送执行的,相关审判机构可以移送立案机构办理立案登记手续。 (2)立案机构立案后,应当依照法律、司法解释的规定向申请人发出执行案件受理通知书。 (3)人民法院对符合法律、司法解释规定的立案标准的执行案件,应当予以立案,并纳入审判和执行案件统一管理体系
3	执行结案	除执行财产保全裁定、恢复执行的案件外,其他执行实施类案件的结案方式包括:执行完毕;终结本次执行程序;终结执行;销案;不予执行;驳回申请

★高频考点:执行中的其他问题

序号	项目	内容
1	委托执行	(1)被执行人或被执行的财产在外地的,可以委托当地人民法院代为执行。受委托人民法院收到委托函件后,必须在15日内开始执行,不得拒绝。执行完毕后,应当将执行结果及时函复委托人民法院;在30日内如果还未执行完毕,也应当将执行情况函告委托人民法院。 (2)受委托人民法院自收到委托函件之日起15日内不执行的,委托人民法院可以请求受委托人民法院的上级人民法院指令受委托人民法院执行
2	执行中变更、追加当事人	(1)执行过程中,申请执行人或其继承人、权利承受人可以向人民法院申请变更、追加当事人,包括申请执行人的变更、追加与被执行人的变更、追加两类。 (2)如申请执行人将生效法律文书确定的债权依法转让给第三人,且书面认可第三人取得该债权,该第三人可以申请变更、追加其为申请执行人;执行过程中,第三人向执行法院书面承诺自愿代被执行人履行生效法律文书确定的债务,申请执行人可以申请变更、追加该第三人为被执行人,在承诺范围内承担责任等
3	执行异议——当事人、利害关系人提出的异议	(1)当事人、利害关系人认为执行行为违反法律规定的,可以向负责执行的人民法院提出书面异议。 (2)当事人、利害关系人提出书面异议的,人民法院应当自收到书面异议之日起15日内审查。理由成立的,裁定撤销或者改正;理由不成立的,裁定驳回。

序号	项目	内容
3	执行异议——当事人、利害关系人提出的异议	(3)当事人、利害关系人对裁定不服的,可以自裁定送达之日起10日内向上一级人民法院申请复议。 (4)执行异议审查和复议期间,不停止执行。 (5)被执行人、利害关系人提供充分、有效的担保请求停止相应处分措施的,人民法院可以准许;申请执行人提供充分、有效的担保请求继续执行的,应当继续执行
4	执行异议——案外人提出的异议	(1)执行过程中,案外人对执行标的提出书面异议的,人民法院应当自收到书面异议之日起15日内审查。理由成立的,裁定中止对该标的的执行;理由不成立的,裁定驳回。 (2)案外人、当事人对裁定不服,认为原判决、裁定错误的,依照审判监督程序办理;与原判决、裁定无关的,可以自裁定送达之日起15日内向人民法院提起诉讼。 (3)案外人提起诉讼,对执行标的主张实体权利,并请求对执行标的停止执行的,应当以申请执行人为被告;被执行人反对案外人对执行标的所主张的实体权利的,应当以申请执行人和被执行人为共同被告。该诉讼由执行法院管辖,诉讼期间不停止执行
5	执行和解	(1)当事人可以自愿协商达成和解协议,依法变更生效法律文书确定的权利义务主体、履行标的、期限、地点和方式等内容。 (2)和解协议一般采用书面形式。 (3)和解协议达成后,有规定情形的,人民法院可以裁定中止执行。 (4)被执行人一方不履行执行和解协议的,申请执行人可以申请恢复执行原生效法律文书,也可以就履行执行和解协议向执行法院提起诉讼

★**高频考点:执行中止和终结**

序号	项目	内容
1	执行中止情形	(1)申请人表示可以延期执行的。 (2)案外人对执行标的提出确有理由异议的。 (3)作为一方当事人的公民死亡,需要等待继承人继承权利或承担义务的。 (4)作为一方当事人的法人或其他组织终止,尚未确定权利义务承受人的。 (5)人民法院认为应当中止执行的其他情形,如被执行人确无财产可供执行等

序号	项目	内容
2	执行终结情形	(1)申请人撤销申请的。 (2)据以执行的法律文书被撤销的。 (3)作为被执行人的公民死亡,无遗产可供执行,又无义务承担人的。 (4)追索赡养费、扶养费、抚育费案件的权利人死亡的。 (5)作为被执行人的公民因生活困难无力偿还借款,无收入来源,又丧失劳动能力的。 (6)人民法院认为应当终结执行的其他情形

注:1. 执行中止是指在执行过程中,因发生特殊情况,需要暂时停止执行程序。中止的情形消失后,恢复执行。
　　2. 执行终结是指在执行过程中,由于出现某些特殊情况,执行工作无法继续进行或没有必要继续进行的,结束执行程序。

C30　仲裁裁决的执行

★高频考点:仲裁裁决执行

序号	项目	内容
1	仲裁裁决的执行效力	(1)一方当事人不履行的,另一方当事人可以向人民法院申请执行。 (2)申请执行仲裁裁决案件,由被执行人所在地或者被执行财产所在地的中级人民法院管辖;执行案件符合基层人民法院一审民商事案件级别管辖受理范围的,经上级人民法院批准后,可以由被执行人住所地或被执行财产所在地的基层人民法院管辖。 (3)申请仲裁裁决强制执行必须在2年期限内提出。 (4)2年期间自仲裁裁决书规定履行期限或仲裁机构的仲裁规则规定履行期间的最后1日起计算。 (5)仲裁裁决书规定分期履行的,依规定的每次履行期间的最后1日起计算。仲裁裁决书未规定履行期间的,从仲裁裁决书生效之日起计算
2	不予执行的认定	(1)仲裁裁决被法院依法裁定不予执行的,当事人就该纠纷可以重新达成仲裁协议,并依据该仲裁协议申请仲裁,也可以向法院提起诉讼。

序号	项目	内容
2	不予执行的认定	（2）当事人提出证据证明裁决有不予执行的情形之一的，可以向仲裁委员会所在地的中级人民法院申请撤销裁决。当事人申请撤销裁决的，应当在收到裁决书之日起6个月内提出。仲裁裁决被人民法院依法撤销后，当事人之间的纠纷并未解决。当事人就该纠纷可以根据双方重新达成的仲裁协议申请仲裁，也可以向人民法院起诉。 （3）当事人向人民法院申请撤销仲裁裁决被驳回后，又在执行程序中以相同事由申请不予执行的，人民法院不予支持；当事人向人民法院申请不予执行被驳回后，又以相同事由申请撤销仲裁裁决的，人民法院不予支持。 （4）案外人有证据证明仲裁案件当事人恶意申请仲裁或者虚假仲裁，损害其合法权益的，可根据法律相关程序的要求，申请不予执行仲裁裁决或仲裁调解书
3	不予执行的情形	根据《民事诉讼法》的规定，被申请人提出证据证明裁决有下列情形之一的，经人民法院组成合议庭审查核实，裁定不予执行： （1）当事人在合同中没有仲裁条款或者事后没有达成书面仲裁协议的。 （2）裁决的事项不属于仲裁协议的范围或者仲裁机构无权仲裁的。 （3）仲裁庭的组成或者仲裁的程序违反法定程序的。 （4）裁决所根据的证据是伪造的。 （5）对方当事人向仲裁机构隐瞒了足以影响公正裁决的证据的。 （6）仲裁员在仲裁该案时有索贿受贿、徇私舞弊、枉法裁决行为的。 注：人民法院认定执行该裁决违背社会公共利益的，裁定不予执行

C31 争议评审机制的规定

★高频考点：争议评审机制的规定

序号	项目	说明
1	争议评审组织的成立	发包人和承包人应在开工日后的28天内或在争议发生后，协商成立争议评审组

序号	项目	说明
2	争议评审组织的成员	争议评审组由有合同管理和工程实践经验的专家组成
3	争议评审解决纠纷的程序	(1)首先由申请人向争议评审组提交一份详细的评审申请报告,并附必要的文件、图纸和证明材料,申请人还应将上述报告的副本同时提交给被申请人和监理人。 (2)被申请人在收到申请人评审申请报告副本后的28天内,向争议评审组提交一份答辩报告,并附证明材料。被申请人应将答辩报告的副本同时提交给申请人和监理人。 (3)争议评审组在收到合同双方报告后的14天内,邀请双方代表和有关人员举行调查会,向双方调查争议细节;必要时争议评审组可要求双方进一步提供补充材料。 (4)在调查会结束后的14天内,争议评审组应在不受任何干扰的情况下进行独立、公正的评审,作出书面评审意见,并说明理由
4	争议评审期间的处理	在争议评审期间,争议双方暂按总监理工程师的确定执行
5	争议评审处理的执行	(1)发包人和承包人接受评审意见的,由监理人根据评审意见拟定执行协议,经争议双方签字后作为合同的补充文件,并遵照执行。 (2)发包人或承包人不接受评审意见,并要求提交仲裁或提起诉讼的,应在收到评审意见后的14天内将仲裁或起诉意向书面通知另一方,并抄送监理人,但在仲裁或诉讼结束前应暂按总监理工程师的确定执行
6	争议评审的优势	专业性、快速反应、现场解决问题、创造良好气氛、争议双方不需要律师的介入,以及双方最终仍保留诉讼或仲裁的救济途径

C32　行政许可和行政强制的种类及法定程序

★高频考点:行政复议和行政诉讼

(1)行政复议、行政诉讼处理和解决的都是行政争议,但二者又有着明显区别。

（2）行政复议，是指行政机关根据上级行政机关对下级行政机关的监督权，在当事人的申请和参加下，按照行政复议程序对具体行政行为进行合法性和适当性审查，并作出决定以解决行政侵权争议的活动。行政诉讼，是指人民法院应当事人的请求，通过审查具体行政行为合法性的方式，解决特定范围内行政争议的活动。行政诉讼和民事诉讼、刑事诉讼构成我国的基本诉讼制度。

（3）行政复议以具体行政行为为审查对象，但可应当事人的申请，依法附带审查该具体行政行为所依据的行政机关相关规定（即抽象行政行为）的合法性，而行政诉讼只对具体行政行为进行审查；行政复议不仅审查具体行政行为的合法性，也审查具体行政行为的适当性，行政诉讼只审查具体行政行为的合法性；具体行政行为经行政复议后，对行政复议不服的，绝大多数情况下还可依法再提起行政诉讼，但不允许经行政诉讼裁判生效后就同一行政纠纷再提行政复议。

（4）与建设工程密切相关且容易引发争议的具体行政行为是行政许可和行政强制。

★高频考点：行政许可及其种类、法定程序

序号	项目	内容
1	可以设定行政许可的事项	（1）直接涉及国家安全、公共安全、经济宏观调控、生态环境保护以及直接关系人身健康、生命财产安全等特定活动，需要按照法定条件予以批准的事项。 （2）有限自然资源开发利用、公共资源配置以及直接关系公共利益的特定行业的市场准入等，需要赋予特定权利的事项。 （3）提供公众服务并且直接关系公共利益的职业、行业，需要确定具备特殊信誉、特殊条件或者特殊技能等资格、资质的事项。 （4）直接关系公共安全、人身健康、生命财产安全的重要设备、设施、产品、物品，需要按照技术标准、技术规范，通过检验、检测、检疫等方式进行审定的事项。 （5）企业或者其他组织的设立等，需要确定主体资格的事项。 （6）法律、行政法规规定可以设定行政许可的其他事项

序号	项目	内容
2	可以不设行政许可的情形	(1)公民、法人或者其他组织能够自主决定的。 (2)市场竞争机制能够有效调节的。 (3)行业组织或者中介机构能够自律管理的。 (4)行政机关采用事后监督等其他行政管理方式能够解决的
3	行政许可的设定权限	(1)法律可以设定行政许可。 (2)尚未制定法律的,行政法规可以设定行政许可。 (3)必要时,国务院可以采用发布决定的方式设定行政许可。实施后,除临时性行政许可事项外,国务院应当及时提请全国人民代表大会及其常务委员会制定法律,或者自行制定行政法规。 (4)尚未制定法律、行政法规的,地方性法规可以设定行政许可。 (5)尚未制定法律、行政法规和地方性法规的,因行政管理的需要,确需立即实施行政许可的,省、自治区、直辖市人民政府规章可以设定临时性的行政许可。 (6)临时性的行政许可实施满1年需要继续实施的,应当提请本级人民代表大会及其常务委员会制定地方性法规。 (7)地方性法规和省、自治区、直辖市人民政府规章,不得设定应当由国家统一确定的公民、法人或者其他组织的资格、资质的行政许可;不得设定企业或者其他组织的设立登记及其前置性行政许可。其设定的行政许可,不得限制其他地区的个人或者企业到本地区从事生产经营和提供服务,不得限制其他地区的商品进入本地区市场。 (8)除以上规定的外,其他规范性文件一律不得设定行政许可。 (9)行政法规可以在法律设定的行政许可事项范围内,对实施该行政许可作出具体规定。 (10)地方性法规可以在法律、行政法规设定的行政许可事项范围内,对实施该行政许可作出具体规定。 (11)规章可以在上位法设定的行政许可事项范围内,对实施该行政许可作出具体规定。 (12)法规、规章对实施上位法设定的行政许可作出的具体规定,不得增设行政许可;对行政许可条件作出的具体规定,不得增设违反上位法的其他条件
4	行政许可的实施程序	行政许可实施的一般程序包括申请与受理、审查与决定、期限、听证、变更与延续

★高频考点：行政许可的实施程序

序号	项目	内容
1	申请与受理	(1)《行政许可法》规定，公民、法人或者其他组织从事特定活动，依法需要取得行政许可的，应当向行政机关提出申请。申请书需要采用格式文本的，行政机关应当向申请人提供行政许可申请书格式文本。申请书格式文本中不得包含与申请行政许可事项没有直接关系的内容。申请人可以委托代理人提出行政许可申请。但是，依法应当由申请人到行政机关办公场所提出行政许可申请的除外。行政许可申请可以通过信函、电报、电传、传真、电子数据交换和电子邮件等方式提出。 (2)行政机关应当将法律、法规、规章规定的有关行政许可的事项、依据、条件、数量、程序、期限以及需要提交的全部材料的目录和申请书示范文本等在办公场所公示。申请人要求行政机关对公示内容予以说明、解释的，行政机关应当说明、解释，提供准确、可靠的信息。 (3)申请人申请行政许可，应当如实向行政机关提交有关材料和反映真实情况，并对其申请材料实质内容的真实性负责。行政机关不得要求申请人提交与其申请的行政许可事项无关的技术资料和其他材料。 (4)行政机关对申请人提出的行政许可申请，应当根据下列情况分别作出处理：①申请事项依法不需要取得行政许可的，应当即时告知申请人不受理；②申请事项依法不属于本行政机关职权范围的，应当即时作出不予受理的决定，并告知申请人向有关行政机关申请；③申请材料存在可以当场更正的错误的，应当允许申请人当场更正；④申请材料不齐全或者不符合法定形式的，应当当场或者在5日内一次告知申请人需要补正的全部内容，逾期不告知的，自收到申请材料之日起即为受理；⑤申请事项属于本行政机关职权范围，申请材料齐全、符合法定形式，或者申请人按照本行政机关的要求提交全部补正申请材料的，应当受理行政许可申请。行政机关受理或者不予受理行政许可申请，应当出具加盖本行政机关专用印章和注明日期的书面凭证
2	审查与决定	(1)依法应当先经下级行政机关审查后报上级行政机关决定的行政许可，下级行政机关应当在法定期限内将初步审查意见和全部申请材料直接报送上级行政机关。上级行政机关不得要求申请人重复提供申请材料。行政机关对行政许可申请进行审查时，发现行政许可事项直接关系他人重大利益的，应当告知该利害关系人。申请人、利害关系人有权进行陈述和申辩。行政机关应当听取申请人、利害关系人的意见。

序号	项目	内容
2	审查与决定	(2)申请人的申请符合法定条件、标准的,行政机关应当依法作出准予行政许可的书面决定。行政机关依法作出不予行政许可的书面决定的,应当说明理由,并告知申请人享有依法申请行政复议或者提起行政诉讼的权利。行政机关作出的准予行政许可决定,应当予以公开,公众有权查阅。法律、行政法规设定的行政许可,其适用范围没有地域限制的,申请人取得的行政许可在全国范围内有效
3	期限	(1)申请人提交的申请材料齐全、符合法定形式,行政机关能够当场作出决定的,应当当场作出书面的行政许可决定。除可以当场作出行政许可决定的外,行政机关应当自受理行政许可申请之日起20日内作出行政许可决定。20日内不能作出决定的,经本行政机关负责人批准,可以延长10日,并应当将延长期限的理由告知申请人。但是,法律、法规另有规定的,依照其规定。 (2)依照《行政许可法》第26条的规定,行政许可采取统一办理或者联合办理、集中办理的,办理的时间不得超过45日;45日内不能办结的,经本级人民政府负责人批准,可以延长15日,并应当将延长期限的理由告知申请人。 (3)行政机关作出准予行政许可的决定,应当自作出决定之日起10日内向申请人颁发、送达行政许可证件,或者加贴标签、加盖检验、检测、检疫印章。行政机关作出行政许可决定,依法需要听证、招标、拍卖、检验、检测、检疫、鉴定和专家评审的,所需时间不计算在规定的期限内。行政机关应当将所需时间书面告知申请人
4	听证	(1)法律、法规、规章规定实施行政许可应当听证的事项,或者行政机关认为需要听证的其他涉及公共利益的重大行政许可事项,行政机关应当向社会公告,并举行听证。 (2)行政许可直接涉及申请人与他人之间重大利益关系的,行政机关在作出行政许可决定前,应当告知申请人、利害关系人享有要求听证的权利;申请人、利害关系人在被告知听证权利之日起5日内提出听证申请的,行政机关应当在20日内组织听证。申请人、利害关系人不承担行政机关组织听证的费用
5	变更与延续	(1)被许可人要求变更行政许可事项的,应当向作出行政许可决定的行政机关提出申请;符合法定条件、标准的,行政机关应当依法办理变更手续。 (2)被许可人需要延续依法取得的行政许可的有效期的,应当在该行政许可有效期届满30日前向作出行政许可决定的行政机关提出申请。但是,法律、法规、规章另有规定的,依照其规定。行政机关应当根据被许可人的申请,在该行政许可有效期届满前作出是否准予延续的决定;逾期未作决定的,视为准予延续

★高频考点：行政强制措施与行政强制执行

序号	项目	种类	说明
1	行政强制措施	（1）限制公民人身自由。 （2）查封场所、设施或者财物。 （3）扣押财物。 （4）冻结存款、汇款。 （5）其他行政强制措施	（1）行政强制措施由法律设定。 （2）尚未制定法律，且属于国务院行政管理职权事项的，行政法规可以设定除限制公民人身自由、冻结存款汇款和应当由法律规定的行政强制措施以外的其他行政强制措施。 （3）尚未制定法律、行政法规，且属于地方性事务的，地方性法规可以设定查封场所、设施或者财物，以及扣押财物的行政强制措施。 （4）法律、法规以外的其他规范性文件不得设定行政强制措施
2	行政强制执行	（1）加处罚款或者滞纳金。 （2）划拨存款、汇款。 （3）拍卖或者依法处理查封、扣押的场所、设施或者财物。 （4）排除妨碍、恢复原状。 （5）代履行。 （6）其他强制执行方式	（1）行政强制执行由法律设定。 （2）法律没有规定行政机关强制执行的，作出行政决定的行政机关应当申请人民法院强制执行

★高频考点：行政强制措施实施的一般程序

序号	项目	内容
1	一般规定	行政强制措施由法律、法规规定的行政机关在法定职权范围内实施。行政强制措施权不得委托。行使相对集中行政处罚权的行政机关，可以实施法律、法规规定的与行政处罚权有关的行政强制措施。行政强制措施应当由行政机关具备资格的行政执法人员实施，其他人员不得实施
2	行政机关实施行政强制措施应当遵守的规定	（1）实施前须向行政机关负责人报告并经批准。 （2）由2名以上行政执法人员实施。 （3）出示执法身份证件。 （4）通知当事人到场。

序号	项目	内容
2	行政机关实施行政强制措施应当遵守的规定	(5)当场告知当事人采取行政强制措施的理由、依据以及当事人依法享有的权利、救济途径。 (6)听取当事人的陈述和申辩。 (7)制作现场笔录。 (8)现场笔录由当事人和行政执法人员签名或者盖章,当事人拒绝的,在笔录中予以注明。 (9)当事人不到场的,邀请见证人到场,由见证人和行政执法人员在现场笔录上签名或者盖章。 (10)法律、法规规定的其他程序
3	实施限制公民人身自由的行政强制措施的特殊规定	(1)当场告知或者实施行政强制措施后立即通知当事人家属实施行政强制措施的行政机关、地点和期限。 (2)在紧急情况下当场实施行政强制措施的,在返回行政机关后,立即向行政机关负责人报告并补办批准手续。 (3)法律规定的其他程序。实施限制人身自由的行政强制措施不得超过法定期限。 注:实施行政强制措施的目的已经达到或者条件已经消失,应当立即解除

★高频考点:行政强制执行的一般程序

序号	项目	内容
1	具有行政强制执行权的行政机关实施行政强制执行	(1)行政机关依法作出行政决定后,当事人在行政机关决定的期限内不履行义务的,具有行政强制执行权的行政机关依照《行政强制法》规定强制执行。 (2)行政机关作出强制执行决定前,应当事先催告当事人履行义务。催告应当以书面形式作出,并载明下列事项:①履行义务的期限;②履行义务的方式;③涉及金钱给付的,应当有明确的金额和给付方式;④当事人依法享有的陈述权和申辩权。当事人收到催告书后有权进行陈述和申辩。行政机关应当充分听取当事人的意见,对当事人提出的事实、理由和证据,应当进行记录、复核。当事人提出的事实、理由或者证据成立的,行政机关应当采纳。 (3)经催告,当事人逾期仍不履行行政决定,且无正当理由的,行政机关可以作出强制执行决定。强制执行决定应当以书面形式作出,并载明下列事项:①当事人的姓名或者名称、地址;②强制执行的理由和依据;③强制执行的方式和时间;④申请行政复议或者提起行政诉讼的途径和期限;⑤行政机关的名称、印章和日期。在催告期间,对有证据证明有转移或者隐匿财物迹象的,行政机关可以作出立即强制执行决定。

序号	项目	内容
1	具有行政强制执行权的行政机关实施行政强制执行	(4)催告书、行政强制执行决定书应当直接送达当事人。当事人拒绝接收或者无法直接送达当事人的,应当依照《民事诉讼法》的有关规定送达。 (5)实施行政强制执行,行政机关可以在不损害公共利益和他人合法权益的情况下,与当事人达成执行协议。执行协议可以约定分阶段履行;当事人采取补救措施的,可以减免加处的罚款或者滞纳金。执行协议应当履行。当事人不履行执行协议的,行政机关应当恢复强制执行。行政机关不得在夜间或者法定节假日实施行政强制执行。但是,情况紧急的除外。行政机关不得对居民生活采取停止供水、供电、供热、供燃气等方式迫使当事人履行相关行政决定。 (6)对违法的建筑物、构筑物、设施等需要强制拆除的,应当由行政机关予以公告,限期当事人自行拆除。当事人在法定期限内不申请行政复议或者提起行政诉讼,又不拆除的,行政机关可以依法强制拆除
2	没有行政强制执行权的行政机关申请人民法院强制执行	(1)当事人在法定期限内不申请行政复议或者提起行政诉讼,又不履行行政决定的,没有行政强制执行权的行政机关可以自期限届满之日起 3 个月内,依照《行政强制法》规定申请人民法院强制执行。 (2)行政机关申请人民法院强制执行前,应当催告当事人履行义务。催告书送达 10 日后当事人仍未履行义务的,行政机关可以向所在地有管辖权的人民法院申请强制执行;执行对象是不动产的,向不动产所在地有管辖权的人民法院申请强制执行。 (3)人民法院发现有下列情形之一的,在作出裁定前可以听取被执行人和行政机关的意见:①明显缺乏事实根据的;②明显缺乏法律、法规依据的;③其他明显违法并损害被执行人合法权益的。 (4)因情况紧急,为保障公共安全,行政机关可以申请人民法院立即执行。强制执行的费用由被执行人承担。人民法院以划拨、拍卖方式强制执行的,可以在划拨、拍卖后将强制执行的费用扣除